新課程対応

小学校理科
「物理・天文分野」の指導

文科系学生が
物理・天文分野の
基礎を理解できる

桐山信一 著

大学教育出版

序　文

　本書は、前著「小学校教師志望学生のための物理入門」（大学教育出版）の続編であるが、文科系学生が苦手とする天文分野を加筆し、前著より実践重視の内容にして再構成した。序章では、小学校理科が平成 20 年度版学習指導要領で以前とどう変わったか、あるいは問題点・課題などを説明してある。第 1 章では、小学校理科の目標の分析を行っている。第 2 章では、測定とデータ解釈の方法を通して、科学における実証性、再現性、客観性の一端を示した。第 3 章では、物理・天文分野の基本概念を解説した。第 4 章から第 7 章までは、小学校理科（物理・天文分野）の知識と指導方法を説明した。内容的には、

1　はじめに
2　学習内容における科学的事項
3　指導計画と展開例

という構成にした。1 では、学習指導要領解説理科編に記されている単元（に相当する）内容を四角囲みで示した後、単元に含まれる①一般普遍法則の側面（＝原理・法則）と②物質の物性的側面（＝物質の性質・特徴）を明示した。2 では、授業を実施するために身に付けたい基本的科学知識を説明した。その際、高校で物理や化学を十分に学んでいない人が理解できるような説明を心がけた。少し難しい内容については、「参考」という項目を設けて解説した。3 では、「実施したい観察・実験」の項目で、教科書に記載されている実験・観察例を具体的に示した。「単元の指導計画と指導案例」の項目では、単元の指導計画、教材観・指導観、本時の指導案（略案＝授業の流れ）を示し、教室の雰囲気を少しでも感じてもらえるようにした。

　小学校教師志望の学生諸氏におかれては、本書を活用して理科学習および将来の理科指導に生かしていただきたい。なお、本書に示された単元の指導計

画と指導案の原型は、創価大学桐山ゼミで実施した模擬授業をベースにしながら、ゼミ生の竹井恵子さんが主になって作成した。また、本書の内容における教育現場的妥当性の検討については、創価大学教職大学院生（現職小学校教員）の堀内寿美香さんが行った。感謝の意を表するものである。

2011年3月

桐山信一（*Dr. KIRIYAMA*）

新課程対応
小学校理科「物理・天文分野」の指導
―文科系学生が物理・天文分野の基礎を理解できる―

目　次

序　文…………………………………………………………………………… *i*

序　章　新学習指導要領における小学校理科………………………… *1*
　1. はじめに　*1*
　2. 理科改定の特徴　*1*
　　（1）改定の経緯から―国際比較で見えてきた状況とは―　*1*
　　（2）授業時数の増加―理数強化―　*2*
　　（3）探究能力観・学習観に変化は見られるか？　*2*
　3. 理科の目標と内容　*3*
　　（1）理科の目標はどう変わったか　*3*
　　（2）領域構成の変化　*4*
　　（3）変更された内容の特徴　*4*
　4. 内容比較例Ⅰ―A領域から電磁気分野、B領域から天文分野―　*5*
　　（1）電磁気分野（A領域）における変更と課題　*5*
　　（2）天文分野（B領域）における変更と課題　*6*
　5. 内容比較例Ⅱ―日本とアメリカの天文学習から―　*7*
　　（1）アメリカの学習指導要領の特徴　*8*
　　（2）NC（ノースカロライナ）における天文分野の実践例　*9*
　6. おわりに　*10*

第1章　小学校理科の目標と内容……………………………………… *12*
　1. はじめに　*12*
　2. 小学校理科の目標　*13*
　　（1）理科の目標の分析　*13*
　　（2）学習観の変更について　*17*

第2章　科学と客観性…………………………………………………… *19*
　1. はじめに　*19*
　2. データの科学的解釈　*19*

目　次　v

　　　（1）ひとつの問題　*19*
　　　（2）有効数字　*20*
　　　（3）誤差分布の考え方　*21*
　　　（4）標本（サンプル）の考え方　*22*
　　　（5）サンプル平均値$\overline{X}$の分布　*23*
　　　（6）標本から最確値を推定する　*24*
　　　（7）実例―直径の測定―　*25*
　　　（8）おわりに―科学と客観性―　*26*

第3章　物理・天文分野の基本概念―運動・力・エネルギー―…………*27*
　1. はじめに　*27*
　2. 力と運動　*27*
　　　（1）物理（科学）とはどういうものか　*27*
　　　（2）運動を記述する2つのことば　*29*
　　　（3）力をどうとらえるのか―力の概念の変遷―　*32*
　　　（4）力が運動を生む　*33*
　　　（5）重力のもとでの物体の運動　*37*
　　　（6）仕事とエネルギー　*42*

第4章　第3学年の単元の解説と指導　…………………………………*47*
第1節　単元「物と重さ」　*47*
　1. はじめに　*47*
　2. 学習内容における科学的事項　*48*
　　　（1）物質の成り立ち―質量保存則―　*48*
　　　（2）質量と重さ　*49*
　　　（3）上皿天秤の使い方　*50*
　　　（4）物質の密度　*52*
　3. 指導計画と展開例　*52*
　　　（1）実施したい観察・実験　*52*

　　　　（2）　単元の指導計画と指導案例　　*54*

第2節　単元「風やゴムの働き」　*56*

　1.　はじめに　*56*

　2.　学習内容における科学的事項　*56*

　　　（1）　風が物体に及ぼす力　*56*

　　　（2）　風力エネルギーについて　*59*

　　　（3）　ゴムの弾性とエネルギー　*60*

　3.　指導計画と展開例　*63*

　　　（1）　実施したい観察・実験　*63*

　　　（2）　単元の指導計画と指導案例　*65*

第3節　単元「光の性質」　*67*

　1.　はじめに　*67*

　2.　学習内容における科学的事項　*68*

　　　（1）　光の反射　*68*

　　　（2）　凸レンズによる集光　*69*

　　　（3）　光の熱作用　*75*

　3.　指導計画と展開例　*76*

　　　（1）　実施したい観察・実験　*76*

　　　（2）　単元の指導計画と指導案例　*78*

第4節　単元「磁石の性質」　*79*

　1.　はじめに　*79*

　2.　学習内容における科学的事項　*80*

　3.　指導計画と展開例　*86*

　　　（1）　実施したい観察・実験　*86*

　　　（2）　単元の指導計画と指導案例　*90*

第5節　単元「電流の通り道」　*92*

　1.　はじめに　*92*

　2.　学習内容における科学的事項　*92*

　3.　指導計画と展開例　*97*

（1）実施したい観察・実験　*97*

　　　（2）単元の指導計画と指導案例　*99*

第5章　第4学年の単元の解説と指導 ……………………………………… *102*

第1節　単元「空気と水の性質」　*102*

　1. はじめに　*102*

　2. 学習内容における科学的事項　*103*

　　　（1）気体の性質―体積と圧力の関係―　*103*

　　　（2）流体の性質―圧縮性と非圧縮性―　*106*

　3. 指導計画と展開例　*109*

　　　（1）実施したい観察・実験　*109*

　　　（2）単元の指導計画と指導案例　*111*

第2節　単元「金属、水、空気と温度」　*112*

　1. はじめに　*112*

　2. 学習内容における科学的事項　*113*

　　　（1）熱膨張とはどのような現象か　*113*

　　　（2）物の温まり方―物質の比熱―　*119*

　　　（3）熱の伝わり方（熱伝達）　*121*

　　　（4）水の三態変化　*125*

　3. 指導計画と展開例　*130*

　　　（1）実施したい観察・実験　*130*

　　　（2）単元の指導計画と指導案例　*135*

第3節　単元「電気の働き」　*137*

　1. はじめに　*137*

　2. 学習内容における科学的事項　*137*

　　　（1）電流はどのように流れるのか―オームの法則―　*137*

　　　（2）光電池の原理　*144*

　3. 指導計画と展開例　*146*

　　　（1）実施したい観察・実験　*146*

（2）単元の指導計画と指導案例　*148*

第4節　単元「月と星」　*150*

　1. はじめに　*150*

　2. 学習内容における科学的事項　*150*

　　　（1）月の満ち欠け　*150*

　　　（2）月の動き　*151*

　　　（3）月の自転と公転　*152*

　　　（4）星の日周運動　*155*

　　　（5）星の色と明るさ　*157*

　3. 指導計画と展開例　*158*

　　　（1）実施したい観察・実験　*158*

　　　（2）単元の指導計画と指導案例　*160*

第6章　第5学年の単元の解説と指導　…………………………………　*162*

第1節　単元「振り子の運動」　*162*

　1. はじめに　*162*

　2. 学習内容における科学的事項　*163*

　　　（1）単振り子の運動　*163*

　　　（2）単振り子の等時性　*164*

　　　（3）学生が家庭で身近にできる実験　*165*

　　　（4）実際の指導に向けて　*168*

　3. 指導計画と展開例　*169*

　　　（1）実施したい観察・実験　*169*

　　　（2）単元の指導計画と指導案例　*170*

第2節　単元「電流の働き」　*172*

　1. はじめに　*172*

　2. 学習内容における科学的事項　*172*

　　　（1）直線電流の周りに生じる磁界　*172*

　　　（2）円電流の中心に生じる磁界　*173*

（3）電磁石の磁極と強さ　*174*

　　　（4）授業のあり方　*176*

　　3. 指導計画と展開例　*177*

　　　（1）実施したい観察・実験　*177*

　　　（2）単元の指導計画と指導案例　*181*

第7章　第6学年の単元の解説と指導　　　　　　　　　　　　　*184*

第1節　単元「燃焼の仕組み」　*184*

　1. はじめに　*184*

　2. 学習内容における科学的事項　*185*

　　　（1）「燃える」とはどういうことか　*185*

　　　（2）空気の成分　*188*

　　　（3）気体の製法　*188*

　　　（4）気体の密度―空気より重い気体、軽い気体―　*189*

　　　（5）ロウの炎の構造　*191*

　3. 指導計画と展開例　*193*

　　　（1）実施したい観察・実験　*193*

　　　（2）単元の指導計画と指導案例　*199*

第2節　単元「てこの規則性」　*200*

　1. はじめに　*200*

　2. 学習内容における科学的事項　*201*

　　　（1）棒はどんなときに水平になるか　*201*

　　　（2）生活に見られるてこ　*202*

　　　（3）てこを傾ける（回転させる）働き　*204*

　　　（4）てこがつり合うときの「一定のきまり」　*205*

　　　（5）てこの支点はどういう点なのか　*206*

　　　（6）てこは仕事を軽減するのか―仕事の原理とエネルギー―　*210*

　　　（7）教材化と物作り―竿ばかり―　*211*

　　　（8）てこの原理の理解に向けて　*217*

3. 指導計画と展開例　*219*

　（1）実施したい観察・実験　*219*

　（2）単元の指導計画と指導案例　*221*

第3節　単元「電気の利用」　*223*

1. はじめに　*223*

2. 学習内容における科学的事項　*223*

　（1）コンデンサー　*224*

　（2）電熱線の発熱　*226*

　（3）電磁誘導　*228*

3. 指導計画と展開例　*230*

　（1）実施したい観察・実験　*230*

　（2）単元の指導計画と指導案例　*233*

第4節　単元「月と太陽」　*234*

1. はじめに　*234*

2. 学習内容における科学的事項　*235*

　（1）月の表面　*235*

　（2）月食における地球と太陽の位置関係　*236*

　（3）日食における地球と太陽の位置関係　*237*

　（4）太陽の表面　*238*

　（5）天体の年周運動　*239*

3. 指導計画と展開例　*240*

　（1）実施したい観察・実験　*240*

　（2）単元の指導計画と指導案例　*241*

引用・参考文献 …………………………………………………… *243*

索　引 ……………………………………………………………… *246*

新課程対応
小学校理科「物理・天文分野」の指導
―文科系学生が物理・天文分野の基礎を理解できる―

序　章
新学習指導要領における小学校理科

1. はじめに

　小・中学校の新学習指導要領が示されて2年過ぎた。しかし、新しい小学校学習指導要領解説理科編[1]（以下、「新」と示す）と、現行の小学校学習指導要領解説理科編[2]（以下、「現行」と示す）を比較して、その課題的内容を明らかにすることは、これから小学校教師となる学生にとって有効であると考えられる。本章では、「新」で変更された内容や「現行」から継続された内容、新たに問題となる事柄を明らかにする。そして、事実をもとに授業を実践する教師の立場から多少の検討を加えたい。

2. 理科改定の特徴

（1）改定の経緯から―国際比較で見えてきた状況とは―

　21世紀に見られる知識基盤社会化やグローバル化は、アイディア、知識、人材をめぐる国際競争の加速化に加えて、異なる文化、文明との共存や国際協力の必要性の増大をもたらす。こうした国際視野のなか、PISA調査など各種の調査から、わ

表序-1　授業時数比較
注：合計は、下記4教科以外も含む

教科	現行（A）	新（B）	増加率 [%]
国語	1377	1461	6.1
社会	345	365	5.8
算数	869	1011	16.3
理科	350	405	15.7
合計	5367	5645	5.2

が国の児童生徒について思考力・判断力・表現力等を問う読解力・記述式問題、知識・技能を活用する問題に課題が見られるとして、読解力での成績分布の分散の拡大が危惧されている。加えて、その背景にあると考えられる、家庭での学習時間、学習意欲、学習・生活習慣および子どもたちの自信の欠如、将来への不安、体力の低下といった状況にも課題が見られるため、指導要領改訂作業が開始されたとしている。以上が改訂の経緯の概要であるが、国際競争色の強い内容となっている。

（2）授業時数の増加―理数強化―

授業時数を表序-1に示した[3]。4教科すべて増加する中でも算数とともに理科の増加率が著しい（15.7%）。理数強化が数字の上でも明らかである。合計で5.2%（1週間で1時間程度の授業増）に抑えられているのは、総合的な学習の時間が激減したからである。なお、授業時数の増加率dは次式で算出した。

$$d = 100 \times (B-A)/A \quad [\%]$$

理科の授業時数は平成元年度並に回復した。中学校理科でも、一層の理数強化傾向が見られる（$d = 32.7\%$）。

（3）探究能力観・学習観に変化は見られるか？

表序-2に、「新」と「現行」の探究能力観（プロセス・スキルに準じる能力）を比較して示す。第3学年ではほぼ同様であるが、第4学年では「現行」で明確に示されていた「抽出」が消え、「新」では一般的な表現「関係付ける」となった。第5学年では、「新」で「条件制御」の文言が見えるが、「現行」でも同義の内容を含む。第6学年では、「現行」の「多面的な観点」から「新」の「推論」となり明確な比較はできない。以上から、全体的には多少の文言の違いがあるものの、実質的に大きな違いがあるようには見えない。よって、探究能力観については「現行」の継続であるように見え、平成元年度から続く流れのものであると判断される。別の視点から見ると、平成元年度の小学校指導書理科編[4]（以下、「旧」と示す）のすべての内容において、「…を調べることが

できる」という行動力を標記していたのが、「現行」になって「…についての考えをもつようにする」といった思考力標記にシフトし、このような科学的能力観は「新」にも継続されているのが認められる。しかし「現行」と「新」では大きな変化も見られる。それは、「現行」において理科の目的の中で色濃く示されていた構成主義的学習観が、「新」ではほぼ完全に消失している事実である。学習観の変更は、教師や学習者にとって重大な問題である。パブリックプロパティの強い学習指導要領における構成主義的学習観の強調は、教育現場にはなじまなかったのかもしれない。事実、理科教育における極端な相対主義は日本物理教育学会誌でも強い反論を受けた[5]。

表序-2 探究能力観比較

学年	現行学習指導要領（平成10年）	新学習指導要領（平成20年）
3	自然の事物・現象の違いに気付いたり、比較したりする資質・能力	自然の事物・現象の差異点や共通点に気付いたり、比較したりする能力
4	自然の事物・現象の変化と関係する要因を抽出する資質・能力	自然の事物・現象の変化とその要因とを関係付ける能力
5	制御すべき要因と制御しない要因とを区別しながら、観察、実験などを計画的に行っていく資質・能力	変化させる要因と変化させない要因を区別しながら、観察、実験などを計画的に行っていく条件制御の能力
6	多面的な観点から観察、実験などを行い、結論を導く資質・能力	自然の事物・現象の変化や働きについてその要因や規則性、関係を推論する能力

3. 理科の目標と内容

(1) 理科の目標はどう変わったか

現行：「自然に親しみ、見通しをもって観察、実験などを行い、問題解決の能力と自然を愛する心情を育てるとともに、自然の事物・現象についての理解を図り、科学的な見方や考え方を養う」。

新　：「自然に親しみ、見通しをもって観察、実験などを行い、問題解決の能力と自然を愛する心情を育てるとともに、自然の事物・現象についての実感を伴った理解を図り、科学的な見方や考え方を養う」。

目標の中に新しく追加された「実感を伴った理解」は、次の三つの側面を指

摘している。
　(ｱ)具体的な体験を通して形づくられる理解
　(ｲ)主体的な問題解決を通して得られる理解
　(ｳ)実際の自然や生活との関係への認識を含む理解
　(ｱ)は自然に対する興味・関心を高め、適切な考察を行う基盤となるものであり、(ｲ)は理解をより確かなものとし、知識や技能を確実に習得させるためのものとされている。(ｳ)は、科学を学ぶ意義や有用性を実感し、科学への関心を高めるためのもと考えられている。つまり、(ｱ)(ｲ)は自然認識を深めるために、(ｳ)は科学そのものへの理解を深めるために必要であるということになる。

（2）領域構成の変化

　領域構成では内容区分を、次のように再編成した。
　現行：3区分（「生物とその環境」「物質とエネルギー」「地球と宇宙」）
　新　：2区分（「物質・エネルギー」「生命・地球」）
　この変更は、昭和43年告示の学習指導要領以来はじめて実施された。その理由は、基礎的・基本的な知識・技能の定着のため、科学の基本的な見方や概念（「エネルギー」「粒子」「生命」「地球」）を柱に小・中学校を通じた内容の一貫性を重視し、児童の学び方の特性や二分野で構成される中学校との接続を考慮したためとしている。表序-3のように中学理科・高校理科との内容的つながりが明確になった。特に小中のつながりがはっきりした。

表序-3　学校における理科の系統

小学校	中学校	高等学校
A領域	第1分野	物理・化学
B領域	第2分野	生物・地学

（3）変更された内容の特徴

　変更された内容を、平成元年の内容の復活、新規追加内容に分けて示した（表序-4）。前者が多く、新規追加は中学年のみであった。ただ、第6学年の「電気の利用」に一部、中学・高校理科の内容が入っているが、これについて

表序-4　追加・変更内容の一覧

学年	平成元年から復活	新規	課題選択などを変更
3	・物と重さ （うち「体積と重さ」）	・物と重さ （うち「形と重さ」） ・身近な自然の観察 ・風やゴムの働き	該当なし
4	・骨と筋肉の働き （うち「関節の働き」以外）	・骨と筋肉の働き （うち「関節の働き」）	該当なし
5	・雲と天気の変化の関係 ・水中の小さな生物 ・川の上流 ・下流と川原の石の大きさや形	該当なし	・「卵の中の成長」と「母体内の成長」をいずれも必修化 ・「振り子の運動」と「衝突」は、「振り子の運動」を指導、「衝突」は中学校へ移行
6	・てこの利用　・電気の利用 ・人の主な臓器の存在 ・植物の水の通り道 ・食べ物による生物の関係（食物連鎖） ・月の位置や形と太陽の位置、表面の様子	該当なし	・「火山の噴火による土地の変化」と「地震による土地の変化」をいずれも必修化

は4で述べる。また、現行では課題選択として学習させている複数の内容を、すべて必修にするなどの変更が見られた。

4．内容比較例Ⅰ―A領域から電磁気分野、B領域から天文分野―

　ここでは、「新」の内容を「現行」と復活内容の出所である「旧」も含めて比較検討し、変更の様相や課題などを明らかにしたい。A分野を代表して電磁気分野の単元比較を、B分野を代表して天文分野の単元比較を示すなかで、新たな問題点について概観する。

（1）電磁気分野（A領域）における変更と課題

　内容的には第3、4学年は実質的に同じであるが、第5学年に「現行」の第6学年の単元「電流の働き（電磁石）」を入れている。第6学年では「電気の利用」が「旧」から復活して入ったが問題が多い（内容を一部変更、一部新設

もあり）。内容ウを「旧」と比べると次のようになっている。

旧　ウ：電熱線に電流を流すと発熱し、電流の強さによって発熱の仕方が違うこと。

新　ウ：電熱線の発熱は、その太さによって変わること。

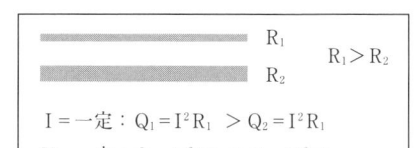

```
━━━━━━━━━━ R₁      R₁ > R₂
━━━━━━━━━━ R₂
I = 一定：Q₁ = I²R₁ > Q₂ = I²R₁
V = 一定：Q₁ = V²/R₁ < Q₂ = V²/R₂
```

図序-1　太さの異なる電熱線の発熱

「新」では、同じ長さの太さの異なる電熱線による実験が指示されているが、実験条件で発熱の結果は異なってくる（図序-1）。図中、R は抵抗で細い方が大きい。

したがって、電流 I を一定にするか電圧 V を一定にするかで発熱量 Q には変化が生じる。これは中学理科の内容である。現場では同じ電池を使おうとするのではないかと考えられるが（電池を一定）、電池の端子電圧は負荷抵抗で変わるため2つの電熱線では電流も電圧も変わってしまい所期の結果は得られないこともある。その点、「旧」では同じ電熱線で電流を変えるから電池を使っても問題はない。小学校では、電源装置をグループ分用意して（予算が必要にはなるが）、電流を一定にする実験がわかりやすいのではないだろうか。

さらに、「新」のアでは電気を蓄える学習内容が示されている。二次電池（Ni-H など）の充電とコンデンサーの充電はまったく意味が異なるので、二次電池を教材に使うことはできない。事実、教材として蓄電器（コンデンサー）の利用などが指示されている。高等学校の理科系で物理 II まで選択履修してコンデンサーを学習するのは全高校生の5〜10%程度であり、しかも、この種の実験はまず行われていない。小学校教師のほとんどが文科系出身である現状を考えると、今後は大学の理科教育でコンデンサーを教えなければならないことになる。なお、第3〜6学年すべてにわたり単元が配置されたのは電磁気分野のみであり、国がいかに重視しているかがうかがわれる。

（2）天文分野（B領域）における変更と課題

「旧」の第6学年のアとイの内容は、「現行」の第4学年の内容にシフトされ、「新」に引き継がれた。「現行」では天文分野が第4学年のみとなり、月の見え

方についての学習内容も著しく後退して、同分野の軽視とも読める事態となった。「新」の第4学年のアでは、「旧」の第5学年の内容ア、イを入れて月の見え方（位相）を含め、以下のように回復している。

　現行　ア：月は絶えず動いていること。
　新　　ア：月は日によって形が変わって見え、1日のうちでも時刻によって位置が変わること。

　そして、「旧」の第5学年のア、イ、ウがほぼ「新」の第6学年に入り、太陽の学習内容が復活している。しかし、復活できなかった事項が2つある。1つは、「旧」の第5学年イの中で、「太陽や月は球形をしているが…」という記述および、遮光板を用いた太陽観察や地球照の見られる三日月の観察などの内容であるが、「新」には見あたらなかった。もう1つは、「旧」の第6学年ウで、南天の星の動きの太陽との類似性、北天の星の北極星を中心とした反時計回りの運動など天球の日周運動に関する内容である。これは中学校理科に移行したが、第3学年第2分野でやっと接続する。太陽や星座の日周運動の観察を行い、天体の日周運動が地球の自転による相対運動であることをとらえさせる内容になるわけだが、太陽中心のモデルによる後続の内容が中学校理科の主な教材であるため移行した内容の扱いは軽い。小学校の天文分野は、地球から見た太陽と月の位置関係を扱うものと規定している。これは地球中心のモデルである。移行した内容は、地球中心のモデルから太陽中心のモデルへ転換するときの重要な知識を構成する。したがって、やはり小学校高学年で実施すべき内容ではないかと考えられる。さらに、地球の自転・公転は中学校第3学年を待たずしてほとんどの子どもがよく知っている。これは学校教育以外の情報によるものであるが、中3にならなければ太陽中心のモデルが理解できないのかは疑問である。この点については関連して5で述べることとする。

5．内容比較例Ⅱ―日本とアメリカの天文学習から―

　わが国では、小学校段階では天文分野の指導が地球中心のモデルで行われているが、このような指導法は、必ずしも同年代の子どもたちに対して行う普遍的な指導法ではない。その点を、アメリカの科学教育のほぼ同学年の内容と比

較して検証することにした。

(1) アメリカの学習指導要領の特徴

National Science Education Standards（全米研究審議会公表の科学教育スタンダード）は図序-2のように6つのスタンダードからなる。対象は小学校から高校にわたる。科学の内容スタンダードのうち「物理科学」「生命科学」「宇宙・地球科学」が日本の学習指導要領解説理科編にあたるが、「探究としての科学」を含む7つのスタンダードには幅広い内容が含まれている。内容スタンダードで、化学領域は主に物理科学に含まれる。ここでは、邦訳から日本の学習指導要領解説理科編にないもの（あるいは弱いもの）を簡単に紹介するにとどめる。「探究としての科学」は独立した1つの内容であり、プロセススキルを越えた自然の探究者となるための方法を科学の本性に即して身に付けるための内容が示されている。「科学と技術」では問題の同定と明示、コストと費用便益分析、解決方法の設計・実施・評価といった自然と人間の設計物の結合様式についての理解を目的とし、「探究としての科学」で育成される能力を補う。資源、環境、災害などの場面にともなう意志決定スキルの育成を目指すのが「個人的・社会的観点から見た科学」である。「科学の歴史と本質」は科学のさまざまな文化発展の中で果たした役割、科学の人間的側面、科学的知識の本質の理解を目指すものである。そして、7つの内容を貫き、子どもの多くの経験を統一し得る枠組みとなる8つ目の内容スタンダードが「統合概念とプロ

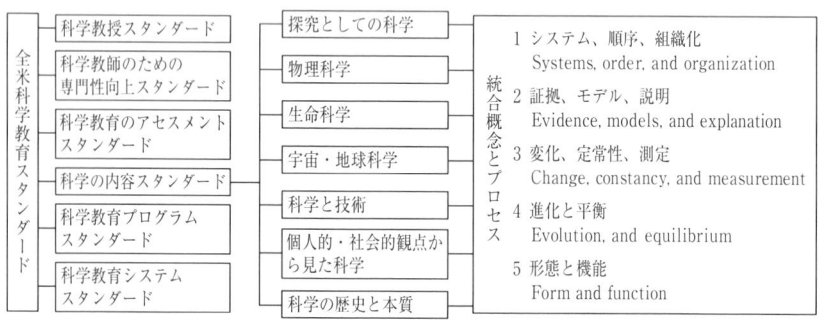

図序-2 全米科学教育スタンダード（原書[6]および邦訳[7]に基づいて作成）

セス」である。科学における概念的枠組みと方法的枠組みは、科学を学問として統合するものであり、子どもが自然を理解するのを支援できる仕組みでもある。たとえば科学的営為においては、測定がいかに重要であるかを示すことによって支援は行われる。注目すべきは、内容スタンダードは「科学教授スタンダード」など他のすべてのスタンダードと併せて用いるとき、最大効果をもたらすとしている。逆に、内容スタンダードの一部（たとえば物理科学、生命科学、地球科学）のみ実践対象として選ぶならば効果的実行は期待できないとしている。全米科学教育スタンダードはトータルな教育の営みの設計図であり、日本でいう「指導要領」を越えたものである。

（2） NC（ノースカロライナ）における天文分野の実践例

　第4学年の単元「月と星」に相当する、NC STANDARD COURSE OF STUDY（学習指導要領）における K-5 CURRICULUM UNIT GRADE 3（第5学年）の単元「Goal 3-Earth, Moon, and Stars Lesson 4 ～ 6」（第3目標　地球、月と星　第4 ～ 6課程）をとりあげる[8]。Content Blast（内容の取り扱い）の中で注目すべきは、地球の自転と公転の事実、月の公転がその自転と geosynchronous（月がいつも同じ面を見せている）であることをとりあげている。地球中心のモデルで指導する日本とは対照的であり、太陽中心のモデルが第3学年でも理解できるとの教育的判断が認められる。Draft（単元設計）における Objectives（探究の目標）で、家庭での数か月にわたる月と星座の継続観察（月と星座の日周運動パターンおよび月の形の変化）が課されていて事実蓄積の重視がうかがわれるが、"すべての存在は時間とともに変化していく"という普遍性（概念統合とプロセスにおける"変化"）への気付きも期待されている。Explore（児童の探究活動）では、3人のグループ（月、地球、太陽役の3人でそれぞれ M、E、S とする）を作らせ、教師の発問や子ども同士の討論などを併用しながら、次のようなロールプレイをさせて体験的に太陽中心モデルを理解させようとしている。教師は第5学年の子どもたちに、real（事実）と make believe（考え）を区別させながら討論指導を行う。

　第1段階　地球が太陽の周りを公転するように、EをSのまわりに回らせ

る（revolution）。
第2段階　地球の1日が昼夜を繰り返すように、公転と同時にEを回らせる（rotation）。

　Rotation は自転を意味する。複数のグループで、互いに事実をうまく表現できているかを評価し合う。その後、月の運動を追加させる。その場合も、Sは絶えず静止させておく。
第3段階　月が地球の周りを公転するように、MをEのまわりに回らせる（revolution）。

　MがEのまわりに回っているとき、いつもEの方を見るようにMを回らせる（geosynchronous rotation）。Evaluate（評価）では、自転・公転の所要時間（周期）を含めた3天体の相互関係の理解と説明に重点が置かれている。K-5 CURRICULUM UNIT GRADE 3（第5学年）では、月の見え方に関して教室内で実施できる興味深い指導例も示されているが、紙面の都合で割愛する。

　NCの指導例は、問題認識、事実蓄積、モデル理解と事実解釈、普遍性の認識といった知識を開いていけるような展開をとり、問題解決に向けた開かれた探究学習となっている。反面、日本の理科学習は事実を知るための学習という色彩を帯び、学習対象を絞り込み追い込み、追究させるような展開をしているようにみえる（図序-3）。

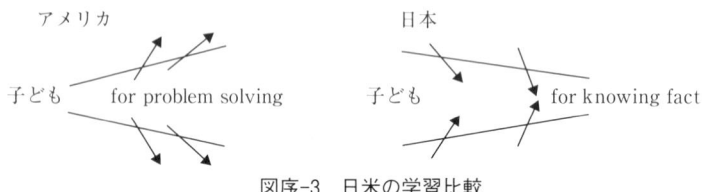

図序-3　日米の学習比較

6. おわりに

　新しい小学校学習指導要領解説理科編を読み込んでみると、その内容は、ほぼ平成元年度の内容に等しいことが分かった。そして、電磁気および天文分野を検討した結果、内容的偏りや指導上の問題が認められた。電磁気分野の他分

野に対する偏重、ニクロム線の太さによる発熱の違いの指導や、天文分野における地球中心モデルに基づく指導への疑問などである。地球中心モデルの指導に対して、アメリカ（ノースカロナイナ）の科学教育では、太陽中心のモデルが第5学年でも理解できるとの教育的判断のもと、ロールプレイを取り入れた体験活動的な指導がなされている。これからの理科指導には、学習指導要領の内容や指導上の立場を踏まえつつも、視野の広い教材研究が求められるだろう。

第1章
小学校理科の目標と内容

1. はじめに

　理科を含む各教科は、法的根拠のもと公教育として、学校教育の中で教えられている。

　憲法26条には、教育を受ける権利・受けさせる義務が示されている。教育の目的については、教育基本法第1条で、「教育は、人格の完成を目指す」（趣意）とある。学校の目的とその教育目標については、小学校は学校教育法第17、18条に、教育課程の編成（各教科の設定）は学校教育法施行規則第24条にある。そして、教育課程の基準である「何をどの程度に教えるのか」については、学校教育法施行規則第25条に規定されているように、文部科学大臣が公示する学習指導要領において示される。

　明治5年の学制発布がなされた頃、福澤諭吉は「窮理図解」を著し、自然科学の体系の教育として、ガリレオの地動説、昼夜・四季の由来などを紹介した。その後、「理科」という名称が用いられた明治19年から、自然科学の体系の教育から直観を重視する教育へと変わっていったとされている。

　戦後は、学習指導要領による学校教育が行われ、物理学、化学、生物学、天文学などの親学問の内容を、論理的難易度や子どもの発達段階を考慮して配置し、知識・理解、科学的思考、技能・表現、関心・態度を身に付けるための教育が行われるようになったとされている。

2. 小学校理科の目標

　小学校理科の特徴は、身近な自然現象を題材に、子どもが、
・自然を追求する能力と態度
・自然に対する認識
を形成していくところにある。小学校学習指導要領解説理科編第2章に、理科の目標が次のように示されている。下記のように、理科の目標を6つの文節に分けると、①〜⑥の6つの小目標に分けて考えることができる。序章でも述べたように、理科の目標では、現行（平成11年度版）と比べると、下線の部分（実感を伴った）が追加されたこと以外に変化はない。もう1つは、現行で色濃く表れていた構成主義的学習観が駆逐されていることである。

理科の目標
　自然に親しみ①、見通しをもって観察、実験などを行い②、問題解決の能力③と自然を愛する心情④を育てるとともに、自然の事物・現象についての実感を伴った理解⑤を図り、科学的な見方や考え方⑥を養う。

（1）理科の目標の分析

　ここでは、理科の目標について6つの小目標に分けて考察していきたい。

①自然に親しむこと

　自然に親しむことで、児童は自然現象に対して興味・関心や意識を高めていく。教師は、それを支援する立場として、
・自然現象に対して子どもが疑問に思っていること
・自然現象に対する子どもの見方や考え方
を的確にとらえることが求められる。そして、子どもの疑問を課題意識に高め、課題解決の意欲へとつないでいく必要がある。

②見通しをもって観察、実験などを行う

ここでは、「見通しをもつこと」についての3つの視点が示されている。

1) 問題解決の場の保障

子ども一人一人が発想した予想や仮説・構想を尊重し、教師はそれに基づいた観察・実験などの活動を推進させていくことが大切である。そうすれば、子どもは、自分の実験結果についての自己責任意識をもち、問題解決への主体性が高められる。具体的には、子どもが考えた実験方法や装置づくりを、教師が認め、実施、実現の手助けをすることである。このような姿勢は、どの子どもも大切にするという精神を踏まえるならば、子どもの人間形成に深くつながっていくと考えられる。

2) 予測と結果の一致・不一致の明確化

自分なりの見通しをもって観察、実験などを行うことにより、次の2つのケースが生じる。

A　子どもの仮説・予想と実験結果が一致するとき

B　子どもの仮説・予想と実験結果が一致しないとき

Bのように、仮説・予想と一致しない実験結果が得られたとしても、実験は「失敗」ではない。

・実験の方法が、妥当ではなかったのではないか？

あるいは、

・仮説・予想が、妥当ではなかったのではないか？

このようなことを、子どもたちが考えるかもしれないという意味において、実験は価値のある行為である。ちなみに、研究の現場では、仮説・予想と一致しない実験結果こそが、

・新しい真理の発見につながった

場合も少なくない。

A、Bいずれの場合も、教師に言われて実験をしたり、教科書通りの実験をしたのではないから、上述のように子どもは結果を自分で振り返り再検討するようになる。理科で身に付いた内省的な行為が、自分を見直し、行動を改善する態度につながっていくことが期待される。このことは、単なる記述ではな

く、理科教育における実践で検証される必要がある。言い換えれば、人間形成をともなう理科教育実践が求められているといえよう。

3）観察と実験

理科における観察・実験の計画や方法は、予想・仮説を自然現象やデータで検討するための手続き・手段である。観察と実験とは次のように異なる。
・観察＝明確な視点のもと、実際の時間、空間の中で自然現象をとらえること
・実験＝人為的条件下で、いくつかの装置を用いて自然現象をとらえること

実験では、自然からいくつかの変数を抽出し、条件を制御しながら結果を得ようとする活動が行われる。観察、実験は明確に区分できない場合があるが、教師がそれぞれの活動の特徴を意識しながら指導することが大切である。

③問題解決能力を育てる

> 第3学年：自然現象を、比較しながら調べること
> 第4学年：自然現象を、働きや時間などと関係付けながら調べること
> 　　　　　（働きや時間といった要因を抽出しなければならない）
> 第5学年：自然現象を、条件制御しながら調べること
> 　　　　　（複数の条件のうち、一つを変化させるときに他の条件を固定する）
> 第6学年：自然現象を、要因や規則性、関係を推論しながら調べること

人間は、絶えず問題解決の場に遭遇しながら生きている。かつ、さまざまな問題解決の仕方があることも事実である。理科教育では、実験、結果、討論、結論…の過程を踏んでいく科学的な問題解決の構えを身に付けることが求められている。序章でも述べたように、理科では各学年において育成する問題解決能力（スキル）が示されている。これらの問題解決能力は、各学年で育成するものであるが、下の学年の問題解決能力は、上の学年の問題解決能力の基盤となる。また、小学校で身に付けた問題解決能力を中学校における学習につなげていくことが重要である。特に、小学校は探究実験（子どもが実験方法を工夫して規則性などを発見する実験）、中学校は検証実験（原理・法則を検証するための実験）であるといわれるが、現在はそのギャップを埋めようとする教材研究が求められている。

④自然を愛する心情を育てる

　ここでは、さまざまな生き物の生と死に直面し生命尊重の心情を抱くことが、自然を愛する第一歩であるとしている。また、地上の生き物が生きるためには、

　・物質やエネルギーが必要となること（理科的視点）
　・自然と人間との適切な共生の手だてを考えていくこと（環境教育的視点）

が必要との認識を通して、自然に畏敬の念をもつことが、自然を愛する心情の育成につながるとしている。

⑤自然の事物、現象についての実感を伴った理解を図る

　自然現象についての理解は、教師が白紙の子どもに知識を注入して可能となるものではない。子どもの有する既有の概念に、実験結果などから得られる情報を結び付けて検討させ、科学的な概念へと変容させていくことが重要である。ここでは、科学的な概念は、「学習後の、自然現象のより妥当性の高い新しいイメージや概念」であるとの構成主義的な記述が見られる。このような科学的概念のとらえ方は、その段階での子どもの科学的な一つの理解と考えることであり、教育上妥当なものであるといえよう。

　次に、新しく追加された「実感を伴った」理解については、3つの視点から整理されている。

　1）具体的な体験を通して形づくられる理解
　2）主体的な問題解決を通して得られる理解
　3）実際の自然や生活との関係への認識を含む理解

　これらの意義については、序章に示した。

⑥科学的な見方や考え方を養う

　ここでは、「科学」と「科学的な見方や考え方」に分けて考察していく。

　1）「科学」とは？

　科学とは自然現象を対象に、「実証性」「再現性」「客観性」などを有して、問題解決をする探究活動である。人は、自分が直面した問題に対して、その

解決のために仮説を立てる。仮説は、はじめは主観的なものであるが、研究が進むにつれて次第に精密なものになっていく。「実証性」とは、実験や観察によって仮説の妥当性を検討できるという条件である。「再現性」とは、同じ条件下で行われた実験では必ず同じ結果が得られるという条件である。そして、仮説が実証性や再現性という条件を満足すれば、その仮説は「多くの人によって承認され公認される」ことになる。この、「多くの人によって承認され公認される」という条件が客観性であるといえる。

結論として、「科学」とは、実証性、再現性、客観性などの条件を満たした探究的活動であると考えることがでる。

2)「科学的な見方や考え方」とは？

ここでは、"科学的な見方や考え方"についての考え方が2つ示されている。
1) 問題解決の手続きによって得られた結果や概念（知識そのもの）
2) 問題解決の手続きや方法そのもの（知識を獲得する方法）

これらは、いわゆる内容知と方法知と言い換えることができる。現在は、特に方法知が重視されているといえる。

結論として、6つの小目標は、理科学習による文化の伝達・継承・発展という営みを通して、人格の成長を図り人間の陶冶を目指すものであると考えることができよう。教師にとっては、「理科の目標」そのものが一つの実践上の仮説であるといる。そして、教育の現場においては、仮説検証を期した（つまり目標が達成されるための）、実践的で有効な指導法・評価法の研究が行われなければならないと考えられる。

（2）学習観の変更について

現行の指導要領で色濃くでていた構成主義的学習観が、新指導要領ではほとんどなくなっている。その理由はさまざまに推測できるにせよ、学習観の変更は教師の授業に影響を及ぼし、ひいては子どもの学習に影響しないことはあり得ない。現行では構成主義的な記述の中で、自然の特性に対する考え方の転換を求めた。自然の特性（法則や真理）については、下の2つの考え方がある。

・真理は、人間と無関係に自然の中に存在する。
・真理は、人間が実験などにより検討し承認したものである。

これらの中でも、後者の重要性が指摘された。科学的な概念についても「多くの人が承認できる妥当なものである」という記述が見られた。さらには、科学的な考え方についても、⑥で示した、内容知と方法知という2つの考え方に加えて、「子どもが構築した自然に対する感じ方」といった情緒面に関する事柄も、科学的な見方や考え方に含めていた。

科学理論や法則は、人間とは無関係に成立する絶対的、普遍的なものであるのか、あるいは、多数の人間が承認した社会的なものであるのか、という科学解釈において、これまでも指摘したように、現行では後者の考え方が主張されていた。自然界における実在とは厳密にはどういう意味なのかということについては、自明ではない点もありさまざまな議論がある。しかし、次の例を考えてみよう。私たちは、原子や分子は物質を構成する基本的粒子であると考えている（実在するもの）。そして、電子顕微鏡などにより、その姿も次第に明らかになってきている（ただし、粒子そのものを直接見ているのではないが）。ところが、原子や分子は物質の成り立ちを考える上での一つの理解の仕方である（多数の人間が承認した社会的なもの）、と解釈してしまうとどうなるか。原子や分子（という考え方？）が多数の人間が承認した社会的なものであるとした場合、原子や分子自体が自然界に実在するという前提は必要ではなくなるということになってくる。このような（多少極端とも思えるような）科学解釈は、一つの考え方・学説であって、学習指導要領解説理科編という公的な書には、やはり「一つの考え方」として紹介するという記述になるべきではなかったかと考える。

第2章
科学と客観性

1. はじめに

　理科では、観察・実験を重視する。観察・実験は、理科における問題解決活動の中核をなすものである。しかし、実験では、何がわかるのか。実験では、データを取るが、取ったデータは何を意味するのか。第1章で説明したように、科学とは自然現象を対象に、①実証性、②再現性、③客観性などを有して、問題解決をする探究的活動であり、「科学的」とは、上のような条件を満たすことである。実験を行ってデータを取るということは、「科学的」を支える最も基本的な行為であると考えられる。データはどのような情報をわれわれに与えてくれるのか、言い換えるとデータがどのように処理されていくのかを辿ることによって、科学における客観性を支える一つの要因について考えてみたい。

2. データの科学的解釈

(1) ひとつの問題

　シャープペンの芯の太さはいくらか、という問題を立てたとする。マイクロメーターという測定器をもってきて、図2-1のようにして測ってみたところ、1.13mm という測定値が得られた。
　1.13mm が本当か？ということで、もう一度測ると今度は、1.17mm になっ

た。1回目とかなり？違ったのでもう一度ということ
になり、1.14mmを得た。結局5回測り、芯の直径
rの5つのデータが得られた。このことは、どのよ
うに解釈すればよいのか。科学では、測定値（デー
タ）は誤差を含むと考えている。

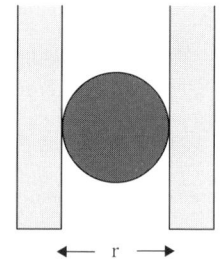

　直径rの5つのデータ［mm］：

　1.13　　1.17　　1.14　　1.16　　1.15　　　　図2-1　芯の太さの測定

測定値xは物の真の値Xとは異なり、その差を誤差とよぶ。

　　$x - X = \varepsilon$ 　　…(2-1)

誤差 ε の原因としては、

　・データを照合する理論の間違いによるもの

　・測定器の不備などによるもの

　・測定者の読みとり方の癖などによるもの

などがある。理論の改良、測定器具の改良、測定者の訓練などによって、これ
らすべてを取り除いたとしたら、誤差はなくなるだろうか。どんなに注意深い
測定を行っても、偶然に起きる誤差（偶然誤差）は防ぐことができない。その
理由は、測定者が関知できることではない。このように、われわれは真の値そ
れ自体を知ることができず、データから真の値を推定しなければならないこと
になる。

（２）有効数字

　偶然誤差の説明に入る前に、データの数値について説明しておく。測定器
の目盛りを読むときは、学校で教えられたように、最小目盛りの1/10まで読
む。最小目盛りが1mmの定規で長さを測るときは、0.1mmまで目分量で読
む。測定で得られた数値の中で、意味のある数字を有効数字とよぶ。一例とし
て、名刺の長さを測り、そのデータが9.17cmの場合は、有効数字は9と1と
7の3つになり、有効数字が3桁であるという。9.17cmの小数点2桁目の数
字7は、0.7mmを意味するから、目分量で読んだ値である。したがって、数
字7は読み取りの際に偶然に生じた誤差を含むことになる。したがって、この

データは、9.165〜9.174cmの範囲にあると考えられる。この範囲は、小数点3桁目の数字（9.165の5との9.174の4）を四捨五入すると、どちらも9.17cmになる範囲である。

（3） 誤差分布の考え方

偶然誤差には、確率論から次の3つの性質がある。
① 正負の誤差が同じ確率でおこる。
② 小さな誤差を生じる確率は大きい。特に、誤差が0になる確率が最大である。逆に、大きな誤差を生じる確率は小さい。
③ 誤差には限度があり、ある程度以上の誤差は生じない。

誤差のこのような性質から、測定値（データ）は、確率的な考え方（確率論）で処理されていくことになる。測定値から真の値を推定するにはどうすればよいのか。ここで、真の値がそこに入るような範囲を最確値とよぶと、

・最確値はどのようにして求められるのか？

という問題に言い換えることができる。測定値の莫大な集団を想像し、それを母集団とよぶことにする。母集団の個々のデータxは、図2-2のように分布している（ガウスの誤差分布曲線）。縦軸の値$f(x)$は、データxが生じる確率を意味する。偶然誤差の性質②より、$f(x)$は$x=X$で最大になる。値Xは誤差が0になるデータである。Xは真の値であり、データ数nが無限大のときには母集団の平均値に等しい。性質③より、$f(x)$は$x=\pm\infty$で0になる。また、性質①より、値Xをはさんで左右の分布が対称になる。

その中に、$x=X\pm\sigma$となるデータが約70%（68.3%）あるような幅σ（シグマ）を、分布の標準偏差という。この式を変形すると、

$X = x \pm \sigma$

となるので、もしσがわかるならば、真の値Xは、$x\pm\sigma$の範囲に70%の確率で入る、と言い換えるこ

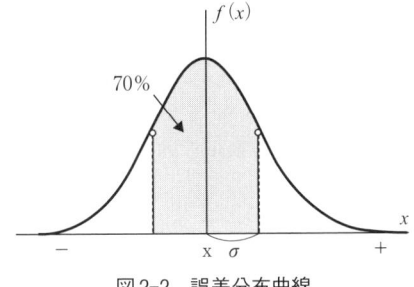

図2-2　誤差分布曲線

とができる。

　標準偏差 σ は式（2-2）で求められる。x_i は母集団の n 個のデータの中で、i 番目のデータを意味する。Σ の中の $x_i - X$ はデータと真の値の差（＝誤差）を示す。

$$\sigma^2 = \sum_{i=1}^{n}(x_i - X)^2 / n \quad \cdots (2\text{-}2)$$

　式（2-2）の右辺は誤差の自乗をデータ数 n で割ったものだから、誤差の自乗の平均値である。右辺の平方根が標準偏差 σ であるから、σ は誤差の自乗の平均値の平方根ということになる。したがって、σ を「誤差の平均値」のように考えてよい。ここで、σ を求めることができれば、個々のデータと真の値との関係が得られることになる。

　ガウスの誤差分布曲線 f(x) は、次のような指数関数を用いた式で表される。

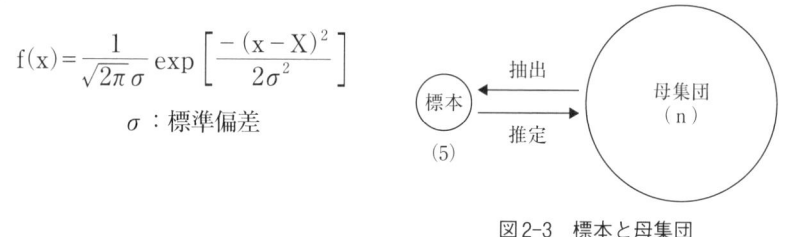

$$f(x) = \frac{1}{\sqrt{2\pi}\,\sigma} \exp\left[\frac{-(x-X)^2}{2\sigma^2}\right]$$

σ：標準偏差

図2-3　標本と母集団

（4）　標本（サンプル）の考え方

　（1）で示したように、直径の測定を 5 回行って 5 個のデータを得たとする。この 5 個のデータはどういうものであるかというと、確率論では、

　データ数 n の母集団から、無作為（意図せずに）に抽出した標本（サンプル）であると考えるのである。これを図 2-3 に示す。

　そして、今度は抽出された標本（と解釈している 5 個のデータ）から、母集団を推定する作業に入っていくことになる。

（5） サンプル平均値x̄の分布

サンプルの平均値x̄は、通常データの合計をデータ数Nで割って出す。

$$\bar{x} = \sum x_i / N \quad \cdots(2\text{-}3)$$

平均を取るということは、数学的にいうと各データの誤差の合計を最小にする行為になる。

次に、このサンプル平均値がどのような分布をするかということを考えてみる。個々の測定値（データ）に母集団があるように、サンプル平均値を一つの新しいデータとみて「平均値データ」とよび、その分布を考えてみる。

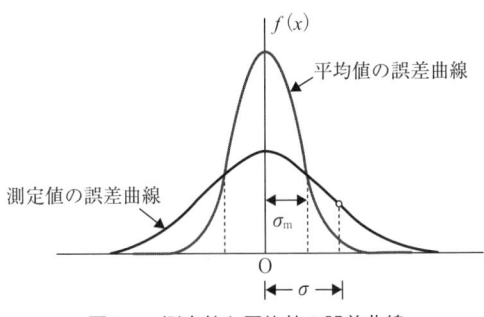

図2-4 測定値と平均値の誤差曲線

どんなことが想像できるだろうか。測定値の誤差分布曲線と、平均値の誤差分布曲線を比べてみたとき、分布で表現するとどのように異なるだろうか。個々の測定値よりも、その平均値の方が真の値に近いということだけはいえそうである。したがって、図2-4のように、どちらの分布も形は同じだが、平均値データの標準偏差 σ_m は測定値の標準偏差 σ よりも小さいという結論にいたる（$\sigma_m < \sigma$）。

統計学では、平均値データの標準偏差 σ_m は、測定値の標準偏差 σ と標本数Nを用いて、

$$\sigma_m = \frac{\sigma}{\sqrt{N}} \quad \cdots(2\text{-}4)$$

となることがわかっている。理科の実験で、なぜ測定回数を増やすのかというと、式（2-4）によりNが大きいほど標準偏差（つまり誤差）が小さくなるからである。

統計学の中心極限定理によれば、平均値x̄の分布については次のように表現できる。標本平均x̄の分布は、近似的に母平均Xを平均とし、標準偏差が σ_m

の正規分布になる。この近似はデータ数Nが増すにつれて次第によいものとなる。平均値の分布の標準偏差 σ_m は、標準誤差（または平均誤差）とよばれる。

（6）標本から最確値を推定する

ところが、われわれは、母集団そのもの（のデータ）をもっているわけではないので、標準偏差 σ、σ_m は計算できない。そこで、次のように考えてみる。標本は、母集団の性質を併せ持っているわけであるから（少なくとも、そういうものを標本と考えているのであるから）、標準偏差 σ は、標本の標準偏差 s で代用することができるのではないか、と考える。

$$s^2 = \sum_{i=1}^{N} (x_i - \bar{x})^2 / (N-1) \quad \cdots (2\text{-}5)$$

式（2-5）の Σ の中に入っている $x_i - \bar{x}$ は測定値とサンプルの平均値 $\bar{x}$ の差を意味する。これは、誤差に代わる量であり、測定値の残差とよび、記号 ρ_i で表す。標準偏差 s は、σ と似ているが、分母が標本数Nではなく N-1 になっている理由については統計学の専門書をみていただきたい。統計学的には、標本の不偏分散の平方根をとり、それを不偏推定量とよぶ。式（2-4）と同様に、

$$s_m = \frac{s}{\sqrt{N}} \quad \cdots (2\text{-}6)$$

により、s_m が計算できれば、平均値データは、下記の範囲内に70％の確率で存在することになる。

$$X - s_m < \bar{x} < X + s_m$$

したがって、これを変形すると、

$$\bar{x} - s_m < X < \bar{x} + s_m \quad \cdots (2\text{-}7)$$

となり、真の値 X は、$\bar{x} \pm s_m$ の範囲に70％の確率で入る、と考えられる。

ただし、σ を s で代用したとき、測定値の分布は厳密には正規分布にはならず、t 分布とよばれるものになるが、ここでは詳細にはふれない。式（2-7）から、われわれは、真の値 X を式（2-8）のような最確値として表現する。

$$X = \bar{x} \pm s_m \quad \cdots (2\text{-}8)$$

このように、データそのものは真の値ではないが、複数のデータがあれば真

の値を統計学的に推定することができる。その推定値が式（2-8）の最確値である。

「真の値 X は、$=\bar{x} \pm s_m$ の範囲に 70％の確率で存在する」ということは、統計学的にいえば、「30％の危険率ではずれる」ということになる。しかし、学術論文ではこの形式がとられることが多い。このようなことを了解して使用している。

（7）実例—直径の測定—

最初の問題に戻ろう。シャープペンの芯の直径 r を 5 回測ったデータは次の通りであった。

　　直径 r の 5 つのデータ［mm］：1.13　　1.17　　1.14　　1.16　　1.15

　　直径 r の最確値（平均値 $\bar{r} \pm$ 標準誤差 s_m）を求めよう。手順は以下の通り。

①平均値 $\bar{r}$ を求める。

②データの残差 ρ を求める。$\rho_i = r_i - \bar{r}$

③ρ の二乗の和 $\sum \rho_i^2 = [\rho^2]$ を求める。

④データの標準偏差 s を求める。

⑤平均値の標準誤差 s_m を求める。

式（2-3）より、$\bar{r} = 1.150$

5 回の平均を取ったため、有効数字を一つ増やした。小数第 3 桁目の 0 がそれにあたる。各データの残差 ρ は、データと平均値の差 $\rho_i = r_i - \bar{r}$ により、データと平均値の差を求める。次に、ρ_i^2 を求めその合計を出すと［ρ^2］が得られる。$[\rho^2] = 1.00 \times 10^3$

式（2-5）、式（2-6）より、s = 0.01581、$s_m = 0.00707$

最確値は、計算結果の小数第 3 桁目までを取る（4 桁目を四捨五入）。

　∴　最確値 = 1.150 ± 0.007

なお、計算の過程は次の通りである。

表 2-1　計算結果一覧

No	r[mm]	ρ[mm]	ρ²
1	1.13	−0.02	0.0004
2	1.17	0.02	0.0004
3	1.16	0.01	0.0001
4	1.14	−0.01	0.0001
5	1.15	0	0
平均	1.15	[ρ²]	0.001

（8）おわりに―科学と客観性―

　これまで、データの統計処理を一例に、「科学的」を支える基本的な特性について考えてきた。データを取っても、そのデータが何を意味するのか、自然科学では、個々に異なった解釈（数値処理）は許されない。同じデータを取っても、結果が異なってしまうからである。本章で述べた統計処理は、誰が行っても同じ結果を与える。再現性とは、同じ条件で行ったいくつかの実験において、それらの結果は誤差の範囲内で一致するという意味である。このことは、科学における実証性・再現性を保証する上でどうしても必要なものである。また、このように再現性のある操作は、科学における客観性を保証するために不可欠であるということがいえよう。

[問1]　振り子の周期 T（第6章参照）を5回測定したところ、次のようになった。最確値を求めよ。
　　T[s]　1.3　1.4　1.2　1.3　1.2

[解1]　(7) と同様の計算により、
　T = 1.28 ± 0.04
　が得られる。平均を取ったため、有効数字を1桁増やした。

第3章

物理・天文分野の基本概念
― 運動・力・エネルギー ―

1. はじめに

科学・技術の土台は、物理（科学）の理論である。したがって、学校で習う理科の背後には物理（科学）の理論が存在する。本章では、日常的に使う「速さ」「加速度」「力」「エネルギー」の概念を説明する。小学校理科のA領域の指導を行う上で、知っておきたい事柄である。

2. 力と運動

(1) 物理（科学）とはどういうものか

ギリシャの哲学者アリストテレスは、小石と木の葉を同時に落とすと、小石の方が速く落下するという。一方、ガリレイも同じ実験を行った。そして、物体が受ける空気の抵抗が十分に小さくなった極限では、小石と木の葉は同時に落下する、つまり同じ加速度で落下するという。ガリレイは、物体を幾何学的に単純化された抽象物と考え、空気抵抗を非本質的な要因として捨象した。観察の過程は、一見すると自然をあるがままに眺め、記述することのように思える。しかし、物理学は複雑で多彩な自然を特定の立場から単純化し、理想化する。さらに、特定の現象にのみ着目し本質的要因として認め、その他の現象を非本質的要因として捨てることから始まる。

古典物理学の始まりは、ケプラーが1609年および1619年に、惑星の運行

に関するケプラーの3法則を発見したことにある。次に、ガリレイが1638年、「物体の落下距離は落下に要する時間の2乗に比例する」という落体の法則を発見した。続いて、デカルトが1644年、衝突における運動量の保存法則を提唱した。そして、ニュートンが、1687年、運動に関する3つの法則を提唱し、それらを力学の基本原理として確立した。

巨視的（マクロ）な世界を対象にした古典物理学は、17〜19世紀末にかけて形成された。巨視的世界とは、分子がアボガドロ数程度（約10^{23}個ほど）集まってでき、われわれの感覚に直接とらえられる、じかに触れたり見たりすることのできる世界であり、化学でいう"1モルの世界"である。巨視的世界のリアリティは、分子に代表される「粒」と、電磁波に代表される「波」からなっている。粒は、質量、電荷、幾何学的な形状をもった物質的物体である。物質により生み出され、物質に作用する物理的性質として、力の場（重力場、電界、磁界）がある。力の場が時間的に変動すると波（波動）が生じる。電界と磁界の時間変動が空間を伝わっていくのが電磁波（光や電波）である。音波のように、物質そのものの力学的振動が伝わるときの波もある。

古典物理学には3つの系統があり、およそ次のような内容をもっている。

力学は、自然界における力は与えられたものとし、なぜ力が働くかは問わない。その力によって、物体がどのような運動をするのかを論じる。電磁気学は、電界と磁界の振る舞い、およびその物質（電子やイオン）への作用を論じる。熱力学は、第一法則（エネルギー保存則）と第二法則（エントロピー増大則）を基礎に、個別物質の特殊性によらない物質の変化一般的関係を論じる。

20世紀になって登場した現代物理学は、今なお建設中でもあり、微視的（ミクロ）な世界を対象にしている。微視的世界とは、分子・原子・原子核・素粒子の世界であり、現代物理学には次の2つの系統がある。

電子や原子は物質（粒）であるが、波としての性質も併せ持つことがわかっている。また、光は波であるが、粒子としての性質もある。量子力学は、このようなミクロな粒子の振る舞い（粒と波の二重性）や、光と物質の相互作用を論じる。相対性理論は、光速度不変の原理と運動の相対性原理を2つの基本原理として、質量、エネルギー、空間・時間の意味や関係を論じる。

このように、物理は、物質や場の意味を解読し、物質の性質を力の場と運動から解き明かそうとする学問である。

(2) 運動を記述する２つのことば
①速さとは何か？

有名なゼノンのパラドックスでは、「アキレスがカメを追い越せないのはなぜか？」と問われる。図3-1で、アキレスがカメの10m後方にいるとしよう。この状態で、両者が同時にスタートした。アキレスが、カメがはじめにいた位置（A）に来るまでに、カメは少し前方（B）に行く。次に、アキレスがカメの位置（B）に来るまでに、やはりカメは少し前方に行く。これを繰り返すと、アキレスはいつまでたってもカメを追い越すことはできないという結論になるという考えである。アキレスはカメより速いのにもかかわらず、である。この矛盾をどう説明すればよいのだろうか？

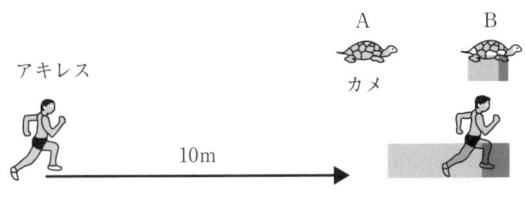

図3-1　ゼノンのパラドックス

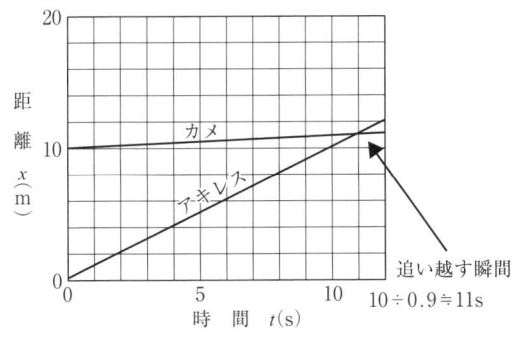

図3-2　移動距離と要した時間の関係

図 3-2 のようなグラフで考えてみる。アキレスは 10 秒に 10m を、カメは 1m を動き続けるものとする。横軸にはスタートからの経過時間、縦軸は両者の位置をとってある。それぞれの速さは、移動距離を要した時間で割って算出する。

$v_{カメ} = 1.0 \div 10 = 0.10 \text{m/s}$ $v_{アキレス} = 10 \div 10 = 1.0 \text{m/s}$

[問1]　アキレスはカメを何秒後に追い越すか？

[解1]　アキレスは、1秒に 0.9m（= 1.0 − 0.10）ずつカメとの距離を縮める。アキレスがハンディとしてカメに与えていた 10m の距離が何秒後に埋まるかを考えたとき、
　　　$10 \div 0.9 ≒ 11s$
が得られる。アキレスはカメを追い越すのは、11 秒後となる。

図 3-2 では、約 11 秒後に 2 本の直線が交わっている。11 秒後に両者が同じ位置に来るということは、確かに 11 秒後にアキレスはカメを追い越す。ゼノンのパラドックスでは、追い越されるまでの時間を次第に小さく区切って考えることにより、11 秒後が到達できないような錯覚を与えている。つまり、ここでは時間と距離との記述のみがあり、速さの概念が欠落しているといえよう。運動は切り離して考えてはならず、連続して考えていかなければならないのである。

　速さとは、次のような概念である。移動距離（s）と経過時間（t）の比が一定になるとき、この比を速さ（v）とよぶ。

$$v = \frac{s}{t} \quad \cdots (3\text{-}1)$$

この比が刻一刻変化するときがある。つまり、自動車のアクセルやブレーキを踏んで速さが変わる場合である。このようなときは、t を短くとり（Δt）、その都度この比をとることになる。Δt は、"デルタティー"と読む。このとき、移動距離も当然小さくなる（Δs）。Δs と Δt の比をとり、この比（v）を

瞬間の速さとよぶ。一般に、速さとは瞬間の速さのことを意味する。

$$v = \frac{\Delta s}{\Delta t} \quad \cdots (3\text{-}2)$$

$\Delta t \to 0$ の極限では、式（3-2）は移動距離の時間による微分になっている。

［問2］　120mを10秒で走る人の速さは、12m/sと考えてもよいか？

［解2］　ランナーは加速するので、速さはスタート時から次第に増加していく。したがって、12m/sという値は、120m走る間の「平均の速さ」と考えなければならない。

［問3］　速さ、速度、これらは同じものか違うのか？

［解3］　速さは大きさだけの量（スカラー量）で、西向きに12m/sも東向きに12m/sも、同じ12m/sである。
　　　　一方、速度は向きも併せ持つ量である（ベクトル量）。東向きが＋12m/sなら、西向きを－12m/sなどと表す。普通、速さと速度は区別して用いる。

②加速度

　小石を落とすと、小石の速度は次第に大きくなり、加速される。バイクや自動車のアクセルには、加速するという意味がある。加速の度合い（加速度）は、単位時間にどれだけ速度が増加したかで決まる。止まっていたバイクが、2.5秒間加速して10m/sになったとする。

　　　速度変化量＝後の速度－始の速度
　　　　　　　　＝10－0＝10m/s
　　　加速度＝速度変化量÷時間
　　　　　　＝10m/s÷2.5s＝4.0m/s^2

加速度の単位は、m/sをsで割る操作をするため、m/s^{2}となる。単位は、

メートル毎秒毎秒と読む。

バイクにブレーキがかかって減速するときは、速度変化が負になるため、加速度も負の値になる。10m/sのバイクが2.5秒間ブレーキをかけて止まったとき、

速度変化量＝後の速度－始の速度
$$= 0-10 = -10\mathrm{m/s}$$
加速度 $= -10\mathrm{m/s} \div 2.5\mathrm{s} = -4.0\mathrm{m/s}^2$

となり減速したとき、加速度は負になる。理由は、速度変化量が負になるからである。速度変化が正になるとき、その向きを＋とすると、加速度の向きは＋である。同様に、速度変化が負になるとき、その向きを－とすると、加速度の向きは－である。

加速あるいは減速している間は、加速度が一定のときの場合であるが、実際に単元「振り子」などで問題となる地球の重力によって生じる加速度は、一定値 $9.8\mathrm{m/s}^2$ をとる。

参考（3-1）加速度の定義

時刻 t のときの物体の速度を v(t)、t から微少な時間 Δt だけ経過したときの物体の速度を v(t＋Δt) とする。

速度変化量 $= v(t+\Delta t) - v(t) = \Delta v$

これを、経過時間Δtで割った量が、時刻 t における（瞬間の）加速度 a になる。加速と減速の場合にみたように、加速度は、向きを持つのでベクトル量である。

$$a = \frac{\Delta v}{\Delta t} \quad \cdots(3\text{-}3)$$

Δt→0 の極限では、式（3-3）は速度の時間による微分になっている。

（3）力をどうとらえるのか―力の概念の変遷―

力とは何か。その概念は時代を追って変化してきた。古代ギリシャでは、物には固有の場所があり、力とは物が固有の場所に戻ろうとする性質と考えられ

ていた。手から離れた石は地球の中心へと向かう、などである。中世になると、インペトウスという考え方が登場してくる。インペトウスとは、"込められた動力"という考え方である。例えば、

・物体を投げるとき、手から物体に直接伝わる動力
・鉄を引き付ける磁石から出て、鉄に加えるような何かの力

などが知られている。この考え方によると、真上に投げ上げられた物体が動き続けるのは、上向きのインペトウスによる。投げたときに加わった力が、物体に"込められて"残っていると考えればよい。下向きに働く重さのために、インペトウスは絶えず弱められてなくなっていく。そして、物体は固有な場所に向かって運動するようになる、といった考え方で現象を説明していく。インペトウスとは、現在でいう力、運動量、エネルギーの概念が混在した概念といえよう。現在でも、子どもや、場合によっては大学生にもインペトウス的な考えが認められる事例がある。これらは、学習者が教室に持ち込む素朴概念となって科学的概念形成を妨害したり、ときには援助したりするといわれている。

　近代になると、力はようやく運動（速度の変化）や物体を変形させる原因としてとらえられるようになり、19世紀中頃には運動量やエネルギーと概念的な区別がなされるようになった。現在、自然界には万有引力（重力）を含む4種類の力が存在することが知られている。

（4）力が運動を生む

　ニュートンは、物体に力が働くと物体の運動状態が変化するとして、それまでに知られていた経験事実を次の3つの法則にまとめ上げた。

①運動の第1法則（慣性の法則）

　物体に力が加わらないなら、または複数の力が加わっていてそれらがつり合っているならば、物体は静止するか等速直線運動（等速度運動）を続ける。つまり、物体は運動状態を保とうとする。静止か等速度運動かは、観測を行う座標系のとり方によって変わる。ここで、物体が運動状態を保とうとする性質を、「慣性」とよぶ。

②運動の第2法則（運動の法則）

　質量のある物体に力が加えられたならば、物体は加速度のある運動を行う。このとき、物体に加わった力が原因であり、加速度のある運動がその結果であるという解釈をする。次のような関係になる。

　　　物体に加わる力（原因）→　加速度のある運動（結果）

アリストテレスが、「物体の運動が原因となって力が働くという結果が生じる」と考えていたのとは逆になることがわかる。

　実験で調べてみると、物体に生じる加速度 a は、加えられた力 f に比例し、物体の質量 m に反比例する事実が導かれる。この関係を式に書いたものが、運動方程式とよばれ、さまざまな運動の解析に利用されている。

$$\vec{f} = m \cdot \vec{a} \quad \cdots (3\text{-}4)$$

力も加速度も、大きさと向きを併せ持つ量なので、どちらもベクトル量である。式（3-4）のように、ベクトル量は、変数に矢印を載せて書くことが多い。1kg の物体（m = 1）が、1m/s^2 の加速度（a = 1）で運動しているとき、式（3-4）によれば、

$$f = m \cdot a = 1 \times 1 = 1$$

の力を受けていることになる。このときの力の単位は、[N]（ニュートン）とよばれる。したがって、1N の力とは、"1kg の物体に、1m/s^2 の加速度を生じさせる力" ということになる。

　同じ 1N の力が、質量 1kg の物体 A と、質量 0.1kg の物体 B に働いているとしよう。それぞれの加速度は、式（3-4）から、

$$a = f \div m$$

となる。実際に計算してみると、

$$a_A = 1 \div 1 = 1 \text{m/s}^2 \qquad a_B = 1 \div 0.1 = 10 \text{m/s}^2$$

　質量の大きい A の加速度の方が小さいということは、A は B より、運動状態を保とうとする性質（慣性）が大きいと解釈できる。つまり、A は B より動きにくいということになる。このように考えると、質量とは、運動状態を保とうとする性質の大きさ（慣性の大きさ）を意味すると解釈することができる。したがって、これまで考えていたような、

質量＝物質の量（例えば、モル数、分子の数、…）
という質量解釈とは異なる質量イメージが力学では示されていることがわかる。

　運動の法則により、自由落下や放物運動などの地上の運動と、惑星の円運動（楕円運動）のような天上の運動が万有引力（重力）という一つの原因によって、統一的に説明できるようになった（図3-3）。

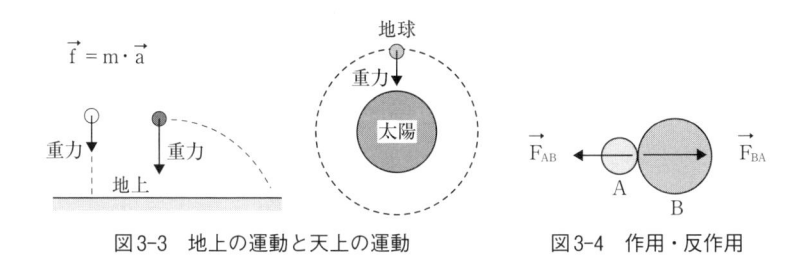

図3-3　地上の運動と天上の運動　　　図3-4　作用・反作用

③運動の第3法則（作用・反作用の法則）

　図3-4のように、物体Aと物体Bが互いに力を及ぼしあっているとき、BがAに及ぼす力$\vec{F}_{AB}$と、AがBに及ぼす力$\vec{F}_{BA}$は、次のような関係にある。

・両者は、同じ大きさである。
・両者は、向きが逆である。
・両者は、同一直線状にある。

　ここで、力$\vec{F}_{BA}$を作用、力$\vec{F}_{AB}$を反作用という（逆に、力$\vec{F}_{AB}$を作用、力$\vec{F}_{BA}$を反作用としてもよい）。上の3つの関係を、作用・反作用の法則とよぶ。式(3-5)に、2つの力の関係をベクトルで示す。式(3-5)では、2つの力の大きさが等しいことを＝（イコール）で、2つの力の向きが逆であることを−（マイナス）で表している。

$$\vec{F}_{BA} = -\vec{F}_{AB} \quad \cdots (3\text{-}5)$$

　$\vec{F}_{AB}$と$\vec{F}_{BA}$は、一つの物体に働いている2つの力がつり合っているのではない。つり合いと作用・反作用は、よく混同されている。

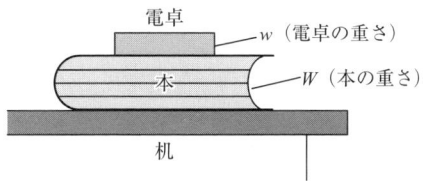

図3-5　机の上の本と本の上の電卓

次の問4は、2力のつり合いと、作用・反作用に関する問題である。

[問4] 図3-5に示した状態で、$F_a \sim F_f$ の6つの力が働いている。6つの力は次の通りである。

F_a：本が電卓を押す力　　　F_b：机が本を押す力
F_c：電卓が本を押す力　　　F_d：本が机を押す力
F_e：地球が電卓を引く力　　F_f：地球が本を引く力

①作用・反作用にある2つの力はどれか。
②つり合いにある2つの力はどれか。
③a〜fの力を、電卓の重さw、本の重さWで表せ。

[解4] 力の詳細を図3-6に示す。

電卓と本に働く重力の大きさはそれぞれw、Wであるから、

$\quad F_e = w \quad \cdots(ア)$

$\quad F_f = W \quad \cdots(イ)$

図3-6に示すように、電卓に働く力のつり合いから、

$\quad F_a = F_c = w \quad \cdots(ウ)$

本に働く力のつり合いから、

$\quad F_c + F_f = F_b$

これと(イ)より、

$\quad F_c + W = F_b \quad \cdots(エ)$

作用・反作用の関係から、

$\quad F_c = F_a \quad \cdots(オ) \qquad F_d = F_b \quad \cdots(カ)$

(ア)〜(カ)より、次の結論が得られる。

① F_a と F_c、F_b と F_d　　② F_a と F_e
③ $F_a = w$、$F_b = w + W$、$F_c = w$
　 $F_d = w + W$、$F_e = w$、$F_f = W$

図3-6 それぞれの物体に働く力

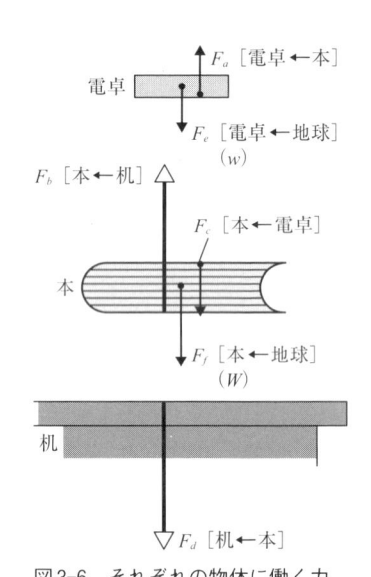

（5）重力のもとでの物体の運動

　重力は、地球と地上の物体の間に働く力である。質量が1kgの物体Aに働く地球の重力を、1kgw（重量キログラムまたはキログラム重と読む、wはweightの頭文字）とする。2kgの物体Bに働く重力は、物体Aが2つ分だから2kgwである。このように、物体に働く重力Wは、物体の質量mに比例する。このような意味で用いる質量を重力質量とよぶ。すると、どのような物体であっても、単位質量（=1kg）あたりに働く重力の大きさを考えると、どれも同じ1kgwである。図3-7のように、質量が2倍違う2つの物体を自由落下（=力を加えて投げないで、ポトっと落とすこと）させる場合を考える。空気抵抗などの摩擦が無視できる場合は、重力だけが働くと考えられる。両物体には、単位質量あたりで考えると同じ大きさの重力が働くので、両物体は同時

表3-1　自由落下のデータ

時刻（s）	位置（m）	0.05秒間の落下距離（m）	0.05秒間の平均の速さ（m/s）
0.0	0.0		
		0.013	0.26
0.05	0.013		
		0.037	0.74
0.10	0.050		
		0.060	1.20
0.15	0.110		
		0.085	1.70
0.20	0.195		
		0.110	2.20
0.25	0.305		
		0.135	2.70
0.30	0.440		
		0.160	3.20
0.35	0.600		

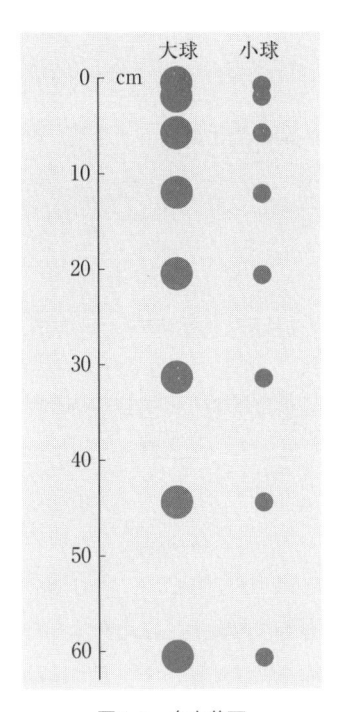

図3-7　自由落下

に落下することになる。質量の大きい左の物体にも、質量の小さい右の物体にも、単位質量あたりには同じ大きさの重力が働くからである。一般に、質量の異なるいかなる物体も、同じ高さから自由落下させると同時に落下する。図3-7のようなストロボ写真を撮ることにより、どのような落下をしているのかがわかる。表3-1は、図3-7から得られた。0.05秒ごとの落下距離すなわち物体の位置の変化（変位）は、時刻0秒（落下開始）から0.05秒では0.013mであるが、0.05秒から0.1秒では0.037mとなっている。同じ0.05秒間でも変位が増えている。つまり、物体は速くなっている。どのくらい速くなったかを計算してみよう。それぞれの速度は、位置の変化を、要した時間の0.05秒で割り、

・0 〜 0.05 秒間：$v_1 = 0.013 \div 0.05 = 0.26 \mathrm{m/s}$
・0.05 〜 0.10 秒間：$v_2 = 0.037 \div 0.05 = 0.74 \mathrm{m/s}$

となる。v_1 と v_2 の時間差は、これらの間の0.05秒間であるから、速度が0.05秒間で、

$0.74 - 0.26 = 0.48 \mathrm{m/s}$

増えたことになる。単位時間（1秒間）における速度の変化量（＝加速度）を求めてみる。

加速度＝速度変化量÷経過時間
$= (0.74 - 0.26) \div 0.05 = 9.6 \mathrm{m/s^2}$

このような計算を次々に行って平均を取ると、

加速度 $= 9.8 \mathrm{m/s^2}$

が得られる。自由落下の場合の加速度は、明らかに重力によって生じているため、これを重力加速度とよび記号 g で表す。

$g = 9.8 \mathrm{\ m/s^2}$

この値は、地表ではほぼ一定である。厳密には、重力は物体に働く地球の万有引力と自転による遠心力（自転軸から遠ざかる向きに働く）の合力であるから、g の値は遠心力の度合いで変化する。遠心力は回転半径に比例するため、地球の赤道付近で最大になる。したがって、赤道では地球の中心方向に万有引力が働き、反対に遠心力は地球の外側に向かう。そのため、これらの合力（重力）は、万有引力そのものの値よりは小さくなる。したがって、重力の値

は両極では赤道上より多少大きな値になる。しかし、その違いはおよそ 9.8 の 1/300 程度と小さく、ここでは g は事実上一定と見なす。

　重力下では、質量の違ういくつかの物体を自由落下させたとき同時に落下するということは、「どの物体も皆同じ加速度 g で落下する」ということである。

①自由落下の特徴

　物体を自由落下させた時刻が、朝の 10 時 30 分 25 秒であったとする。この時刻を、t＝0 とする。t 秒後の速度 v と位置（＝落下距離）y はどうなるか。自由落下は、初速度＝0 の落下であるから（力を加えずポトっと落とすので）、t 秒後の速度 v は、

　　v＝初速度＋速度変化量＝0＋速度変化量＝加速度×時間
　∴　v＝g・t　…(3-6)

となる。g の値に 9.8m/s^2 を代入して、

　　v＝9.8t

時刻 t に、1、2、3…と代入していくと、次のようになる。

　　1 秒後　　v＝9.8 m/s　　（t＝1 を代入）
　　2 秒後　　v＝19.6m/s　　（t＝2 を代入）
　　3 秒後　　v＝29.4m/s　　（t＝3 を代入）……

　このように、もしも、空気抵抗がなければ、どんな物体でも理論上、落下速度は時間に比例して増えていく。次に、t 秒後の落下距離 y を求める。

　　落下距離＝速度×時間
　　　y＝gt×t＝gt^2

　このようにしがちであるが、この式は間違いである。速度が一定の場合は、速度に時間をかけて落下距離が出るが、自由落下では速度は時間に比例して増える。

　　時刻 t＝0 では、速度 v＝gt＝0
　　t 秒後では、　　速度 v＝gt

　したがって、距離＝速度×時間　の式を使うのであれば、速度 v の値はこれらの平均を取り、1/2gt とするのが妥当である。もう一度計算すると、

$$y = 速度の平均値 \times 時間 = 1/2gt \times t$$
$$\therefore \quad y = 1/2gt^2 \quad \cdots(3\text{-}7)$$

が得られる。g に 9.8m/s² を代入して、

$$y = 4.9t^2$$

とし、時刻 t に 1、2、3… と代入していくと、

  1 秒後   y = 4.9 m   （t = 1 を代入）
  2 秒後   y = 19.6m   （t = 2 を代入）
  3 秒後   y = 44.1m   （t = 3 を代入）……

となる。このように、もしも、空気抵抗がなければ、どんな物体でも理論上、落下距離は時間の 2 乗に比例して増えていく。あらゆる物体は同じように落ちるというのは、このようなことで、原因は重力加速度が物体によらず一定値 g をとるからである。小石を校舎の 3 階（地上 10m とする）から落下させると、どうなるか。石は密度が水の 3 倍近くあり、おそらく空気抵抗はあまり働かないから、自由落下で計算してみる。簡単のため、

$$g = 10 \text{m/s}^2$$

とする。式（3-7）に g = 10 を代入して、

$$10 = 5t^2$$
$$t = \sqrt{2} \fallingdotseq 1.4\text{s}$$

となる。小石は、1.4 秒後に落下し、式（3-6）より、

$$v = 10 \times 1.4 = 14\text{m/s}$$

となるので、秒速 14 メートルの速度を、地表に衝突寸前にもっている。もしこれが何か物体に当たったとき（跳ね返らなかったとき）、その衝撃力は小石の重さ（重力）の 14 倍にもなる。これは、衝突時間（小石が物体に当たって物体に衝撃力を与えている時間）が 0.1 秒の場合である。衝突時間は一般に短く、ゴルフのショットでは百分の 1 秒程度である。計算方法は、参考（3-3）に示した。

 月面では、空気がないのでまったくの自由落下にな

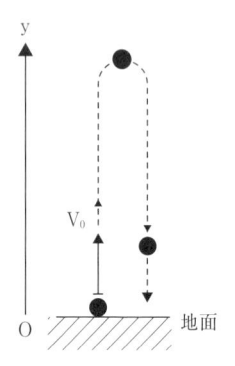

図 3-8 投げ上げ

る。しかし、月は地球よりも質量が小さく、したがって重力加速度も地球の値（9.8m/s²）のおよそ1/6となる。落下速度や落下距離はどう変わってくるか、計算してみたらよい。

ちなみに、物体が1m落下するのに、約1.1秒もかかる。

②投げ上げ

図3-8のように、物体を地面からある初速度v_0で真上に投げ上げたとき、t秒後の速度vと位置y（地面から測った高さ）を求めたい。物体の運動を2つに分けて考える。

ア）1つは、速度v_0で等速直線運動をし、上昇し続ける。

イ）もう1つは、自由落下で落下し続ける。

速度については、ア）初速度（上向き）から、イ）で決まる速度（下向き）を差し引けば求められる。

　　速度＝ア）初速度－イ）で決まる速度

　　　$v = v_0 - gt$ …(3-8)

位置（高さ）についても、ア）で到達する高さから、イ）で決まる落下距離を引けば求められる。したがって、

　　位置（高さ）＝ア）で到達する高さ－イ）で決まる落下距離

　　　$y = v_0 t - 1/2 g t^2$ …(3-9)

[問5]　初速度20m/sで投げ上げた物体が最高点に達する時間Tと到達できる高さHを求めよ。簡単のため、$g = 10 m/s^2$とする。

[解5]　最高点に達したとき、速度が0になるので、式(3-8)に、v＝0を代入する。最高点に達するのは、投げてから2秒後であることがわかる。

　　　$0 = 20 - 10t$　　∴　$t = 2.0 s$

次に、高さの式(3-9)に、t=2.0を代入する。

　　　$H = 20 \times 2 - 1/2 \times 10 \times 2^2 = 20$

最高点の高さは、地上20mになる。最高点に達してからは、2秒かかって投げた地点まで自由落下する。したがって、4秒後に投げた地点に戻る。

(6) 仕事とエネルギー

現行の学習指導要領解説理科編では、第5学年の単元で、「おもりが他の物を動かす働きは、おもりの重さや動く速さによって変わる」という内容があった。この単元は、エネルギー概念の基礎を学習する単元であったが、序章で述べたように新学習指導要領では削除され、中学校へ移行した。「おもりが他の物を動かす働き」とは何か。ここで、おもりをA、他の物をBとする。おもりが他の物を動かすということは、AがBに衝突し、その結果としてBが動く、ということである。AとBの衝突後、おのおのの速度を決める要因は次の2つの物理量である。

①運動エネルギー　②運動量

①の運動エネルギーは、衝突後減少し、減少分は衝突時の物体の変形に要する仕事や熱エネルギーに変化する（熱を含めたエネルギー保存則）。また、②の運動量については、衝突の前後で保存的関係が成り立っている（運動量保存則）。上述の単元内容は、エネルギーを考える上でよい題材であるため、また、単元「振り子」における基礎事項とも関連することもあり、ここでは「力学的エネルギー」を中心に、運動エネルギーと重力の位置エネルギーについて説明することにする。運動量については、衝突現象では重要な物理量であるが、ここでは参考（3-3）で簡単にふれるにとどめたい。

①物体の運動エネルギー

一般に、動いている物体は、他の物体に衝突すると相手を動かす。つまり、物体に力を加えて移動させるという「仕事」をする能力を持つ。理科では、「仕事をする能力」をエネルギーという。質量m[kg]の物体がv[m/s]の速度で動いているとき、物体のもつエネルギーK（＝仕事をする能力）は、

$K = 1/2 mv^2$ …(3-10)

で表される。Kを運動エネルギーといい、質量mと速度vの2乗に比例する。速度vが2、3、4倍になれば、Kは$4(=2^2)$、$9(=3^2)$、$16(=4^2)$倍になっていく。エネルギーの単位は、[J]（ジュール）で表す。普通免許を持っている人なら、自動車学校で速度が2倍になると制動距離（＝ブレーキをかけて停止するまでの距離）が4倍になると習ったことがあるだろう。速度が2倍になると、自動車の運動エネルギーが4倍（2^2倍）になるため、ブレーキをかけたとき道路の摩擦力に逆らってする仕事（＝摩擦力×制動距離）が4倍になるためである。摩擦力は速度に関わらずほぼ一定なので、制動距離が4倍になる。

現行学習指導要領解説理科編の「おもりが他の物を動かす働きは、おもりの重さや動く速さによって変わること」というのは、式（3-10）の運動エネルギーで説明できる。

　　おもりが他の物を動かす働き　→　K

　　重さや速さによって変わる　　→　$\underline{m} \cdot \underline{v}^2$

本来は、「質量によって変わる」というべきところを、小学生向きに質量と重さを区別させず「重さによって変わる」と言い換えられている。質量と重さの相違、2つの質量概念（慣性質量と重力質量）については、参考（3-2）でふれる。

②重力の位置エネルギー

次に、図3-9のように物体が高いところから落下したとき、大きな速度が出るので、運動エネルギーが増えていることが分かる。地面Aを高さの基準とし、高さh[m]の地点Bから物体を自由落下させるとしよう。物体を地面Aから地点Bまで重力に逆らって持ち上げるには、

　　仕事＝重力に逆らって持ち上げる力×移動距離

だけの仕事をしなければならない。質量mの物体に働く重力Wは、式（3-4）の加速度aに重力加速度gを代入して、

　　$W = mg$　…（3-11）

となる。これを用いると、上の仕事Wは、

$$W = mg \cdot h$$

となる。地点Bまで持ち上げられた物体は、地面Aに戻るまでに、外にWの仕事をすることができる。すなわち、地点Bまで持ち上げられた物体は、mghのエネルギーをもつ。

$$U = mgh \quad \cdots (3\text{-}12)$$

Uを、重力の位置エネルギーという。Uは、おもりの質量mと高さhの積に比例する量である。

③力学的エネルギーの保存

B点では、運動エネルギーKは0であり（v=0）、A点では位置エネルギーUが0になることがわかる（h=0）。これらを整理すると次のようになる。

B点：$U = mgh \quad K = 0$

A点：$U = 0 \quad K = 1/2mv^2$

式 (3-6)、(3-7) から変数 t を消去すると、v^2 を高さ h で表すことができる。

$$h = 1/2g(v/g)^2 = v^2/2g \quad \because \quad t = v/g$$

これを用いると、

$$U = mgh = mg \cdot v^2/2g = 1/2mv^2 = K$$

が得られる。したがって、状態Bにある物体も、可能性として、$\dot{1}\dot{/}\dot{2}\dot{m}\dot{v}^{\dot{2}}$に相当するエネルギーをもつ、と考えてよいことが分かる。これが、位置エネルギーの有する意味である。このことは、物体がB点からA点にきたとき、UがKに換わっていると考えることができる。これを、一般にエネルギー変換という。

ここで、UとKの和を考え、

$$U + K = E \quad \cdots (3\text{-}13)$$

とすると、Eは力学的エネルギーとよばれる量になる。B点からA点にきたときのエネルギー変換では、

A点　$U + K = 0 + 1/2mv^2$

B点　$U + K = mgh + 0 = 1/2mv^2$

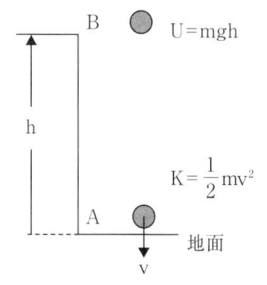

図3-9　重力の位置エネルギー

であり、

U+K が一定になっていることがわかる。このことを力学的エネルギーの保存とよんでいる。

Eの一定性は、状態A、Bのみならず、運動の途中でも成り立つ。つまり、物体は落下していて運動状態が時間的に変化していても、Eという量は一定に保たれ保存されている。

参考（3-2）重さと質量

重さは物体に働く重力、質量は物質の量と考えて区別したとき、重力Wは質量に比例する。この場合の質量は、重力質量（m_W）という。比例定数をKとすると、次のようになる。

$W = K \cdot m_W$ …(ア)

それに対して、運動方程式に現れてくる質量は、慣性の大きさであり、慣性とは運動状態を保とうとする性質であった。そこで、運動方程式に現れてくる質量を慣性質量（m_I）という。

重力＝加速度×質量

$W = a \cdot m_I$ …(イ)

慣性質量m_Iと重力質量m_Wはまったく異なる概念である。地上で加速度aを測ると一定値$9.8 m/s^2$（＝g）であることはすでに説明した。a＝gより、

$K \cdot m_W = g \cdot m_I$

となり、m_Wはm_Iに比例することになる。比例定数Kをgとすることにより、慣性質量と重力質量は一致し、2つの質量を区別しなくてもよいことになる。

参考（3-3）衝撃力は重さの14倍！

厳密には、物体に加わる衝撃の力積（＝衝撃力fと衝突時間Δtの積　$f \cdot \Delta t$）が、小石の運動量の変化に等しくなることを用いて計算する。運動方程式を示す式（3-4）の両辺にΔtをかけると、

$f \cdot \Delta t = m \cdot a \Delta t = m \cdot \Delta v$

∴　$a = \Delta v / \Delta t$

となる。小石の質量と速度の積 m・v で表される物理量を運動量という。

上の結果は、加えられた力積 f・Δt が運動量の変化 m・Δv に等しいことを示している。一例として、小石の質量 m が 1kg であるとする。Δt＝0.1s のとき、

　　　f＝m・Δv／Δt＝1×14÷0.1＝140〔N〕

となり、小石にかかる重力（小石の重さ）W は、

　　　W＝mg≒1×10＝10〔N〕　（g≒10m/s^2）

　　∴　f／W＝140／10＝14

と求められる。

衝撃力は重さの 14 倍にもなることがわかる。衝突時間 Δt が短いほど、衝撃力は瞬間的に働くので値が大きくなる。

第4章
第3学年の単元の解説と指導

第1節　単元「物と重さ」

1. はじめに

　本単元の目標と学習内容は、学習指導要領解説理科編第3章、第4節、第3学年、A 物質・エネルギーの内容（1）に示されている。

> （1）物と重さ
> 　粘土などを使い、物の重さや体積を調べ、物の性質についての考えをもつことができるようにする。
> ア　物は、形が変わっても重さは変わらないこと。
> イ　物は、体積が同じでも重さは違うことがあること。

①一般普遍法則
　一般に、物体は体積を変えても質量が変わることはない。これを質量保存則というが、あらゆる物質がその基本単位である「原子」でできているためである。質量保存則は、本単元における一般普遍法則の側面である。

②物質の物性的法則
　同体積の物体の密度が等しいとき、質量が等しい。密度は物質固有の物理量

であるが、密度は何で決まるのか、といった事項が本単元における物質の物性的法則の側面である。

2. 学習内容における科学的事項

(1) 物質の成り立ち―質量保存則―

物質の質量と体積は、最も基本的な物理量であり、人の認識もそこにまず向けられる。質量については、1774年にラボアジェによって質量保存則が確立された。19世紀に入って、ドルトンの原子説およびアボガドロの分子説が提唱されて後、物質は分子や原子が集まって構成されていることがわかってきた。物質が分子や原子といった基本粒子で構成されているというモデルは、質量保存則の理論的基礎となった。物質の質量とは、物質を構成する基本粒子の質量に粒子数を乗じた値になる。基本粒子の質量とは何か？という問は基本的であるが、これに答えるための力学的説明は第3章にしておいた。

物質の質量＝基本粒子の質量×基本粒子の数　　…(4-1-1)

一般に、固体は原子（あるいは正イオン）が規則正しく並んだ結晶を形作っている。図4-1-1に、鉄の結晶の模式図を示す。鉄原子では、価電子（最も外側に存在する電子で化学結合に使われる）が多くの原子に共有されて、すべての原子の間を自由に動き回ることができる。このような電子を自由電子といい、原子同士を結びつけている。自由電子の集団的な動きは、電流として測定できる。もしも鉄の固体を2つに割っても、鉄を構成する基本粒子の総数が変わらない限り、質量は変化しない。粘土など形を変える物質も、図4-1-2に

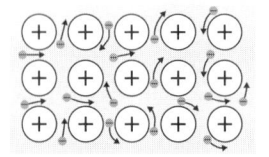

図4-1-1　鉄の結晶構造

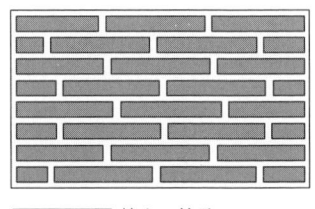

図4-1-2　粘土の粒子モデル

示すように基本粒子が並び合った構造になっている（すき間に水分を含む）。したがって、粘土を2つにちぎっても、水分が失われない限り質量は変化しない。本単元では、このような認識の基礎を育成させようとしている。

（2） 質量と重さ

多くの人は、質量と重さを混同している。その多くは、本来は「質量」といわねばならない場合に、「重さ」を用いる。内容アの、「物は、形が変わっても重さは変わらないこと」における「重さ」も、正しくは「質量」である。

バネ秤に物体をつるすと、物体は静止する。このとき物体に働く地球の重力と弾性力（バネをもとの状態に復元させようとする力）がつり合っている。その様子は、図4-1-3に示されている。弾性力（＝重力）はバネの伸びに比例するので、バネ秤で測定しているのは重力そのものである。

重力がかかった状態を重さがあるというので、ここでは重力を重さということにする。一般に、質量とはその名の通り、"物質の量"である。

"物質の量"が2倍、3倍…になれば、物体に働く重力も2倍、3倍…になる。つまり、地球の重力は質量に比例して働く。では、質量を測るにはどうすればよいか。2つの異なる物体があり、それらの重さが同じであれば質量も等しいといえる。

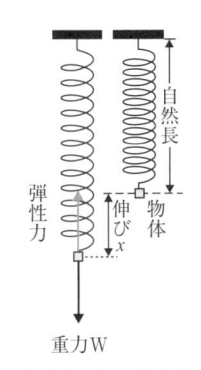

図4-1-3 重力とつり合う弾性力

そこで、質量の基準となる物体をいくつか決め、それらとの重さの比較によって物体の質量を求めることができる。

この操作には、天秤を用いる。基準となる物体（分銅）が、0.1g、1g、10gであったとする。

粘土を天秤に乗せ、分銅を次々に乗せていき、天秤がつり合ったとする。このとき、必要としたおもりが次のようであったとする。

分銅（0.1g）2個、おもり（1g）3個、おもり（10g）1個

粘土の質量 m は、

$m = 0.1g \times 2 + 1g \times 3 + 10g \times 1 = 13.2g$

となる。このように、天秤で測定される量は質量である。正しくは、重力質量とよばれている質量である。これに対し、質量の大きい物体ほど動きにくいなど、質量は運動状態を保とうとする性質（慣性）をもつ。これについては第3章で詳しく述べた。すでに示したように、重さは質量に比例するので、小学校理科では質量を重さと読み替えて指導する。物体の重さをバネ秤で測るとき、地上と月面では値が異なる。地上で 600gw（グラム重）の重さをもつ物体は、月面では 100gw にすぎない。月の重力は地球の重力のおよそ6分の1だからである。しかし、小学生にとっては、「重さ」はいかなる場合でも保存される普遍的な量である。

（3）上皿天秤の使い方

①天秤の調整

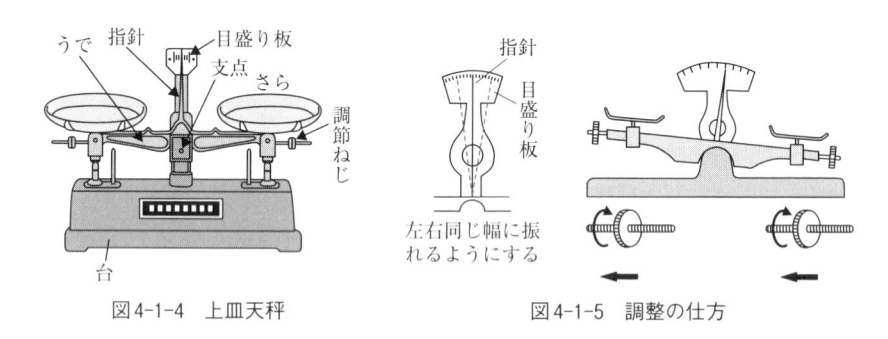

図4-1-4　上皿天秤　　図4-1-5　調整の仕方

1) さらを左右のうでの上に乗せる（図4-1-4）。
2) さらに何も乗せずに振らせ、指針が目盛板の中心の両側に同じ振幅で振れるかどうかを見る。同じであれば、天秤はつり合っている。
3) つり合っていなければ、おもりの役割をしている調節ねじを動かす。天秤が傾いているのと反対の向きに調節ねじを動かすとつり合う（図4-1-5）。

②質量の測定

次の2つの場合がある（図4-1-6）。

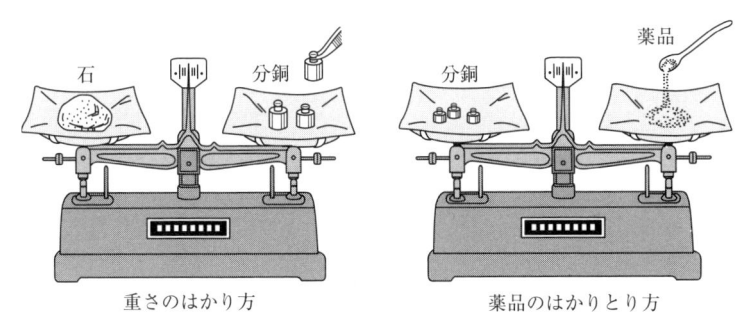

図4-1-6　上皿天秤による質量の測定

1) 物体の質量を測るとき

右利きの人は、測ろうとする物体を左のさらに乗せ、分銅を右のさらに乗せてつり合わせる（左利きの人は反対にする）。分銅の合計の質量を求める。

2) 決まった質量の薬品を測り取るとき

左右のさらに同じ大きさの薬包紙を乗せ、右利きの人は、左のさらに分銅を乗せ、右のさらに薬品を乗せていく（左利きの人は反対にする）。

③分銅の扱い

上皿天秤による質量の測定では、分銅は必ず専用のピンセットで持つ。手で持つと、分銅が錆びて質量が増える。1g以上と0.5g以下の分銅では、ピンセットの使い方が違う（図4-1-7）。

また、分銅は重い順に乗せていき、軽い順におろす。天秤を使い終わったら、2つのさらを一方に重ね、うでが振れないようにしてから収納する。

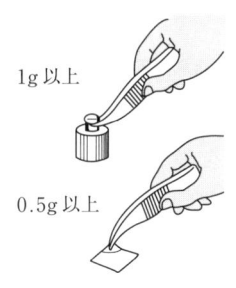

図4-1-7　分銅の使い方

（4） 物質の密度

1種類の成分物質からなる物質を純物質という。純物質には、鉄や銅のように1種類の元素でできている単体と、プラスチックのように2種類以上の元素が含まれる化合物がある。いずれにせよ、純物質はその物質に固有な、融点、沸点、密度を示す。密度は、単位体積あたりの質量を意味する。

表 4-1-1　物質の密度

物質	密度 [g/cm^3]
アルミニウム	2.69
銅	8.93
木（ひのき）	0.49
プラスチック	1.2 ～ 1.6
ゴム	0.91 ～ 0.96
ガラス	2.4 ～ 2.6

同じ体積の物体でも質量が異なるのは、物質の密度が異なるためである。物質の質量は、密度と体積の積に等しい。

　　物質の質量＝密度×体積　　…(4-1-2)

表4-1-1に物質の密度の一例を示す。プラスチックは、ポリ塩化ビニルの値である。体積が同じならば、密度の大きい物質の質量（重さ）が大きい。同じ金属でもアルミニウムと銅で密度が異なるのは、元素の原子量が異なるためである。原子量は、Al＝27.0、Cu＝63.5であるが、密度の比が正確に原子量の比にならないのは、それぞれの結晶構造が異なるためである。木やプラスチックの密度が金属に比べて小さいのは、金属に比べて原子量の小さい炭素（C）、酸素（O）、水素（H）などでできているためである。

3. 指導計画と展開例

（1） 実施したい観察・実験

実験1　物の形を変えたときの重さを調べる

〈装置と方法〉

粘土の形を変えると、重さはどうなるかを調べる。

1) 上皿天秤の左右のさらに、同じカップを乗せてつり合わせる。
2) 粘土を天秤の左右のカップに乗せてつり合わせる。
3) 一方の粘土はそのままで、もう一方の粘土の形を変える。または、いくつかに分割してもよい。
4) 両方の粘土を手で持って重さを比べる。

粘土
元の形　　　　　細かく分ける

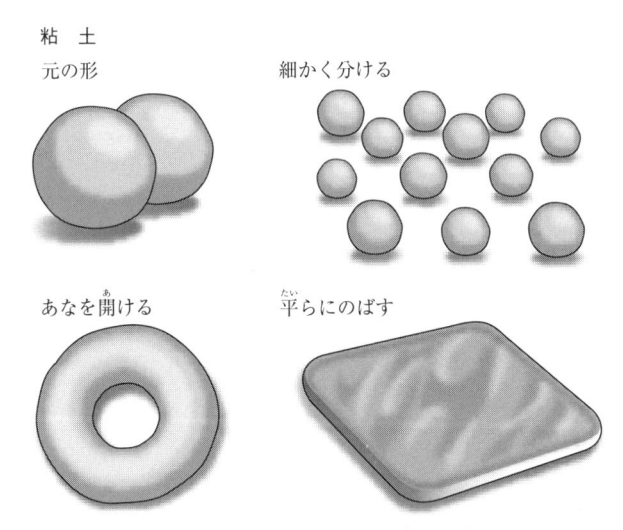

あなを開ける　　平らにのばす

実験1　物の形を変えたときの重さを調べる

5) 両方の粘土を天秤に乗せて重さを比べる。
〈結果〉
　物は形が変わっても重さは変わらない。

実験2　同じ体積の物の重さを調べる
〈装置と方法〉
　同じ体積（大きさ）の木のおもり、金属（鉄など）のおもり、プラスチックのおもり、ゴムのおもりを用意する。

	重さ［g］
木のおもり	
金属のおもり	
プラスチックのおもり	
ゴムのおもり	

　a) これらのおもりを手で持って重さを比べる。あるいは、上皿天秤を用いて比較する。
　b) これらのおもりを1個ずつ台秤に乗せて重さを測る。
　結果を上のようなデータ表に記録させる。
〈結果〉
　一般に、体積が同じでも重さは異なることがある。理由は、密度の違いによる。さらにいえば、物質を構成する元素の、原子量、結晶構造などによって

　　　　　　　　　　　　　　　　→1個ずつ静かに乗せる

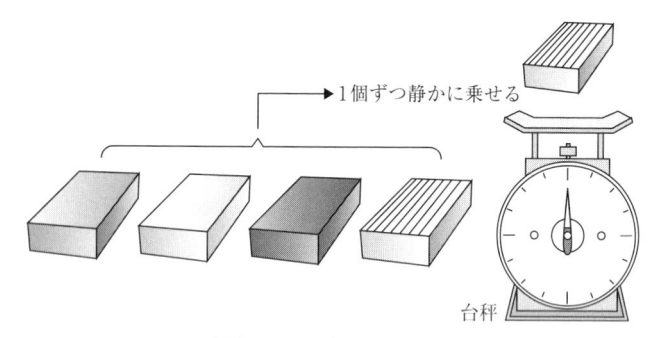

　　　　　　　　　　　　　　　　　　　　　　台秤
　　　　　　　　　実験2　同じ体積の物の重さ

異なる。

（2）単元の指導計画と指導案例
①単元の指導計画（全7時間）
　　単元導入　身の回りの物の重さを調べよう（1時間）
　　第一次　　重さを比べよう（1時間）
　　第二次　　形を変えた物の重さ（2時間）…本時2/2
　　第三次　　体積が同じ物の重さ（2時間）
　　第四次　　まとめと発展（1時間）

②教材観・指導観
　新しく設置された本単元は、「粒子」についての基本的な見方や概念を柱にした内容のうちの「質量の保存性（粒子の保存性）」に関わるものである。身の回りの物の重さを調べることから始まり、物の重さと形・体積との関係を予想し、比較して検証する活動を展開し、物の性質についての考えをもつことができるようにしたい。また、物を持ったときの手応えと数値化した重さとの比較など体感させながら、児童の物質に対する初歩的な科学的見方・考え方を養っていきたい。

③本時の指導案
1) 本時の目標
・物は、形が変わっても重さは変わらないことを、観察や実験を通して理解することができる。
・実験器具を正しく使い、測定した結果を比較する活動を行う。
※上皿天秤の使い方は、前時に行っているものとする。

2) 本時の展開 (4/7)

	学習活動と内容	教師の指導・支援	留意点と評価
導　入 (10分)	◇物の形を変えたとき、その重さはどうなるか予想する。 予想例) ・小さくちぎると軽くなる。 ・平らにすると軽くなる。 など	・物の形を変えた様子を図示し、児童にイメージしやすくする。	
展　開 (25分)	◇粘土の固まりを用意し、以下の実験を行う（グループ実験）。 ・粘土の固まりの重さを測る。 ・その粘土を薄くのばしたり、ちぎったりしたものの重さを測る。	〈発問〉 　物の形を変えたとき、その重さはどうなるか調べよう。 ・ワークシート配布	◆実験器具を正しく使い、学習活動に取り組んでいるか。 【観察・実験の技能】
まとめ (10分)	◇わかったことを発表し、まとめる。	〈まとめ〉 　物は、形が変わっても重さは変わらない。	◆物は形が変わっても重さは変わらないことを理解している。 【知識・理解】

第2節　単元「風やゴムの働き」

1. はじめに

本単元の目標と学習内容は、学習指導要領解説理科編第3章、第4節、第3学年、A 物質・エネルギーの内容（2）に示されている。

> （2）風やゴムの働き
> 　風やゴムで物が動く様子を調べ、風やゴムの働きについての考えをもつことができるようにする。
> ア　風の力は、物を動かすことができること。
> イ　ゴムの力は、物を動かすことができること。

①一般普遍法則

　風が物体に当たるとき、どのような作用を及ぼすのか。ゴムが伸びたとき、物体にどのような力を及ぼすのか、といったことが一般普遍法則的側面となる。

②物質の物性的法則

　本単元では、特に物質の物性的法則の側面は見あたらないが、ゴムの物性を知ることは興味深いことであると考えられる。

2. 学習内容における科学的事項

（1）風が物体に及ぼす力

①風速（力）計の回転運動―風の抗力―

　地上には、たえず太陽放射がふりそそいでいる。地表には大気、水、岩石などが存在しそれぞれ温まり方が異なる。したがって、大気中には気圧の高いところ（高気圧）と低いところ（低気圧）が存在するようになる。物体は、高いところから低いところへ重力に従って移動する。

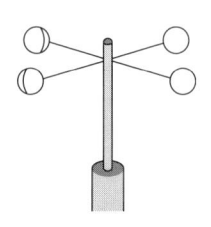

図4-2-1　風速計

同様に、空気は気圧差（によって生じる力）によって、高気圧のところから低気圧のところに向かって移動し、風が生じる。風が物体に当たると風と同じ向きの力を受ける。この力を抗力という。図4-2-1に示すような風速計は、ピンポン玉を二つに割った半球面4個が水平軸に付いていて、風の抗力を受けて回転する。したがって、風速計は風の抗力を測定して風速を表示する装置である。

②風車の運動―風の揚力―

図4-2-2のように、大きさと向きが同じ一様な風がふいているとき、風の向きに対してある角度を持った物体を置く。すると、空気の流れは図4-2-3のように変化し、物体の後方に反時計回りの渦ができる。その影響で、物体の上面（A）に沿った流れは、下面（B）に沿った流れよりも速くなる。このとき、流れの速い上面の圧力が低下し、下面との間に圧力差が生じる。A側が低気圧、B側が高気圧になるため、物体には図4-2-3の矢印の向きに力が働く。この力を揚力とよぶ。

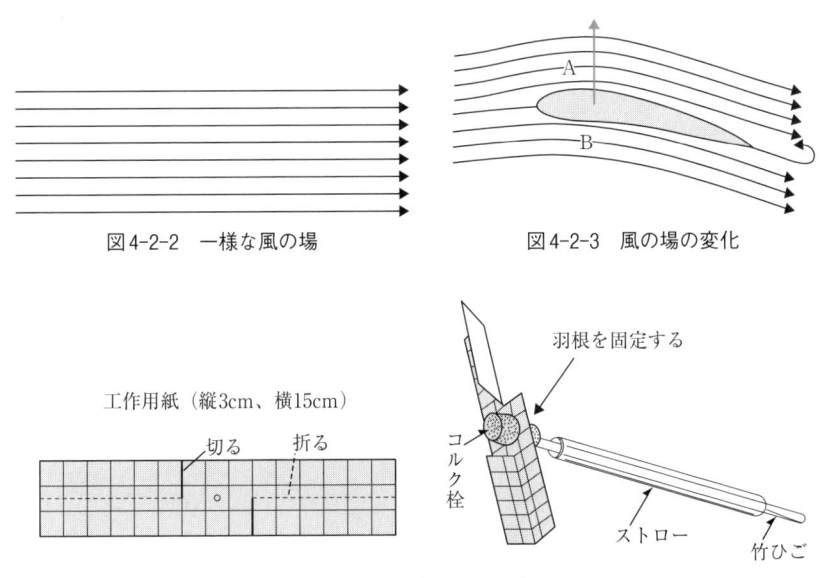

図4-2-2　一様な風の場

図4-2-3　風の場の変化

工作用紙（縦3cm、横15cm）
切る　折る

図4-2-4　2枚羽根の風車

このように、物体には風向きと垂直方向の揚力が加わる。飛行機は、揚力によって浮上している。

③風車の製作

最もシンプルな風車は、図4-2-4に示すような2枚羽根のものである。工作用紙を長さ15cm、幅3cmに切り取る。中央に竹ひごが通る穴を開け、実線部分を切り取り点線部分を内向きに折る。コルク栓などで羽根を固定しながら竹ひごを通すと完成する。風車が回転する理由を、揚力の考え方で説明しよう。

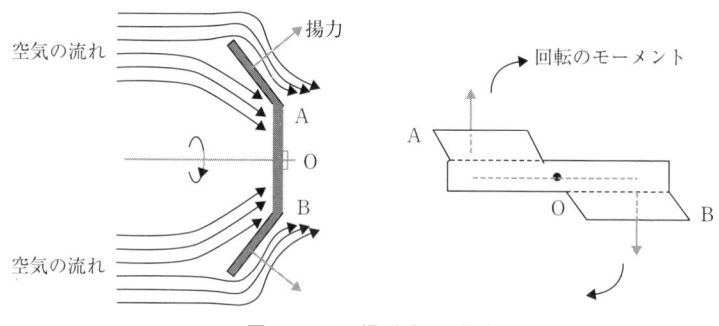

図4-2-5 羽根が受ける揚力

図4-2-5（左）のような右向きの空気の流れが、羽根によって変化する。そして、羽根の外側の流れが速くなって圧力が下がり、図のような揚力が生じる。図4-2-5（右）のように、揚力は左右で逆向きになり、軸Oを中心に力のモーメント（回転作用）が生じる（力のモーメントについては、第7章第2節に詳しい説明がある）。その結果、軸Oを中心にA→Bの向きに回転運動が生まれる。このような考え方を組み合わせると、4枚羽根や他の複雑な形状をした風車の回転を説明することができる。ただし、風車には抗力も働いている。

指導においては、風の強いときと弱いときの回転の違いの観察だけではなく、回転している心棒に指を触れたり、指で押さえて回転を止めたりして、いろいろな手応えを調べさせるようにすることが大切である。その際、

・風が強いときは、指で押さえて回転を止めようとしても、力を入れないと止まらない
・風が弱いときは、指で押さえると、すぐ回転が止まる

など、観察結果を文字で記録させるようにしたい。また、風車の回転を理屈先行で児童を追い込まぬようにしたい。

（2） 風力エネルギーについて
①風の力で物体を持ち上げる

　図4-2-6のような装置を作れば、風の力で物体を持ち上げることができる。つまり、風の力で物体に仕事をすることができる。
一般に、

エネルギー＝物体に仕事をする能力

であるから、この実験から、

・風にはエネルギーがあること
・そのエネルギーを利用できること

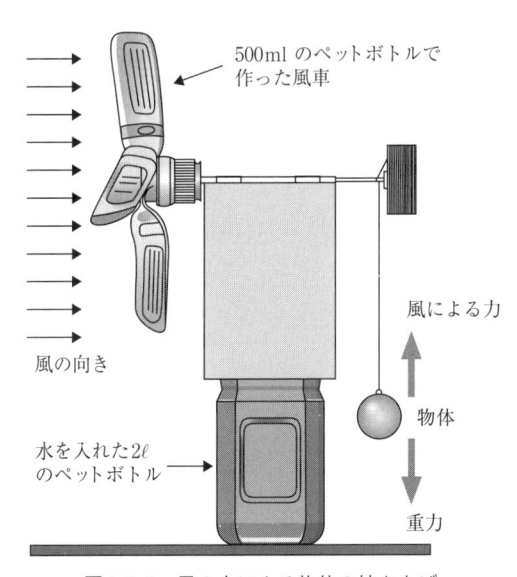

図4-2-6　風の力による物体の持ち上げ

が直感的に理解される。

②風力発電の原理
　近代以前には風力は、帆船を動かすのに利用したり、田畑へ水を汲み上げるのに利用されたりしてきた。18世紀後半に出現した蒸気機関によって、風のエネルギーの利用は見捨てられていった。そして、人類は石炭・石油を中心とした地下資源を電力などに変えて利用してきた。1973年に起こった石油危機以来、化石燃料に代わるエネルギーとして風力も見直され、さまざまに研究されている。
　風車のもつ運動エネルギーが、理論上取り出せるものとして計算すると、
　　　風力エネルギー＝定数×風車面積×風速^3
となる。このように、風力エネルギーは風車面積と風速の3乗の積に比例するが、実際には風力エネルギーの40%が風車の回転エネルギーとなり、取り出せるエネルギーは、風力エネルギーの60%程度だといわれている。
　風力発電は、アメリカで実用化が進んでいるが、設備投資が比較的高価であることと、安定した出力を得ることが難しい。しかし、日本でも着実に広まってきている。

（3）ゴムの弾性とエネルギー
　一端を固定したゴムひもの他端に力を加えて引っ張るとゴムが伸びる。力を加えるのをやめると、ゴムひもはもとの長さに戻る。このような性質を弾性という。加える力が小さい場合は、ゴムひもの伸びと力の大きさは比例する。この関係をフックの法則という。ゴムに蓄えられるエネルギーは、バネのアナロジーで考えると理解しやすい。
①フックの法則
　図4-2-7のようにバネに加えた外力をfとし、自然長（力を加えていないときのバネの長さ）からのバネの伸び（または縮み）をxとすると、fとxの関係は、
　　　$f = k \cdot x$　…(4-2-1)

と表される。比例定数kはバネの強さを表し、バネ定数とよばれる。普通は、xの単位を［m］に、fの単位を［N］にとる。

　バネが自然長より伸びたり縮んだりしているとき、バネはもとの長さに戻ろうとして、バネにつながれた物体に式（4-2-1）で表される大きさの力を及ぼす。これを弾性力という。したがって、バネの伸び（縮み）を測定すれば、物体に働いている弾性力の大きさを知ることができる。このことを利用した道具がバネ秤である。

　輪ゴムを切ってゴムひもとし、輪ゴムにつるすおもりとして1円玉（＝1.00g）用いると、フックの法則を確かめることができる。1円玉の個数nを変えてゴムひもの伸びxを測定すると、xがnにほぼ比例することがわかる。

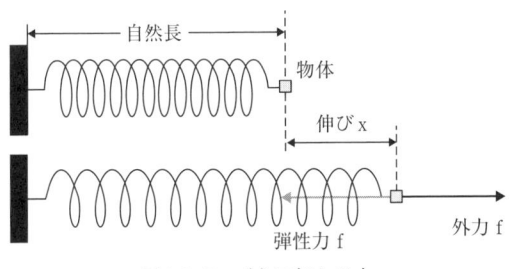

図4-2-7　バネに加わる力

②弾性エネルギー

　自然長からxだけ伸びたバネが自然長に戻るまでに、バネは物体に仕事をすることができる。一般に、仕事とは物体に力が加わって、物体が動くことである。その関係は、

仕事＝物体に加わる力×力の向きに動く距離

で表される。物体に加わる力はバネの弾性力（＝自然長に戻ろうとする力、復元力）kxであるが、伸びが小さくなると式（4-2-1）に従って弾性力も減少する。自然長に戻ったときに弾性力は0になる。そこで、物体に加わる力の平均値は、（kx＋0）÷2＝1/2kxである。これを用いて、

仕事＝力×距離
　　　＝1/2kx×x
　　　＝1/2kx²

となる。したがって、xだけ伸びたバネには、1/2kx²だけのエネルギーが蓄えられていたことになる。これを、弾性力による位置エネルギーとよぶ。

$$U = 1/2kx^2 \quad \cdots(4\text{-}2\text{-}2)$$

Uは弾性力による位置エネルギーであり、バネ定数と伸びの2乗の積に比例する。これをゴムひもに適用すると、一例として自然長から1cm伸びたゴムひものエネルギーをU_1とすると、自然長から2cm伸びたゴムひものエネルギーU_2はU_1の4倍（＝2^2）となる。伸びが2倍、3倍…になると、エネルギーは4倍、9倍…になる。したがって、伸びたゴムの弾性力を用いて車を走らせる場合、理論上は、

　　車の移動距離は、伸びの2乗に比例する

ということになるが、実際には車と床の摩擦やタイヤと軸の摩擦などが効いてきてこのようにならないことが多い。

③ゴムの分子構造

　ゴムの木の樹皮を傷つけて得られる乳濁液に、酢酸などの凝固剤を加えて固化させると、生ゴムが得られる。タイヤなどに用いるゴムは、生ゴムに硫黄を加えるなどの種々の加工を施してつくられる。生ゴムは、イソプレンという分子が次々に結合して生じた高分子物質ポリイソプレンである。ポリイソプレンは、図4-2-8のように、CH_2が二重結合（C＝C）に対して同じ側にあるシス型構造をとっているため分子全体が丸まった形をしている。ポリイソプレンのゴムを引っ張ると、$-CH_2-CH_2-$の結合の周りで分子内の回転が起こるため、分子鎖が伸びた形になる。このような仕組みで、ゴムは伸びることができる。伸びたイソプレン分子は、熱運動のため分子鎖が丸まって縮まろうとする。このような仕組みでゴムは弾性を示す（図4-2-9）。ゴムひもを加熱すると、分子運動が激しくなってゴムひもが縮む。

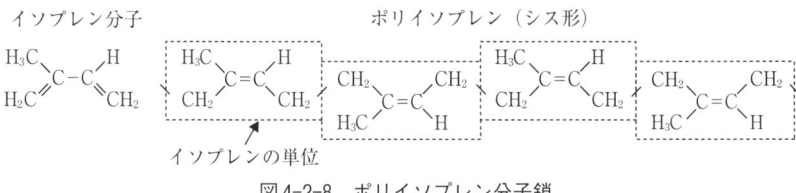

イソプレン分子　　　　　ポリイソプレン（シス形）

```
  H₃C      H        H₃C     H              H₃C     H              H₃C     H
    \    /            \   //                \   //                  \   //
     C=C              C=C                    C=C                    C=C
    /    \           /    \    CH₂   CH₂   /    \    CH₂   CH₂    /    \
  H₂C     CH₂      CH₂    CH₂    \   /    CH₂    H     \   /     CH₂    CH₂
                                  C=C                   C=C
                                 /   \                 /   \
                              H₃C     H              H₃C    H
```
　　　　　　　　↑
　　　イソプレンの単位

図4-2-8　ポリイソプレン分子鎖

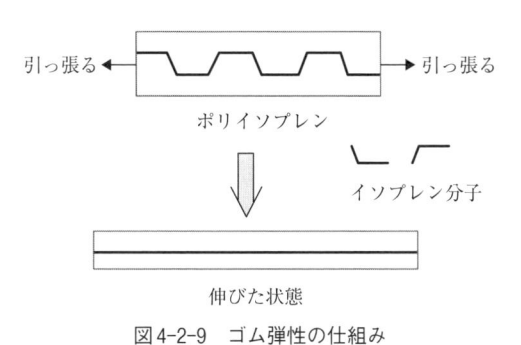

引っ張る ← ┌─┐ ┌─┐ ┌─┐ → 引っ張る
　　　　　└─┘ └─┘ └─┘
　　　　　ポリイソプレン

　　　　　　↓　　　　　　　　　＿╷　╷＿
　　　　　　　　　　　　　　　　　イソプレン分子
　　　　━━━━━━━━━
　　　　伸びた状態

図4-2-9　ゴム弾性の仕組み

3. 指導計画と展開例

（1）実施したい観察・実験

次の2つの実験は、体育館など平らな広い場所で行うとよい。

実験1　風の強さを変えて車の動く距離を調べる

〈装置と方法〉

　風で動く車を自作させる。風受けの帆は紙コップや食品トレーなどを切ったものをあてる。車体と車軸、タイヤは市販の物を用いてもよい。風の強さを変えて自作した車を走らせ、風の強さを変えたとき走る距離がどうなるかの予想を立てさせ、実際に走らせてみる。その際、スタート時に手で車を押さないようにさせ、風の力を調べさせる。スタート位置から、車が止まったところまでの距離を測る。体育館のフロアに1mごとに色テープを貼っておけば、移動距離の測定がしやすい。

　風をつくりだすには、空気が均等に平行に流れる送風機を用いるとよいが、なければ扇風機、ヘアドライヤーなどが代用できる。

〈結果〉

風が強いときの方が、車は遠くまで走る。実験1から、

1) 風には物を動かす力がある
2) 風の強さが変わると物を動かす力が変わる

ことがわかる。

実験2　ゴムの力を変えて車の動く距離を調べる

〈装置と方法〉

輪ゴムを伸ばして車を引き、車の動いた距離を調べさせる。

1) 輪ゴム1本で、引っ張る長さを変えて車を走らせる。
2) 引っ張る長さを同じにして、輪ゴム2～3本で車を走らせる。

次のようなデータ表を使うとよい。

わゴムののび	走ったきょり
5cm	m　cm
10cm	m　cm
15cm	m　cm

（わゴムは1本）

わゴムの数	走ったきょり
1本	m　cm
2本	m　cm
3本	m　cm

（わゴムののびは5cm）

〈結果〉

輪ゴムを引っ張る長さが大きいほど、輪ゴムの数が多いほど、車は遠くまで走る。この実験2から、

1) 伸びたゴムには物を動かす力がある
2) ゴムの伸びが変わると物を動かす力が変わる
3) ゴムの数が変わると物を動かす力が変わる

ことがわかる。

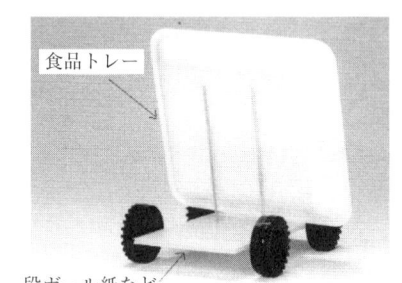

実験1　風で動く車
（食品トレー、段ボール紙など）

発射台
車を発射台のゴムにかけて輪ゴムの自然長のところを0cmにする。

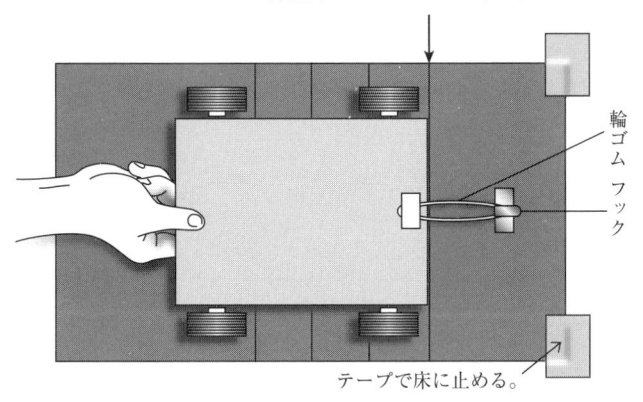

輪ゴム
フック

テープで床に止める。

実験2　ゴムの力で動く車

（2）単元の指導計画と指導案例

①単元の指導計画（全5時間）

　単元導入　風やゴムの力を体感しよう（1時間）…本時1/1
　第一次　　風の力で物を動かそう（1時間）
　第二次　　ゴムの力で物を動かそう（1時間）
　第三次　　まとめ・風やゴムで動くおもちゃ作り（2時間）

②教材観・指導観

　本単元のねらいは、風やゴムの働きを利用した教材を用いて、風やゴムの力を働かせたときの現象の違いを比較する能力を育て、風やゴムの働きについての見方や考えをもつことである。日常生活の振り返りや、体験的に学習する活動を通して、風やゴムには物を動かす働きがあることを科学的に認識し、その働きをエネルギーとしてとらえることで、エネルギーの基本的な見方や考え方の基礎を身に付けさせたい。

③本時の指導案

1）本時の目標

・積極的に風やゴムの力を体感しようとする。
・学習について自分の意見や感想をもつことができる。

写真4-2-1　市販の風車

2）本時の展開（1/5）

	学習活動と内容	教師の指導・支援	留意点と評価
導　入 （10分）	◇風やゴムを使って遊んだ経験を思い出し、話し合う。	風車を見せる。 （写真4-2-1）	
展　開 （25分）	◇風やゴムの力を体感する。以下3つのコーナーに分けて配置し、順番に回る。 ・扇風機のカバーにすずらんテープをつけたものを回す。 ・うちわであおいだり、口で息を吹きかけたりして風車を回す。 ・ゴム製のチューブを引っ張る。	・風にあたってみてもよい。 ・風の強弱や、ゴムを引っ張る加減で、どのように体感が変わるかに注目させる。 ・気付いたことや感想をノートに記入させる。	・器具で遊んだり、扇風機の羽に巻き込まれたりしないよう注意を払う。 ◆積極的に学習に取り組もうとしているか。 【関心・意欲・態度】
まとめ （10分）	◇感想を発表し合う。	・風やゴムには、物を動かす働きがあることを認識させる。	

第3節　単元「光の性質」

1. はじめに

本単元の目標と学習内容は、学習指導要領解説理科編第3章、第4節、第3学年、A 物質・エネルギーの内容（3）に示されている。

> (3) 光の性質
> 　鏡などを使い、光の進み方や物に光が当たったときの明るさや暖かさを調べ、光の性質についての考えをもつことができるようにする。
> 　ア　日光は集めたり反射させたりできること。
> 　イ　物に日光を当てると、物の明るさや暖かさが変わること。

①一般普遍法則

　内容アについては、次の2つが一般普遍法則的側面になる。
　・光の反射法則
　・凸レンズによる光の屈折と集光

　光（電磁波）の熱伝達には、3つの仕方（伝導、対流、放射）がある。第4学年の単元「金属、水、空気と温度（物の温まり方）」では、伝導と対流を扱うが、本単元の内容イにおける「物の明るさや暖かさが変わる」原因は日光による放射である。内容イについては、次の2つが一般普遍法則的側面になる。
　・放射熱伝達
　・物に光が当たる角度による暖められ方の違い

②物質の物性的法則

　内容イについては、物に集光したときの温度上昇の物による違いは、物質の物性的法則の側面になる。

　なお、光に関しては興味深い現象はたくさんあるが、本単元と直接の関係しない、光の干渉、回折、分散、色、虹などについては触れないこととする。

2. 学習内容における科学的事項

（1） 光の反射
①太陽光の特徴

　太陽は、表面温度約5800度の水素とヘリウムのガス体である。地球から平均距離にして1億5千万km（＝1天文単位）離れているため、地表での太陽光は平行光線と考えてよい。いくつかの穴の開いた箱の中に太陽光線を通すと、平行になった光線が見られる。もしも、電灯光を通すと、光が広がってしまう（図4-3-1）。箱の中に、線香の煙などを入れると、光が直進する通り道がよくわかる。このように、太陽光も電灯光も、光は直進するので、幾何光学では光のことを「光線」という。光は本来、電磁波という波として振る舞うが、非常に細いすき間を通すと生じる回折などの波動性を考えなくてもよい場合、直進するという性質のみに着目した一つのモデルが、光線のような考え方である。

　地球大気の上端で、太陽光線に垂直な$1m^2$の面が1秒間に受ける太陽のエネルギーは、約1400J（ジュール）である。この値を太陽定数というが、1秒間に1Jの仕事をする能力が1W（ワット）になるので、太陽定数は1400W（＝1.4 kW）ということになる。

$$太陽定数 = 1.4 kW/m^2$$

太陽光には、目に感じる光（可視光線　波長が約400〜800nm）と、それより波長の短い光、および長い光が含まれていて、それぞれ紫外線および赤外線とよぶ。紫外線は化学作用が著しく、なかでも近年、オゾン層減少にともない増加が報告されている波長の短いUV-B（280〜320nm）の長時間照射は、白

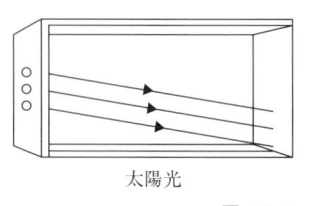

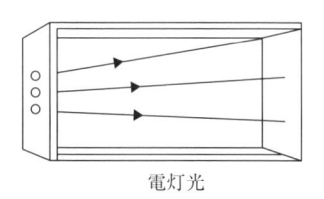

　　　　太陽光　　　　　　　　　電灯光

図4-3-1　光の直進性

内障や皮膚ガンの原因になることが指摘されている。

②反射はどのように起こるのか
　一般に、光が物に当たると、一部は反射され、一部は屈折して物質の内部に入る。金属による反射では、一般に、表面で反射する割合が大きいので、輝いて見える。金属面が、ピカッと光る性質を金属光沢という。非金属による反射では、表面に凹凸がなければ鏡面反射（正反射）になる。しかし、凹凸があると、乱反射をして白っぽく見える。図4-3-2に正反射と乱反射の様子を示す。鏡面反射の場合、面に向かう光を入射光線、反射した光を反射光線、反射点に鏡面に垂直に立てた線を法線とよぶ。反射法則は次のように言い表される。

　　　入射角＝反射角
ここで、入射角とは入射光線と法線のなす角であり、反射角とは反射光線と法線のなす角である。私たちが物を見ることができるのは、反射光が目に入るからで、一方から光が当たっていても物がいろいろな角度から見えるのは、物の表面で光が乱反射するためである。

（2）凸レンズによる集光
①平行光線の進み方
　中央が周囲より厚くなっているレンズを、凸レンズという。図4-3-3（左）のように、凸レンズを通った光は2回屈折して中央へ集まる。この現象を波で

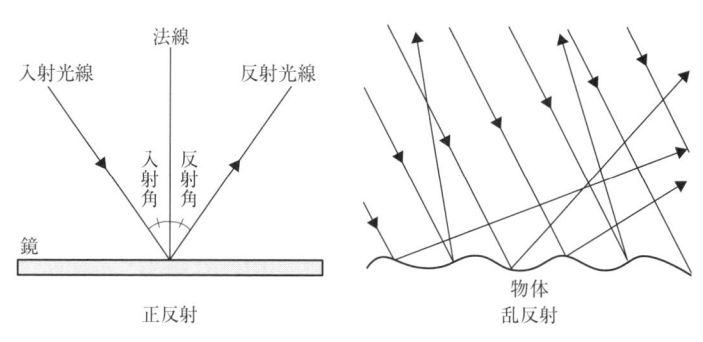

図4-3-2　正反射と乱反射

説明すると、図4-3-3（右）のように、レンズに入射する光の波面（＝光線に垂直な面で同じ振動状態にある）が、レンズを通過するときの屈折により湾曲するためである。

凸レンズに垂直に平行光線を当てると、次のようになる。
・中心を通る光は屈折しない。
・それ以外の光は1点（焦点）に集まる。

また焦点はレンズの両側にあり、レンズの中心から焦点までの距離を焦点距離という。

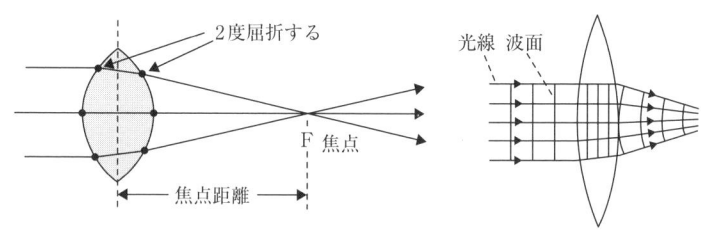

図4-3-3　光の屈折

②凸レンズの像のでき方

物体が焦点の外側にあるか、内側にあるかで、像のでき方が異なる。

・物体が焦点の外側にある場合

図4-3-4のように、物体の点 A′からは、あらゆる方向に光線が出る。そのうち、光軸と平行に出た光はレンズで屈折して焦点 F_2 を通り、レンズの中心に進んだ光線と点 B′で交わる。焦点 F_1 を通った光線は、レンズで屈折して平行に進み、やはり点B′で他と交わる。こうして、物体A′Aの像B′Bができる。この像の位置にスクリーンを置くと、実際に光が来ているので像が写る。像 B′B を実像という。

・物体が焦点の内側にある場合

図4-3-5のように、レンズを通った後の光線は広がって交わらないので、像を結ぶことはない。しかし、点 A′から来た光線は、広がった光線の延長線がレンズ左側につくる交点 B′の方向から来るので、B′に物体があるように見える。像 B′B を、物体 A′A の虚像という。虫眼鏡で、物を拡大して見るとき

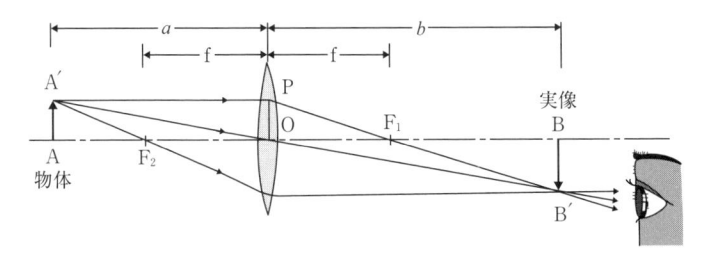

図4-3-4　凸レンズによる実像

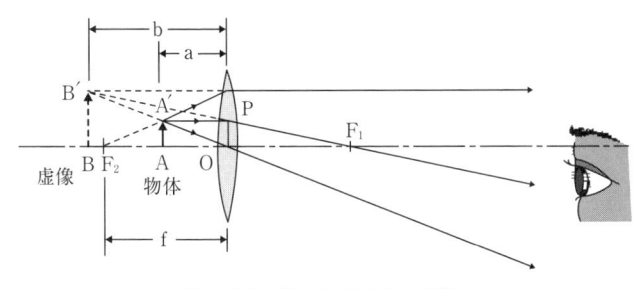

図4-3-5　凸レンズによる虚像

は虚像を見ている。虫眼鏡を物体に近づけて見るのは、物体を焦点の内側に入れるためである。

　いずれの場合も、レンズの中心から物体までの距離をa、レンズの中心から像までの距離をbとするとき、これらは焦点距離fと次の関係にある。式（4-3-1）をレンズ公式といい、図4-3-4、図4-3-5の幾何から導かれる。

$$\frac{1}{a} \pm \frac{1}{b} = \frac{1}{f} \quad \cdots (4\text{-}3\text{-}1)$$

実像の場合は±の符号を正に、虚像の場合は±の符号を負にとる。

[問1]　焦点距離5.0cmのレンズで、レンズから10cmの物体の実像はどこにできるか。

[解1]　a=10、f=5を式（4-3-1）に代入すると、1/10+1/b=1/5より、b=10となる。レンズの物体と反対側10cmの位置にできる。物体の位

置 a を小さくしてレンズに近づけると、逆に b は増加して像は遠ざかっていく。

[問2] 焦点距離 5.0cm のレンズで、レンズから 3.0cm の物体の虚像はどこにできるか。

[解2] a=3、f=5 を式（4-3-1）に代入すると、1/3−1/b=1/5 より、b=7.5 となる。レンズの物体と同じ側 7.5cm の位置にできる。なお、このときの虚像は、物体の 2.5 倍（=b÷a）に拡大されている。

[問3] 図 4-3-4 の場合に、レンズ公式（4-3-1）を導け。

[解3]
　　△OAA′∽△OBB′ だから、BB′/AA′=b/a
　　△OPF$_1$∽△BB′F$_1$ より、BB′/OP=(b−f)/f
　　OP=AA′ より、b/a=b/f−1
　　両辺に af をかけて、bf=ab−af
　　両辺を abf で割り、1/a=1/f−1/b
　　したがって、

$$\frac{1}{a}+\frac{1}{b}=\frac{1}{f}$$

　　図 4-3-5 の場合にも、同様にして導くことができる。

参考（4-3-1）屈折法則

　光が、真空中からガラスなどの物質に入射するとき、真空と物質の境界面で光が曲がる。これを光の屈折とよび、空気中からガラスなどのレンズに入射するとき光の進路が変わる理由である。一般に、図 4-3-6 で入射角 i と屈折角 r は、式（4-3-2）のような関係にある。これをスネルの法則とよび、1615 年頃発見されたといわれている。

$\sin i / \sin r = n$ …(4-3-2)

物理量 n は、物質の真空に対する屈折率である。真空中から物質中に光が進むとき、光の速度が減少する。屈折率は、真空中の光速と物質中の光速の比で表される。

$n = v_{真空} / v_{物質}$

$v_{真空} > v_{物質}$ なので、物質の屈折率 n は 1 より大きい。したがって、

$\sin i > \sin r$

∴ $i > r$

となり、真空中から物質中に入射する場合は、屈折角 r は入射角 i より小さくなる。

空気の屈折率は、1.0003 であり、ほとんど 1 に等しい。空気中の光の進み方は真空中とほぼ同じである。よって式 (4-3-2) の n は、ガラスの空気に対する屈折率と考えてよい。空気中の光の速度は真空中の光速 (= 約 30 万キロメートル毎秒、1 秒に地球を 7.5 周) とほぼ同じ値になる。

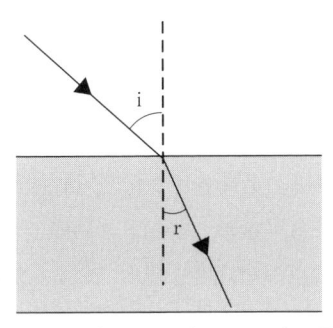

図4-3-6 空気中からガラスへの光の屈折

$v_{空気} = v_{真空}$
　　　$= 3.0 \times 10^5 \text{km/s} = 3.0 \times 10^8 \text{m/s}$

ガラス中の光の速度は、ガラスの屈折率の値 (= 1.5) を式 (4-3-2) に代入し、

$v_{ガラス} = v_{空気} / n$
　　　$= 3.0 \times 10^8 / 1.5 = 2.0 \times 10^8 \text{m/s}$

となる。水レンズの場合は、水の屈折率 1.33 を用いると、

$v_{水} = v_{空気} / n$
　　　$= 3.0 \times 10^8 / 1.33 \fallingdotseq 2.3 \times 10^8 \text{m/s}$

このように、物質中の光速は空気中の光速よりも小さくなる。

③レンズ集光による熱作用

　太陽光をレンズで集光して、紙に当て紙を焦がす実験は昔から行われている。紙を濃い鉛筆で黒く塗っておくと、太陽光をたくさん吸収させることができる。ここでは、レンズによる紙への集光によって、紙の温度がどのくらいになるか試算した。紙のデータは次の通りである（データは昭和53年度版の理科年表より抜粋、最近の版では紙の物性値が出ていない）。

　　　比熱＝1.3J/gK　　　密度＝1.1g/cm^3　　　発火点＝450℃

　比熱は、紙1gを1度温めるのに必要な熱量（熱エネルギー）、発火点は、物質を空気中で加熱するとき、火源がなくとも発火する最低温度である。半径2cmのレンズで、厚さ0.1mmの紙の半径4mm（＝0.4cm）の円内に集光したとする。集光度は、半径比5（＝2÷0.4）の2乗になるので25倍となり、現実的な値である。太陽光を、レンズを通して紙に垂直に照射したとする（図4-3-7）。太陽エネルギーは太陽定数の約40％と見積もり、すべてが熱になり紙の温度上昇に使われると仮定した。また、簡単化して、熱は逃げないとする。太陽光で5秒間照射したとすると、温度上昇は約490度という高温になる（参考4-3-2）。この温度上昇は、発火点の450度を超えている。実際は、光は紙で一部反射され、また放熱による効果もあるので、490度という値は理想的な最大値と考えなければならない。しかし、レンズの集光は、かなりの高温になるという認識をもたねばならないことが理解されよう。

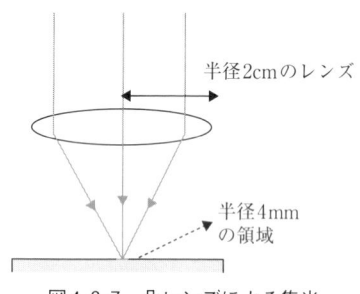

図4-3-7　凸レンズによる集光

参考（4-3-2）紙の温度上昇

　まず、太陽光の照射光量を求める。

　レンズの断面積[m^2]＝π×半径^2＝π・0.02^2＝0.001256 m^2

　　　　　　　　　　　　　　　　　　（レンズ半径＝2cm＝0.02 m）

　照射光量[J]＝太陽定数[J/s・m^2]×0.4×レンズの断面積[m^2]×照射時間[s]

$$= 1400 \times 0.4 \times 0.001256 \times 5 \fallingdotseq 3.5 \mathrm{J} \quad \cdots (ア)$$

紙の厚さを 0.1mm（＝0.01cm）とすると、

紙の照射される部分の体積$[\mathrm{cm}^3]$＝集光円の面積×厚さ

$$= \pi \cdot 0.4^2 \times 0.01 = 0.00502 \mathrm{cm}^3$$

（集光円の半径＝0.4cm）

紙の質量$[\mathrm{g}]$＝密度$[\mathrm{g/cm}^3]$×体積$[\mathrm{cm}^3]$

$$= 1.1 \times 0.00502 = 0.00552 \mathrm{g}$$

紙に与えられた熱量は、第7章で説明している熱量計算によって算出する。

紙に与えられた熱量$[\mathrm{J}]$＝比熱$[\mathrm{J/gK}]$×質量$[\mathrm{g}]$×温度上昇$[℃]$

$$= 1.3 \times 0.00552 \times \Delta \mathrm{t} \quad \cdots (イ)$$

(ア)と(イ)を等しいとして、$3.5 = 1.3 \times 0.00552 \times \Delta \mathrm{t}$

∴ $\Delta \mathrm{t} \fallingdotseq 490℃$

（3）光の熱作用

①熱放射とは

物体を熱して温度が高くなると、暗赤色の光を出し始め、温度上昇とともに、赤色、橙色……と色が変わっていき、最後は白色に近い色の光を出して輝くようになる。光を出しているとは見えない常温の物体も、実際は目に見えない赤外線を出している。このように、物体が温度で決まる光（電磁波）を出して、熱を周囲に伝えるのが熱放射である。太陽は地球から1天文単位離れているが、太陽が暖かいのは、本節（1）で述べたように、太陽から出ている電磁波が宇宙空間を通って地表に到達しているためである。

②地面の温まり方

地面は太陽の熱放射で温められる。図4-3-8のように、太陽の高度が低いほど、同じ量の光が照らす面積が広くなる。したがって、同じ面積の受ける熱は、太陽高度が高い

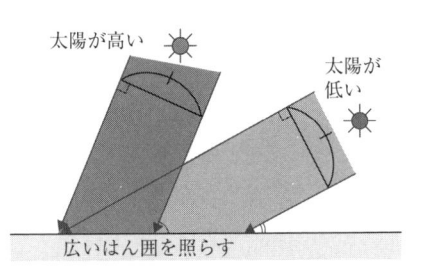

図4-3-8　太陽高度による照射の違い

ほど多い。よって、地面が受ける熱は、太陽が南中する正午ごろが最も多くなる。

3. 指導計画と展開例

(1) 実施したい観察・実験
実験1　太陽光の進み方
〈装置と方法〉
　太陽光がスリットまたは細い穴を通るような装置を作り、太陽光がどのように進むかを観察する。また、太陽光を反射させたときの、光の進路を観察する。
〈結果〉
　太陽光は細穴を通った後も直進し、広がらないことがわかる。また、鏡で反射した後も同様である。結論として、太陽光は平行光線であることがわかる。

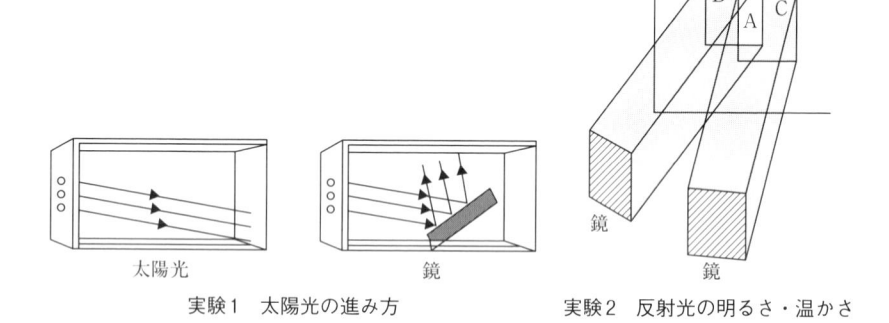

実験1　太陽光の進み方　　　　実験2　反射光の明るさ・温かさ

実験2　反射光の明るさ・温かさ
〈装置と方法〉
　鏡を使って日光を反射させ、思ったところへ反射光（太陽の像）を動かす遊びをさせる。次に、図のように鏡面反射による日光の重ね合わせを行い、温度計などを用いて光が当たっているところの温かさを調べる。また、反射光を連続反射でつないで自分たちが思うところへもっていくようなゲームもおもしろ

い。その際、日光の直視、反射光を人に向けないことについては、十分に注意させる。
〈結果〉
　日光が重なり合ったAの部分は、B、Cよりも明るく、温かくなる。A、B、Cの所へ温度計を置くと、温度の違いが確認できる。

実験3　レンズ集光の明るさ・温かさ
〈装置と方法〉
　凸レンズで太陽光を黒い紙の上に集める。次のような方法がある。
1）同じ凸レンズを用いて、明るい部分の大きさを変える。
2）径の異なるいくつかの凸レンズを用いる。
3）2つの同じ凸レンズを用いて、紙の焦げ方を白い紙と黒い紙で比べる。
〈結果〉
1）明るい部分が大きいときは、周りよりも明るくなるが紙は変化しない。十分に集光していないためである。集光して明るい部分が小さくなると（理想的には点になる）、集光部分は非常に明るくなり、紙が焦げて煙がでる。このとき、凸レンズと紙の距離は焦点距離に等しい。

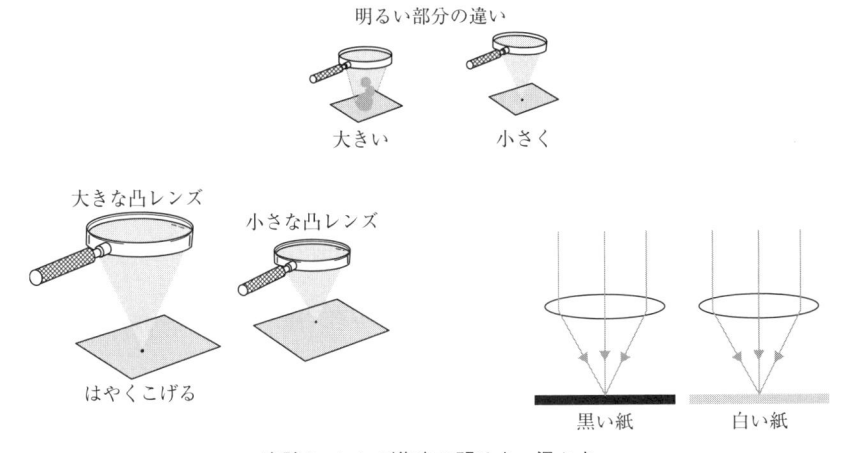

実験3　レンズ集光の明るさ・温かさ

2) 面積の大きなレンズの方が早く焦げる。レンズの集光力は、レンズの半径（面積）で決まるから。
3) 白い紙よりも黒い紙の方が焦げやすい。白い物質は、光を反射しやすく、黒い物質は光を吸収しやすいから。

（2） 単元の指導計画と指導案例
①単元の指導計画（全8時間）
　　単元導入　暖かさと太陽の光（1時間）
　　　　　　　　日なたと日かげの地面の様子を調べよう（1）
　　第一次　　日なたと日かげの地面の温度（2時間）
　　　　　　　　地面の温度比べ（2）
　　第二次　　暖かさと明るさ（3時間）
　　　　　　　　物の明るさと暖かさ（2）
　　　　　　　　日光を集めよう（1）
　　第三次　　まとめと発展（2時間）…本時1/2

②教材観・指導観
　本単元は、エネルギーの見方に関わるものであり、中学校第1学年における「光と音」の学習につながるものである。日光を使った活動（日光を集めたり反射させたりし、光を当てたものの明るさや暖かさを比較する）などを通し、光の性質について実感を伴わせながら、児童の科学的な思考を高めていきたい。

③本時の指導案
1) 本時の目標
・日光による物の温まり方は色でも異なることを、実験を通して理解することができる。
　　天気が悪く室内で行う場合は、白熱電球（電灯光）や赤外線電球を用いる。
・学習した内容や自分の意見を論理的に表現することができる。

2) 本時の展開 (7/8)

	学習活動と内容	教師の指導・支援	留意点と評価
導　入 (10分)	◇本単元での既習事項を振り返る。		
展　開 (25分)	◇色の異なる容器（透明・黒・白のペットボトル）に電球を近づけて温め、中の空気の温度を棒温度計で測る。 ①透明の容器に棒温度計を差し込んで、1分ごとに温度を5分間記録する（グループ実験）。 ②残り2つの容器について、同様にして実験する。 ◇わかったことを話し合う。	〈発問〉 　物の温まり方は、物の色によって違うのか？ ・予想をノートに書き、発表させる。 ・赤外線電球を用いて温めさせる。 ・ワークシートを配布し、結果を記入させる。	・光源の使用方法について指導するとともに、棒温度計の読み取り方にも注意させる。 ◆実験で何を明らかにするのか、見通しを立てている。 ◆光が物を温める性質を予測している。 【科学的思考】
まとめ (10分)	◇実験結果を発表する。	〈まとめ〉 　黒色の物質は光を吸収しやすく、白色の物質は光を吸収しにくい（反射する）。	◆色によって物の温まり方に違いがあることを理解している。 【知識・理解】

第4節　単元「磁石の性質」

1．はじめに

　本単元の目標と学習内容は、学習指導要領解説理科編第3章、第4節、第3学年、A 物質・エネルギーの内容（4）に示されている。

(4) 磁石の性質
　磁石に付く物や磁石の働きを調べ、磁石の性質についての考えをもつことができるようにする。
ア　物には、磁石に引き付けられる物と引き付けられない物があること。また、磁石に引き付けられる物には、磁石に付けると磁石になる物があること。
イ　磁石の異極は引き合い、同極は退け合うこと。

①一般普遍法則

　内容イは、磁気に関するクーロンの法則が基礎となる。これは、一般普遍法則の側面である。

②物質の物性的法則

　内容アについて、磁石に引き付けられる物質は、鉄化合物などで強磁性体とよばれる。また、磁石に付けると磁石になる仕組みを磁化という。これらは、物質の物性的法則の側面である。

2. 学習内容における科学的事項

①磁気

　鉄を引き付ける性質を「磁性」とよび、磁性のもととなる性質を「磁気」とよぶ。磁性をもっている鉱石が永久磁石であるが、地表に豊富に存在する磁鉄鉱（Fe_3O_4）は磁石になる。磁石に鉄粉を吸い付けさせると、図4-4-1のように、鉄粉は磁石の両端付近に付着する。磁気力は磁石の両端付近で最も強く、その部分を磁石の極（磁極）という。地球の北極を向く極をN極、南極を向く極をS極としている。これは、地球自体が大きな磁石となっているためで、北極には地球磁石のS極が、南極にはN極があることになる。

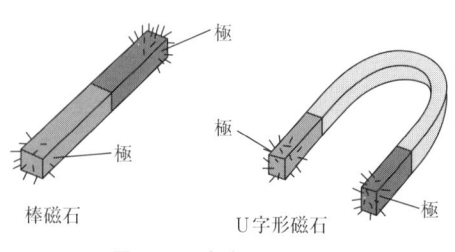

図4-4-1　永久磁石の磁極

磁極同士に働く力を磁気力（磁気力に関するクーロンの法則）とよび、N極とN極、S極とS極では反発力、N極とS極では引力となることはよく知られている。磁気に関するクーロンの法則については、参考（4-4-1）で述べる。また、本当は、磁極は棒磁石の両端ではなく、端から少し奥まったところに存在することがわかっている。詳しくは参考（4-4-2）で述べる。

参考（4-4-1）磁気力に関するクーロンの法則

　磁極の強さは磁荷または磁気量といい、単位［Wb］（ウェーバ）で測る。磁荷も電荷にならい正負の量で表すことにしている。同じ1Wbの磁極でも、N極の場合を+1Wb、S極の場合を-1Wbとする。静電気力と磁気力には、クーロンの法則とよばれる同じ形式の法則がある。ここでは、磁気に関するクーロンの法則を説明する。2個の磁極が及ぼしあう磁気力Fは、それぞれの磁気量と、磁極の間の距離で決まり、式（4-4-1）で表される。磁気力は、磁極を結ぶ直線の方向に働き、それぞれの磁気量 m_1、m_2 の積に比例し、磁極の間の距離rの2乗に反比例する。比例定数kは、$6.33 \times 10^4 [N \cdot m^2/Wb^2]$ である。

$$F = k \frac{m_1 \cdot m_2}{r^2} \cdots (4\text{-}4\text{-}1)$$

［問1］　2本の棒磁石のN極とS極を5mm離したとき、双方の引力は200gwであった。1cm離したとき、および2cm離したとき、引力はいくらになるか。

［解1］　引力は磁極の間の距離の2乗に反比例するから、
・1cm離したとき、
　　距離　　5mm → 1cm　2倍になる
　　引力　　$1/2^2 = 1/4$ 倍になる
　　　∴　200gw → 200×1/4 = <u>50gw</u>
・2cm離したとき、
　　距離　　5mm → 2cm　4倍になる

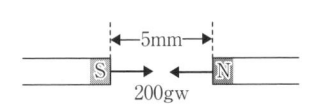

引力　　$1/4^2 = 1/16$ 倍になる

∴　$200\text{gw} \rightarrow 200 \times 1/16 = \underline{12.5\text{gw}}$

このように、磁極を離すと磁気力は急激に弱くなる。N極同士、S極同士の反発力についても同様である。

参考（4-4-2）磁極はどこにあるか

　授業で、教育学部学生に"棒磁石の磁極はどこにあるか？"と質問したが、学生は磁極という言葉を知らなかった。何人かの学生からの"棒の真ん中じゃないの"という回答におどろいた。彼らの学校での理科学習の結果である。そして、磁極とはN極、S極のことだと説明すると、学生は"棒磁石の両端じゃないですか"という。専門書に、「鉄の棒の両端が磁極となった磁石―棒磁石―」とあるのは、無限に細長い棒磁石をイメージしているためである。しかし、実際には棒磁石はある程度の太さと長さをもち、その磁極は棒の両端にはなく、それがどこにあるのかということは興味深い問題である。磁極の位置に関する文献はほとんどなく、高校物理の指導書の一つに、両端からL/6の位置にある（2Lが棒磁石の長さ）とある。1785年、磁極間の引力が距離の2乗に反比例することがクーロンによって報告され、ダブルタッチ法で磁化して作られた人工の棒磁石（長さ64cm）の磁極が、端から2cm以内に凝縮していることが見いだされている。

　磁気測定器を用いないで磁極位置を知るための簡単な方法として、方位磁針を用いる方法がある。方法は次の通りである（写真4-4-1）。

・方位磁針を棒磁石の端の近傍に置く。方位磁針は磁極に向かって回転する。
・方位磁針の方向が落ち着いたら、グラフ用紙に2点で写し取る。
・2点を結ぶ線分の延長線と、棒磁石の軸線との交点を求める。
・交点に磁極の位置があると考える。
・方位磁針の位置を変え、以上を繰り返す。

　いくつかの交点の平均を取り、その平均点が磁極の位置になると考えればよい。

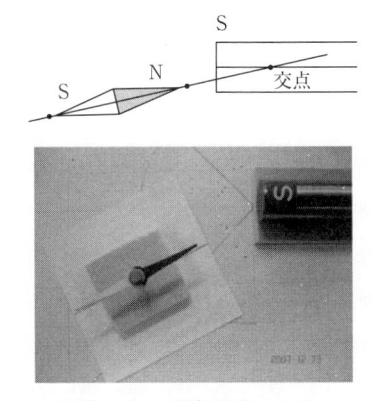

写真4-4-1　磁極を見つける　　　　　図4-4-2　棒磁石の磁界

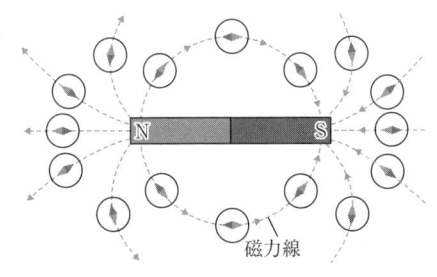

②磁界

　磁極の周りには、磁気力を受ける空間（磁界）ができている。地球も大きな磁石であるから、地球の周りにも磁界が存在し、地球による磁界を地磁気という。磁界の様子を、磁気力の強さと向きがわかるように描いたのが磁力線という考え方である。図4-4-2のように、磁石の周辺（磁界のあるところ）に置かれた方位磁針は、磁石の磁気力を受けて回転する。ここで、

　・方位磁針のN極の向き＝磁界の向き

にとる。その向きを連続線で表したのが磁力線である。厳密にいうと、磁力線の接線の向きが磁界の向きとなる。磁力線は、N極から出てS極に入る。磁界の強さについては、図4-4-3のように、

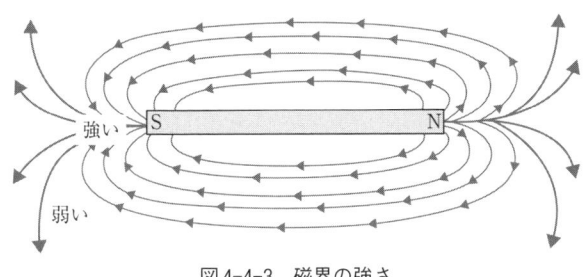

図4-4-3　磁界の強さ

・磁力線が集中している極付近＝磁界が強い
・磁力線がまばらな周辺＝磁界が弱い
ということになる。

磁力線は交わったり折れ曲がったりしない。もし、ある点で交わるならば、その点で接線が2本引けるので、磁界の2つの向きがあることになって矛盾する。また、磁力線がある点で折れるということは、その点では接線が引けないので、磁界の向きが決まらないことを意味する。

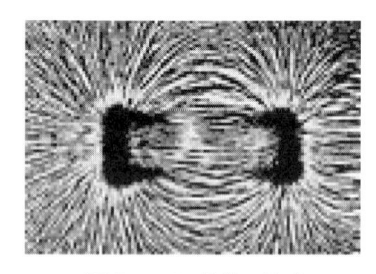

写真4-4-2　鉄粉の並び

棒磁石に引き付けられる微少な鉄粉を観察すれば磁力線のイメージが得られる（写真4-4-2）。

③磁石に引き付けられる物とは？

磁石は、他の磁石に対して磁気力を及ぼすだけでなく、磁石ではない鉄やニッケルにも及ぼす。これは、鉄やニッケルが磁石の磁界中に置かれたとき、磁気を帯びる（磁化される）ためである。物質が磁界の中に置かれたとき、磁気を帯びるものを磁性体という。磁性体には、強磁性体、常磁性体、反磁性体があるが、ここでは強磁性体について説明する。

強磁性体の代表例が、Fe（鉄）、Ni（ニッケル）、Co（コバルト）やその化合物である。これらは、磁界中に置かれると、磁界の方向に強く磁化され、磁界を取り除いても磁化が残り、磁石になったままになる。鉄を含む合金の多くは強磁性体で磁石に付く。しかし、18-8ステンレススプーン（18%クロム、8%ニッケル、74%鉄の合金）は磁石に付かないので、スプーンを使う場合は生徒実験の前に予備実験で確認した方がよい。ふつう、強磁性体のことを磁性体とよんでいる。磁化の仕組みの詳細は、参考（4-4-3）で説明する。

参考（4-4-3） 磁化の仕組み

原子中の電子は、自転（スピン）しながら原子核の周りの軌道を回転している。つまり、原子は、1個のミクロな磁石（原子磁石）と考えてよい。磁石の中は、すべての原子磁石が同じ方向に向くような特殊な力（磁気力とは違う非常に強い力）が働いている。そのため、両端に磁極が現れる。一方、鉄などの強磁性体では、すべての原子磁石が同じ方向に向いているのではない。同じ方向を向いているいくつかの原子磁石の局所的集合領域があり、それを分域またはドメインとよんでいる。鉄クギを示す図4-4-4で→はドメインを示す。ドメインはクギの中でバラバラな方向を向いている。そのため、この状態では磁極が現れず磁石になっていない。このような分域構造が強磁性体の特徴である。

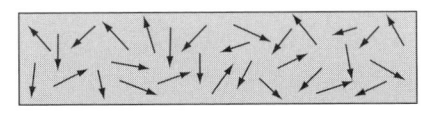

図4-4-4(1) 強磁性体のドメイン

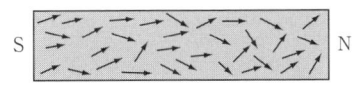

図4-4-4(2) ドメインの向きがそろいはじめる 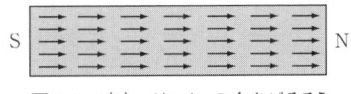　　図4-4-4(3) ドメインの向きがそろう

しかし、外部から磁界が加えられると、図4-4-4(2)のようにドメインは磁界の方向に並ぶようになり方向がそろってくる。外部から加えられる磁界が強くなると、図4-4-4(3)のように両端に磁極が現れて磁石になる。

磁化はこのような機構で説明されている。いったん磁石になったクギは、外部から加えている磁界を取り除いても、ドメインがそろった状態が保持される。そのため、クギは磁石のままの状態が保持される。また、クギを適当な位置で切断すると、図4-4-4(4)のように切断面がドメインの両端となるため、

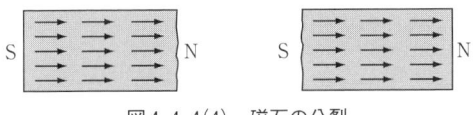

図4-4-4(4) 磁石の分裂

新たな磁極となって2つの磁石に分かれる。

参考（4-4-4） 磁化が失われる温度―キュリー点―

アルニコのような強力な磁石に鉄製のクリップをくっつけておくと、クリップは磁化してしまい、1つ1つのクリップが磁石になってしまう。磁化されたクリップをるつぼに入れて加熱し、温度を高めていくと次第に磁性を失っていき、ある温度になると磁石の性質を失う。この温度を発見者ピエール・キュリー（ノーベル化学賞を受賞したマリー・キュリーの夫）にちなんでキュリー点とよぶ。強磁性体のキュリー点を表4-4-1に示す。鉄では、約800℃だから、ガスバーナーの加熱で到達できる温度である。小学生には難しいかもしれないが、次のような観察も実施できる。

・クリップをアルニコ磁石で磁化しておく。
・クリップをるつぼに入れてバーナーで加熱する。
・クリップの磁化が失われる。

るつぼの温度は、1200℃まで測れるC.A熱電対温度計（シース熱電対）を用いることができる。合金では、キュリー点が100℃近い低温のものも作られていて、電気炊飯器の温度センサーとして炊きあがりの報知に利用されている。

表4-4-1　磁性をもつ元素のキュリー点

	キュリー点
Fe　鉄	770
Ni　ニッケル	358
Co　コバルト	1131

3. 指導計画と展開例

（1）実施したい観察・実験

実験1　磁石に引き付けられる物、引き付けられない物

〈装置と方法〉

身近な物質（クリップ、鉛筆、10円玉、ボール紙、ペットボトル、…）を磁石に近づけて、引き付けられるかどうかを観察する。

〈結果〉

　　引き付けられる物質　：鉄、鉄の化合物類など

引き付けられない物質：鉄以外の金属、非金属など

鉄以外の金属には、分域構造（ドメイン）が存在しないため、外部から磁界を加えても磁石にはならない。

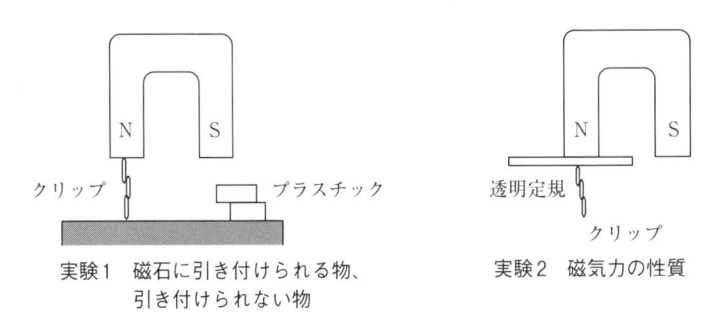

実験1　磁石に引き付けられる物、引き付けられない物

実験2　磁気力の性質

実験2　磁気力の性質

〈装置と方法〉

　磁石とクリップなどの距離を、少しずつ変えていき、磁気力が働くか調べる。また、磁石とクリップなどの間に磁石に付かない物をはさんで磁気力が働くか調べる。

〈結果〉

　磁気力は、磁石とクリップの間に磁石に付かない物をはさんだり、距離をあけたりしても働く。距離が大きくなると働かなくなる。

　参考（4-4-1）で説明したように、磁気力は距離の2乗に反比例する。したがって、距離が大きくなると、磁気力は急激に減少していくためである。

実験3　磁石の極（磁極）

〈装置と方法〉

　クリップを棒磁石のいろいろなところに近づけ、磁気力の強さを調べる。

〈結果〉

　棒磁石の両端にクリップがたくさん引き付けられ、中央部にはほとんど引き付けられない。磁気力が最も強い所を磁極という。

　磁極の位置の見つけ方については、参考（4-4-2）に詳しく説明している。

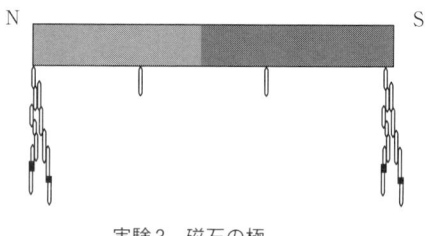

実験3　磁石の極

実験4　磁極の性質—引力と反発力—
〈装置と方法〉

　磁気力はベクトル量であり、大きさと向きを併せ持つ。したがって、磁極同士をいろいろな位置関係に置いて調べ、力の働き方を体験を通して学ぶことが必要である。

　　磁気力の大きさの実験：2つの磁極同士を近づけて、磁気力（の手応え）を
　　　　　　　　　　　　　調べる。
　　磁気力の向きの実験　：磁気力が働いたときの磁極の動きを調べる。引力
　　　　　　　　　　　　　か反発力かを調べる実験である。

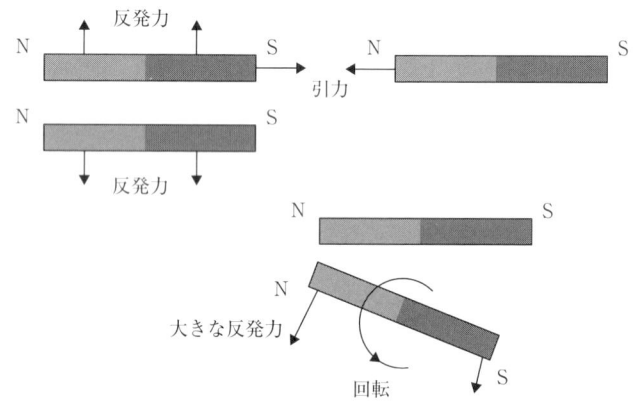

実験4　磁極の性質—引力と反発力—

〈結果〉

　異極同士は引き合い（引力）、同極同士は反発する（反発力）。同極が近づ

くと、お互いに逃げようとする。これは非常におもしろい現象であり、磁気力の不思議を体験してほしい。また、この実験は、自然界における"力"の認識（自然認識）を深めるためには極めて重要なものである。

実験5　自然状態での磁極の向き
〈装置と方法〉
1) 棒磁石やU型磁石を鉛直につるして自由に回転できるようにする。
2) 回転が止まったとき、両磁極の向きを方位磁針（コンパス）で調べる。
3) 実験する場所を変えて同様に調べる。

〈結果〉
　どこで調べても、N極は北をS極は南を向く。理由は地磁気である。
　地球も一つの磁石であることはすでに説明したが、地磁気で自然に磁化されたのが磁鉄鉱である。本来の地磁気の向き（次ページ写真右下）が、磁鉄鉱の近傍では変化している。磁鉄鉱の右上にN極が、左下にS極があるためであると解釈できる。

実験6　クリップを磁化させる
〈装置と方法〉
1) クリップを強力な磁石にしばらく付けておく。
2) クリップを磁石からはずし、ホッチキスの針（鉄製）に近づける。
3) または、クリップを方位磁針に近づける。

〈結果〉
　クリップを磁石に付けておくと、クリップが磁石になることがある。磁化の仕組みは、参考（4-4-3）に詳しく説明した。磁石にするには、
　◎強力な磁石に付ける
　◎長い間付けておく
ことが必要である。また、参考（4-4-4）に説明したように、磁化したクリップを加熱すれば磁化を失わせる（＝消磁）こともできる。

実験5　磁極のむく向きと、磁鉄鉱

磁鉄鉱による磁界の向き

磁鉄鉱による磁界の向き

地磁気の向き

クリップ

ホッチキスの針

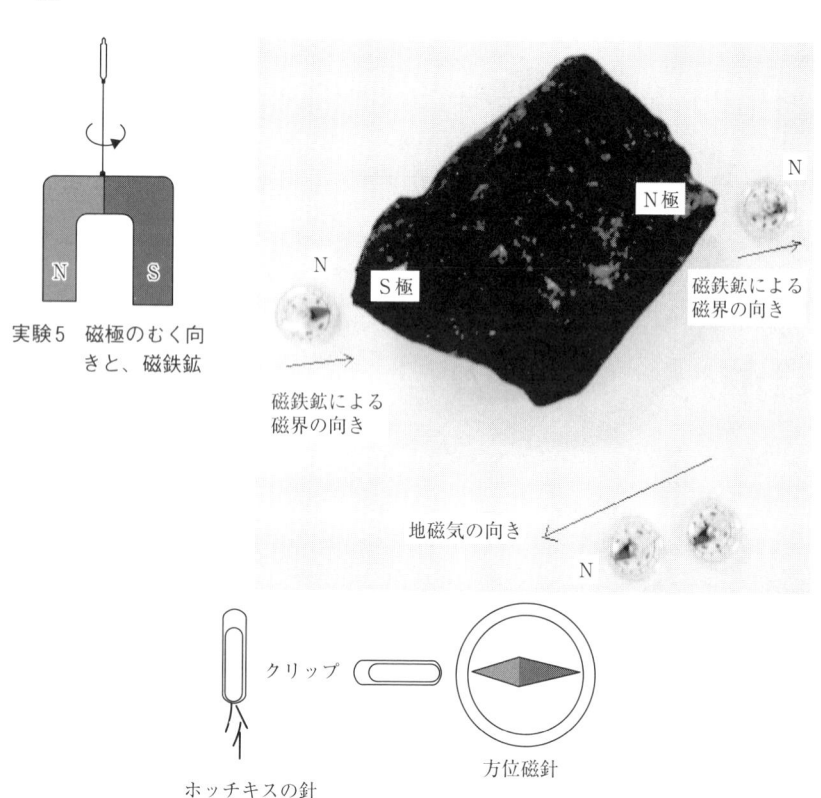

方位磁針

実験6　クリップの磁化と確認方法

（2）単元の指導計画と指導案例

①単元の指導計画（全11時間）

- 第一次　磁石の不思議（4時間）
    - 磁石に付く物と付かない物（2）
    - 砂金集めをしよう（1）
    - 磁石のパワー（1）　…本時1/1
- 第二次　磁石の極（4時間）
    - 磁石を近づけてみよう（2）
    - 磁石を作ろう（2）
- 第三次　まとめ・磁石を使ったおもちゃ作り（3時間）

②教材観・指導観

　本単元は、エネルギーについての基本的な見方や考え方を柱とした内容のうち、「エネルギーの見方」、「エネルギーの変換と保存」に関わるものであり、第5学年における「電流の働き」の学習につながるものである。身近なものを使い、磁石が物に付いたり（付かなかったり）、異極が引き合い、同極が退け合ったりすることを体験的に学び、事象を比較しながら理解し、磁石の性質を見いだすことができるよう指導していきたい。

③本時の指導案
1) 本時の目標
　　・磁石の力は、磁石と物との間が開いていても、働いていることがわかる。
　　・磁石の力は、磁石と物との間に物体があっても、働いていることがわかる。
2) 本時の展開（4/11）

	学習活動と内容	教師の指導・支援	留意点と評価
導　入 (10分)	◇既習事項を復習する（物には、磁石に引き付けられる物と引き付けられない物がある）。	・磁石が物を引き付ける力を「くっつきパワー」と呼ぶことにする。	・全員にアルミ缶とスチール缶を持参させる。
展　開 (25分)	◇自分の予想を発表する。 ◇グループにし、全員に棒磁石を配る。 ・アルミ缶、スチール缶それぞれに、間を開けて磁石を近づける。 ・缶と磁石の間に厚紙を入れて行う。 ◇気付いたことをワークシートに記入し、グループで話し合う。	〈発問〉 　磁石と物の間を開けても、間に物体があっても「くっつきパワー」が働くだろうか？ ・アルミ缶には反応しないことに気付かせる。 ・図入りのワークシートを配布し、「くっつきパワー」のイメージを描かせる。	◆協力して学習に取り組んでいるか。 【関心・意欲・態度】
まとめ (10分)	◇気付いたことを発表する。	〈まとめ〉 　磁石の力は、磁石と物の間が開いていても、間に物体があっても働く。	◆間が開いていても間に物体があっても、磁石の力が働くことがわかる。 【知識・理解】

第5節 単元「電流の通り道」

1. はじめに

本単元の目標と学習内容は、学習指導要領解説理科編第3章、第4節、第3学年、A 物質・エネルギーの内容（5）に示されている。

> (5) 電気の通り道
>   乾電池に豆電球などをつなぎ、電気を通すつなぎ方や電気を通す物を調べ、電気の回路についての考えをもつことができるようにする。
>   ア　電気を通すつなぎ方と通さないつなぎ方があること。
>   イ　電気を通す物と通さない物があること。

①一般普遍法則

電気の回路とはどういう考え方か。電流の通り道という考え方で説明される回路概念が、一般的普遍法則としての側面になる。

②物質の物性的法則

電気を通す物と通さない物は何が違うのか。このことが、物質の物性的法則としての側面になる。物質は、電気伝導度の違いにより、導体と不導体（と半導体）に分類される。その前提として、電流は、どのような物質が動いて生じるのか、という問題がある。

2. 学習内容における科学的事項

①摩擦電気の発見

電気が知られるようになったのは、琥珀（樹脂の化石）を布でこすると、紙などを引き付ける性質が発見されたことに起因する。いわゆる摩擦電気である。写真4-5-1のように毛皮でエボナイト棒をこすると、毛皮とエボナイトに正負の電荷（電気）が生じる。これを帯電とよぶ。電気の正負は相対的なものであり、毛皮に生じる電気を正と決めている。ガラスは毛皮でこすると負に

帯電するが、絹でこすると正に帯電する。それを次のような順序に表したものを帯電系列とよぶ。

$$(+)毛皮-ガラス-絹-エボナイト(-)$$

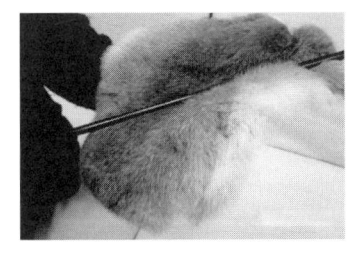

写真4-5-1　毛皮でエボナイトをこする　　　図4-5-1　電子の移動

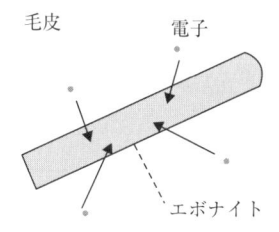

現在では、さまざまな物質の帯電系列が詳しく知られている。

毛皮とエボナイトの例では、図4-5-1のように毛皮からエボナイトに電子が移動している。一般に、物質を構成する原子（原子番号をZとする）は、正電荷の原子核（$+Ze$）の周りを、Z個の電子（$-e$）が回っている（図4-5-2）。電子は負の電荷をもつ微少な物質である。図4-5-3に、毛皮が正にエボナイト棒が負に帯電するしくみを示す。毛皮（A）とエボナイト棒（B）をこすりあわせると、Aからいくつかの電子がはぎとられ、Bに移動する。このとき、Aは電子が足りなくなるので正に帯電し、Bは電子が過剰になって負に帯電する。

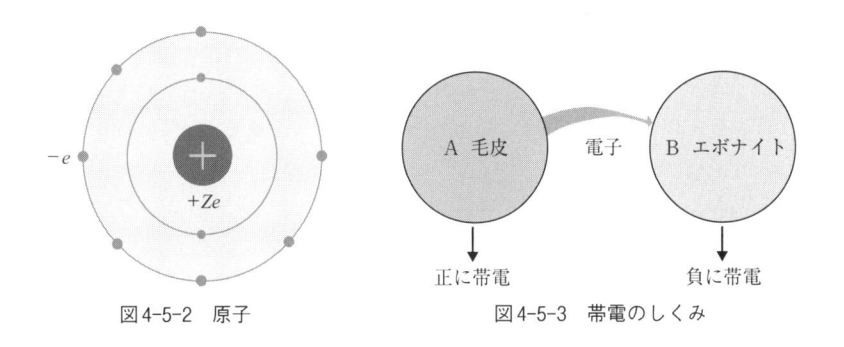

図4-5-2　原子　　　図4-5-3　帯電のしくみ

②電流の考え方

電流の担い手となる物質を電荷という。電流は電荷の流れであり、その大きさは断面を単位時間（1秒）に通過する正の電気量で表される。電気量の単位には［C］（クーロン）を用いる。電荷は、金属を流れる電流では自由電子、食塩のような電解質では、Na^+、Cl^-に水分子がいくつかくっついた水和イオンとよばれているイオンである。金属を流れる電流は、負電荷をもつ電子の電流であるから、電子の動く向きと電流の向きは反対になる。

> 電流＝電気をもった"物質"の移動
> 　　　　　　　（電荷）
> 電流の向き ┌ 水溶液…正イオンの動く向き
> 　　　　　└ 金属…自由電子の動く向きと逆向き

③電流の強さと単位

電流の強さは、電荷が断面を単位時間に通過する電気量であるから、

$$電流の強さ = \frac{移動した電気量}{時間}$$

となる。Δt 秒間に、Δq［C］の電気量が移動するとき、電流 I は次のように定義される。

電流の定義　　$I = \dfrac{\Delta q}{\Delta t}$　　…(4-5-1)

　　単位　［A］［C/s］

電流の単位は［A］（アンペア）であるが、この式によると、単位は［A］は、［C/s］（クーロン毎秒）に等しい。1秒に1クーロンの電荷が動いたとき、1アンペアの電流が流れる。

　　$I = 1C \div 1s = 1C/s = 1A$

1秒に0.5クーロンの電荷が動いたとき、

　　$I = 0.5C \div 1s = 0.5C/s = 0.5A$
　　　　　　　（＝500mA ミリアンペア）

10秒に0.5クーロンの電荷が動いたとき、
　　I＝0.5C÷10s＝0.05A
　　　　　　　（＝50mA　ミリアンペア）
となる。

　電荷の最小単位を電気素量というが、電子のもつ電気量（の大きさ）になる。その値をeで表すと、
　　e＝1.6×10^{-19} C
という極微の量である。電子は大きさeの負電荷をもっている（－1.6×10^{-19} C）。水素原子に強い紫外線を当てると、水素イオン（H$^+$）と電子（e$^-$）に電離する。
　　　　　　H＋UV → H$^+$＋e$^-$
　UVは紫外線を意味する。水素原子は電気的に中性（電気量＝0）であるから、H$^+$のもつ電気量も＋e、つまり電気素量ということになる。電気素量は、お金でいえば"1円玉"のような存在であって、それ以上細かく分けることができない"基礎量"である。物質はどこまでいっても連続であるような無限に分割可能な連続量ではなく、これ以上分割できないという基礎量（量子）が存在する。原子、電子などは、その基礎量の一つである。

④回路の考え方

　3年生で、早くも「回路」概念が出てくる。回路とは、電流の通り道であり、乾電池の＋極（正極）から豆電球を通って－極（負極）までの「ひとまわりの道筋」というような意味である（図4-5-4）。回路が途中で切れていると電流は流れない。回路の考え方は、豆電球のソケットをはずして、電池を接続させる実験によって理解される。その際、図4-5-5のように豆電球に導線をつないでいるようでも電池をショート（＋極と－極の直結）させていることがあるので、ショートをさせないような事前指導が必要である。

⑤物質の電気伝導性

　金属のようによく電気を通す物を導体といい、プラスチックやガラスのよ

図4-5-4　回路

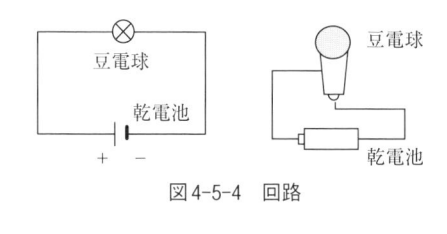

図4-5-5　ショートする配線　　図4-5-6　抵抗率の概念

うに電気を通さない物質を絶縁体という（不導体または誘電体ともいう）。導体には自由に移動できる電荷がある。金属では自由電子、食塩水のような電解質溶液では正負の（水和）イオンである。しかし、絶縁体には、自由電子や正負のイオンにあたる電荷がない。しかし、金属のような導体にも電気抵抗がある。物質の電気抵抗は、その長さに比例し断面積（太さ）に反比例する。同じ物質なら長くて細いものが、電気抵抗が大きくなる。

$$R = \rho \frac{L}{S} \quad \cdots (4\text{-}5\text{-}2)$$

Rは電気抵抗、Lは導線の長さ、Sは導線の断面積である。ρは抵抗率とよばれ、物質の長さ1m、断面積1m^{2}あたりの抵抗を意味する（図4-5-6）。さまざまな物質の抵抗率ρの値を表4-5-1に示す（0℃の値）。抵抗率の単位は、[$\Omega \cdot m$] になる。金属では、抵抗率のオーダーが$10^{-8}\Omega/m$という非常に小さな値であり、電気が流れやすいことを示す。一方、絶縁体では10^{13}以上の高い値であり、現実的に電気が流れないことが理解される。ケイ素（シリコン）、ゲルマニウムは半導体とよばれ、導体と絶縁体の中間の値をもつ。半導体は、温度が上がると自由電子のような電荷が増える機構を有している。

表 4-5-1　物質の抵抗率（0℃）

	物　質	抵抗率 [Ω·m]
導体	銀　Ag	1.47×10^{-8}
	銅　Cu	1.55×10^{-8}
	アルミ　Al	2.50×10^{-8}
	ニクロム	107×10^{-8}
半導体	ケイ素　Si	6.4×10^{4}
	ゲルマニウム　Ge	45×10^{-2}
絶縁体	ポリエチレン	10^{14}
	天然ゴム	$10^{13} \sim 10^{15}$
	石英ガラス	10^{15}

3. 指導計画と展開例

（1） 実施したい観察・実験

実験1　回路の構成1―豆電球がつくつなぎ方―

〈装置と方法〉

　豆電球と乾電池を一つずつ用意し、いろいろなつなぎ方でつないでいく。それぞれのつなぎ方で、明かりがついたか、つかなかったかを記録する。

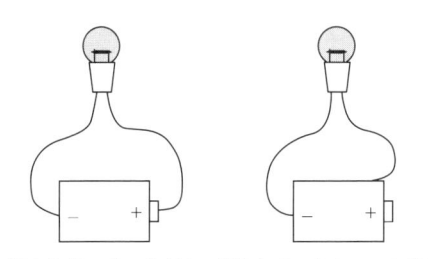

明かりがつくつなぎ方　　明かりがつかないつなぎ方
実験1　回路の構成－豆電球がつくつなぎ方－

〈結果〉

　ソケットから出ている2本の導線を、乾電池の＋極と－極につないだとき、明かりがつく。

実験2　回路の構成2―ソケットなしで豆電球をつける―
〈装置と方法〉
　ソケットから豆電球をはずし、導線と乾電池を用いて明かりがつくつなぎ方を探す。導線の接続はセロテープなどを用いる。

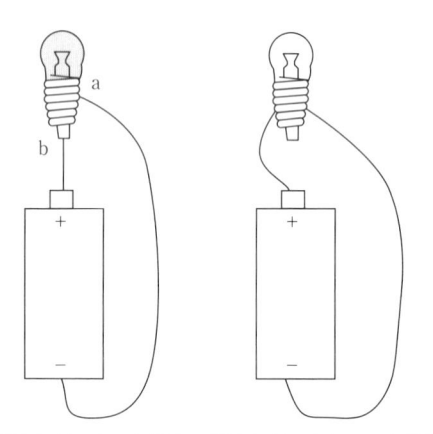

　　　　明かりがつくつなぎ方　　明かりがつかないつなぎ方
　　　　　　実験2　ソケットなしで豆電球をつける

〈結果〉
　豆電球の胴体部（a）と底部（b）に導線の一方をつなぎ、他方を乾電池の両極につなぐと、明かりがつく。
　実験2で大切なことは、回路がどうなっているかを考えさせることにある。その際、豆電球の中に電流を光熱に換えるフィラメントが存在することを観察させ、電流の通り道が存在することを確認させる。

実験3　導体と不導体―電気を通す物と通さない物―
〈装置と方法〉
　次頁の図のような簡単な回路（導通チェッカー）を作らせて、いろいろな生活物質について調べる。端子はクリップを利用し、スイッチは厚紙にアルミ箔を巻いた物などを段ボールに張り付けて作るとよい。

実験の仕方としては、次のような方法が考えられる。
1) 3～4人でグループをつくり、各自が持参した物をグループで共有する。
2) 各自が、自分で作った導通チェッカーですべての物を調べる。
3) 各自の結果をグループで確認し、一つの結論にまとめる。もし、一つの物について、各自の結論（通電の有無）が異なれば、実験を再度行う。
4) グループごとに結果を発表する。

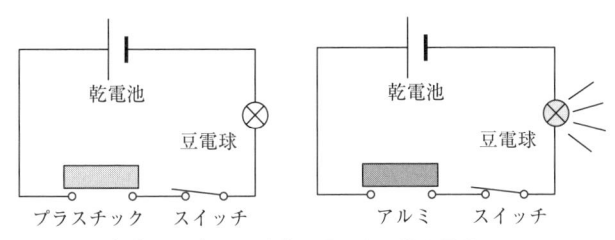

実験3　電気を通す物と通さない物を見分ける

〈結果〉
　学習指導要領解説理科編には、回路の中に身の回りのいろいろな物を入れ、豆電球が点灯するかどうかを調べさせる実験についてふれている。子どもに、物の通電性を、実験を通して理解させるねらいがある。このような実験により、身の回りにある物質の性質について、興味・関心をもって追求する態度を育てたい。ここで、「先生、ピカッと光る物はよく電気を通すよ！！」というような発見があればすばらしいことである。金属光沢は自由電子による可視光の散乱で生じる。ガムの包み紙や仁丹が電気を通すことは、子どもたちには大きな驚きであるに違いない。

（2）単元の指導計画と指導案例

①単元の指導計画（全9時間）
　単元導入　明かりをつけてみよう（1時間）
　第一次　　明かりがつく仕組み（4時間）
　　　　　　明かりのつくつなぎ方とつかないつなぎ方（2）
　　　　　　電気の通り道を書こう（2）…本時1/2

第二次　　電気を通す物と通さない物（2時間）
第三次　　まとめ・スイッチ作り（2時間）

②教材観・指導観

　本単元では、豆電球が点灯する電気の通り道（回路）や、物には電気を通す物と通さない物があるということについて、基本的な考え方を身に付けさせたい。

　特に、回路に電気がどのように流れているのかについては、児童の抱いているイメージをあらかじめ調査し、それに応じた細やかな指導が必要であると考える。明かりがつく、つかないという現象のみにとらわれず、図で示す作業などを通して具体性をもって理解し、今後の学習に生かすための指導を心掛けたい。

③本時の指導案
1）本時の目標

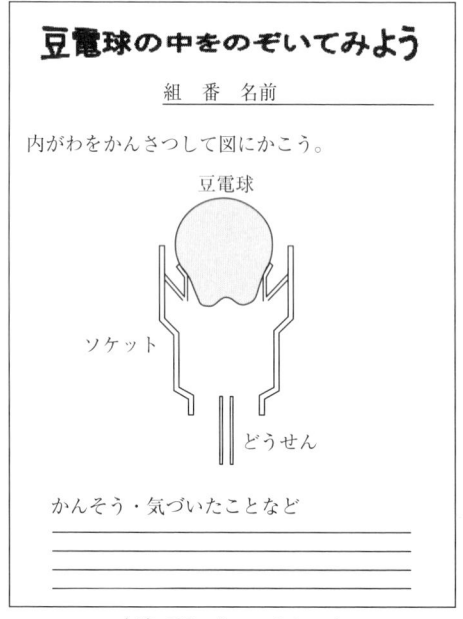

本時で用いるワークシート

・分解した豆電球を観察し、電気の通り道があることをとらえることができる。

2）本時の展開（4/9）

	学習活動と内容	教師の指導・支援	留意点と評価
導　入 （10分）	◇明かりがつくときのつなぎ方について復習する。	・豆電球、電池の＋極と－極を導線でつなぐと、豆電球がつく。	
展　開 （25分）	◇実際につないで明かりをつけて確認する（グループ）。 ◇分解した豆電球を、虫眼鏡で観察する（グループ観察）。 ・豆電球とソケットの内部の様子をワークシートに描く。	〈発問〉 ・豆電球の中はどうなっているのか、観察してみよう。 ・図入りのワークシートを配布する。	・ソケットのゆるみや導線の両端が同じ極でつながっていないかなど確認させる。 豆電球 ソケット どうせん
まとめ （10分）	◇感想や気付いたことを発表する。	・豆電球の中には、電気の通り道がある。	◆豆電球の観察を通し、その中に電気の通り道の存在をとらえることができる。 【知識・理解】

第5章
第4学年の単元の解説と指導

第1節 単元「空気と水の性質」

1. はじめに

本単元の目標と学習内容は、学習指導要領解説理科編第3章、第4節、第4学年、A 物質・エネルギーの内容（1）に示されている。

> (1) 空気と水の性質
> 閉じ込めた空気及び水に力を加え、その体積や圧（お）し返す力の変化を調べ、空気及び水の性質についての考えをもつことができるようにする。
> ア 閉じ込めた空気を圧（お）すと、体積は小さくなるが、<u>圧（お）し返す力は大きくなること</u>。
> イ 閉じ込めた空気は圧（お）し縮められるが、水は圧（お）し縮められないこと。

①一般普遍法則

内容アに関連して、気体の圧力を変化させた場合、体積はどのように変化するか、ということが本単元における一般普遍法則の側面である。

②物質の物性的法則

内容イに関連して、水と空気の違いの理由つまり物質の圧縮率はどのような

要因で決まるのかが、本単元における物質の物性的法則の側面である。

2. 学習内容における科学的事項

空気や水は分子でできている。空気は N_2 と O_2 分子の混合物であり、水は H_2O 分子の化合物である。分子が容器の壁に衝突するとき、壁に衝撃を与える。壁にはたくさんの分子が衝突するが、衝撃の合計が壁に加わる力になる。このような力は、壁だけではなく気体内部（に考えた仮想的な面）にも働いていると考えられる。学習指導要領の内容アの下線部「圧し返す力」は気体の圧力を意味し、圧力は単位面積あたりに加わる力で表される。気体の圧力 p は、壁に加わる衝撃力の合計 F を壁の面積 S で割った量になる。

$$p = \frac{F}{S} \quad \cdots(5\text{-}1\text{-}1)$$

力の単位を kgw、面積の単位を cm^2 とすると、圧力の単位は、kgw/cm^2（キログラム重毎平方センチメートル）となる。また、力の単位を N、面積の単位を m^2 とすると、圧力の単位は、N/m^2（ニュートン毎平方メートル）になる。単位 N/m^2 は Pa（パスカル）ともいう。天気予報で使われる気圧の単位は hPa（ヘクトパスカル）であるが、100Pa＝1hPa の関係にある。圧力の単位同士には、1atm ≒ $1kgw/cm^2$ ≒ 1013hPa の関係がある。地表の気圧が 1 気圧（＝1atm）ということは、地表の $1cm^2$ には質量 1kg の空気が乗っていることを意味する。

（1） 気体の性質——体積と圧力の関係——

図 5-1-1 のように、50cc 注射器の先をゴム栓で塞いだものを台秤に置いた装置でゴム栓を少しずつ押すと、ピストンが注射器に挿入されるので空気の体積が減少する。同時に、空気が圧し返す力が増えていることは、押している手に手応えとして伝わってくる。それは、台秤の目盛りが増えてくることでもわかる。次

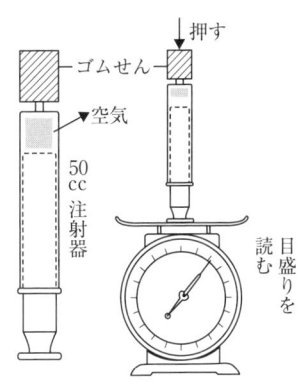

図5-1-1　ボイルの法則検証実験

表 5-1-1　実験結果

目盛り [gw]	体積 V [cm^3]	力 [kgw]	圧力 p [kgw/cm^2]	1/V
250	39	0	1.00	0.026
1000	34	0.75	1.15	0.029
1600	31	1.35	1.28	0.032
2000	30	1.75	1.36	0.033
2500	27.5	2.25	1.46	0.036
3000	25	2.75	1.56	0.040
3500	24	3.25	1.66	0.042

に、とりあえず圧し返す力を台秤の目盛りと考えてデータを見ていくことにする。このときの実験条件は、空気の温度が一定であることである。

表5-1-1に、図5-1-1の装置で実験した結果を示す。

目盛り（圧し返す力）と体積（かさ）には、どのような関係が認められるか。表5-1-1をグラフにしてみると、図5-1-2のようになる。空気を押すと、体積Vは小さくなるが、目盛り（圧し返す力）は大きくなる、ということがわかる。小学校理科での追求はこれくらいでよいが、空気の体積Vと圧力pの関係を表5-1-1から追究してみよう。表の3列目の項目「力」は、注射器の中の空気を押す力である。1行目の250は、注射器の重さが250gwであることを意味する。また1行目の0は、空気を押す力が0であることを示す。理由は、注射器を乗せただけの状態であり、注射器の中の空気は押されていないためである。2行目の0.75kgwは、2行目の目盛りから注射器の重さを差し引いて、

$1000 - 250 = 750\text{gw} = 0.75\text{kgw}$

として出している。3行目の1.35kgwも同様にして出した。

$1600 - 250 = 1350\text{gw} = 1.35\text{kgw}$

以下同様に計算する。表の4列目の項目「圧力p」は、注射器の中の空気の圧力である。第1行目が、1kgw/cm^{2}となっているのは、注

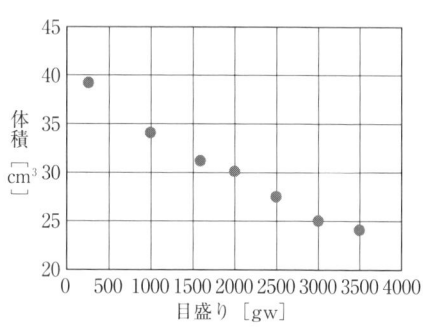

図5-1-2　空気の体積と台秤の目盛りの関係

射器を押していない状態では、中の空気の圧力は1気圧（＝1atm＝1kgw/cm^2）となっているためである。

実験で使用した注射器の断面積Sは4.9cm^{2}であった。2行目の圧力p＝1.15kgw/cm^{2}は次のように求めている。

　　p＝1＋Δp

第1項の1は、押さない状態での1気圧である。第2項のΔpは、押したことによる圧力増加量になる。

　　圧力増加量＝空気を押す力÷注射器の断面積

　　　Δp＝0.75÷4.9≒0.15

　∴　p＝1＋0.15＝1.15kgw/cm^2

3行目の圧力p＝1.28kgw/cm^{2}は

　　　Δp＝1.35÷4.9≒0.28

　∴　p＝1＋0.28＝1.28kgw/cm^2

以下同様に計算する。注射器内の空気の体積Vと圧力pにはどのような関係があるのか。実は、体積Vが減少すれば圧力pがVに反比例して増える。これは、pとVの積を取るとわかる。

　1行目　　p×V＝1×39　　＝39.0atm・cm^3
　2行目　　p×V＝1.15×34＝39.1atm・cm^3
　3行目　　p×V＝1.28×31＝39.7atm・cm^3　　以下同様

4行目以下も同様に計算することができる。以上のように、その積がほぼ一定になっていることがわかる。ゆえに、空気の体積と圧力は反比例に関係にある。

　∴　圧力×体積＝一定値

　　　p・V＝k　…(5-1-2)

kは、比例定数で式(5-1-2)はボイルの法則とよばれている。これより、

　　　V＝k/p　または　p＝k×1/V　…(5-1-2)′

が得られる。式(5-1-2)′は、圧力pは体積Vの逆数1/Vに比例することを示す。式(5-1-2)′を確認するために、横軸にpを縦軸に1/Vをとって測定値をプロットした（図5-1-3）。1/Vの値は、表5-1-1の最右列に示してある。図5-1-3から、pが1/Vに比例することがわかる。これで、ボイルの法則が

確認された。「ア　閉じ込めた空気を圧（お）すと、体積は小さくなるが、圧（お）し返す力は大きくなること」の意味はボイルの法則にある。体積が減ると圧力が高くなるのは次のように説明できる。

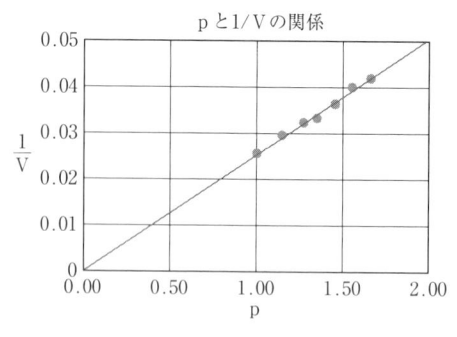

図5-1-3　ボイルの法則の検証

容器が狭くなると、空気分子が壁に衝突する回数が増える。壁に与える衝撃力の合計が圧力だから、圧力が上昇する。

指導の実際では、容器に閉じこめられた空気を押し縮めたときの手応えや、かさの変化を調べる実験を行う。図5-1-1のように50cm^{3}の注射器の先端にゴム栓を取り付けて行う場合は、ボイルの法則から空気の圧力は次のようになる。ピストンを押して、

体積Vを40cm^{3}にする（0.8倍にする）→圧力pが1.25倍（＝1/0.8）になる
体積Vを30cm^{3}にする（0.6倍にする）→圧力pが1.67倍（＝1/0.6）になる
体積Vを25cm^{3}にする（0.5倍にする）→圧力pが2.00倍（＝1/0.5）になる

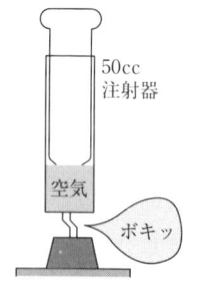

というように、圧力pは体積Vに反比例して決まる。体積を半分にするには、ピストンをかなりの力で押さなければならない。したがって、注射器の取り付けたゴム栓を何かに押しつけて行う場合、大きな力を加えたときに、図5-1-4のように注射器の先端が折れてケガをすることのないよう注意が必要である。

図5-1-4　よく起こる事故

（2）　**流体の性質**―圧縮性と非圧縮性―

「イ　閉じ込めた空気は圧（お）し縮められるが、水は圧（お）し縮められないこと」。

水はなぜ圧縮しないのか。理科年表のデータを表5-1-2に示す。Kは、温

度 T、圧力 p を指定したときの液体の圧縮率の値である。圧力をかけたとき、体積がどれだけ変化するかという指標を、流体の圧縮率という。圧縮率 K は式 (5-1-3) で表される。圧力が加わったときどう圧縮されるか（圧力 p が Δp だけ変化したとき、体積 V が ΔV だけ変わる）は、$\Delta V / \Delta p$ という比で表される。それを体積 V で割って、相対的な値にする。右辺に －（マイナス）がつくのは、p を増やすと V が減って $\Delta V < 0$ となるため、マイナスをつけて正の物理量とするためである。圧縮率 K が小さいと、圧縮されにくいことを示す。

$$K = -\frac{1}{V}\frac{\Delta V}{\Delta p} \quad \cdots(5\text{-}1\text{-}3)$$

表 5-1-2　水の圧縮率

液体	T [℃]	p [atm]	K [Pa^{-1}]
水	20	1	0.45×10^{-10}
水	20	1000	0.36×10^{-10}

圧縮率の単位は、V と ΔV の単位を cm^3、p の単位を Pa で示すとき、

$$\frac{1}{\text{cm}^3}\frac{\text{cm}^3}{\text{Pa}} = \frac{1}{\text{Pa}} = \text{Pa}^{-1}$$

となる。表 5-1-2 では、水の圧縮率は、1atm で、

$$K(水) = 0.45 \times 10^{-10}\ \text{Pa}^{-1}$$

である。これに対し、空気の圧縮率は、ボイル則によって計算すると、

$$K(空気) \fallingdotseq 1.0 \times 10^{-5}\ \text{Pa}^{-1}$$

となる（計算の詳細は、参考（5-1-1）に示す）。これらの比をとると、

$$K(空気)/K(水) \fallingdotseq 2 \times 10^5$$

となり、空気の圧縮率は水に比較して約 20 万倍大きいことがわかる。逆に水の圧縮率は空気の圧縮率の、20 万分の 1 になる。両者の数値の違いが、「水は圧し縮められない」理由であるといえよう。また、表 5-1-2 では、水を 1000 気圧に加圧しても圧縮率は、

$$0.36 \times 10^{-10} / 0.45 \times 10^{-10} = 0.8$$

となり 80％にしかならない。そういう意味でも、「水は圧し縮められない」と

いえよう。数値の比較とは違った角度からも、水と空気の圧縮率の違いを考えてみよう。式（5-1-3）の体積 V の変化 ΔV を、密度 ρ の変化 Δρ に直すために、右辺をボイル・シャルル則によって変形して整理すると、式（5-1-4）が導かれる。

$$K = -\frac{1}{V}\frac{\Delta V}{\Delta p} = \frac{1}{\rho}\frac{\Delta \rho}{\Delta p} \quad \cdots(5\text{-}1\text{-}4)$$

その結果、物質の圧縮率 K は密度 ρ そのものに反比例することがわかる。空気（のような気体）は密度 ρ が小さい。したがって、圧縮率 K が大きくなる。逆に水は密度 ρ が大きいので、圧縮率 K が小さくなる。したがって、「イ　閉じ込めた空気は圧（お）し縮められるが、水は圧（お）し縮められないこと」という結論が得られる。圧縮率の差は密度の差でもある。

参考（5-1-1）空気の圧縮率の計算

本節（1）のデータから求めてみよう。簡単のため、

$$pV = 40\text{atm}\cdot\text{cm}^3 \quad \cdots(ア)$$

とする。この状態から、圧力を Δp だけ増やすと、体積が ΔV だけ減少したとする。この Δp と ΔV は微少量であるとする。ボイルの法則によると、圧力と体積の積が一定であるから、

$$(p+\Delta p)(V+\Delta V) = 40\text{atm}\cdot\text{cm}^3$$

この式で、ΔV は負の値である。これより、

$$pV + p\Delta V + V\Delta p + \Delta V \Delta p = 40 \quad \cdots(イ)$$

ΔVΔp は、微少量の積になるので、極めて微少な量になるため省略できるので、

$$p\Delta V + V\Delta p = 0 \quad \Delta V \Delta p = 0$$

ここで、pV = 40、ΔVΔp = 0 を用いた。よって、

$$\Delta V/\Delta p = -V/p \quad \cdots(ウ)$$

が得られる。式（5-1-3）の ΔV/Δp に、式(ウ)の右辺である −V/p を代入し、

$$K = 1/p \quad \cdots(エ)$$

が得られ、空気の圧縮率は圧力 p の逆数になることがわかる。p = 1atm を、

式(エ)のpに代入し、K＝1/1＝1atm^{-1} となる。ここで、pの単位［atm］を［Pa］に直す必要がある（1atm≒1013hPa＝1013×100Pa≒10^5 Pa）。
これより、

K＝1/10^5＝10^{-5} Pa^{-1}　　　∴　K（空気）＝10^{-5} Pa^{-1}

3. 指導計画と展開例

（1）　実施したい観察・実験

実験1　空気でっぽうによる玉飛ばし

〈装置と方法〉

　透明アクリルパイプや細い木の棒などを材料にして空気でっぽうを作り、しめらせたティッシュペーパーやジャガイモなどで作った玉を飛ばす。実験は広い場所で行い、人や窓ガラス、電球などに向かって飛ばしてはいけない。

　1）後玉の位置や玉の詰め方など条件を変えて、玉を飛ばしてみる。

　2）玉を飛ばすときの条件と飛距離を記録する。

〈結果〉

　玉がよく飛ぶときは、押し棒を押す手応えが大きい。後玉や押し棒は前玉に触れていないのに前玉が飛んだことから、筒の中の空気に押されて前玉が飛ぶと考えるのが自然である。このとき、押し棒を押す手応えが大きいということから、筒の中の空気の状態は、筒の外の空気の状態とは異なっている（正確には、圧力が大きくなっている）、ということを理解させたい。

実験2　閉じこめられた空気の性質

〈装置と方法〉

　空気の入ったプラスチック製の注射器にゴム栓などを取り付けて封じ、ピストンを押して中の空気の体積と手応えを調べる（図5-1-1）。また、ピストンを押した手をはなしたとき、ピストンはどうなるかを観察する。

〈結果〉

　閉じこめた空気を押すと、空気の体積は小さくなる。手をはなすと、体積が

小さくなった空気は元の状態に戻ろうとする。その理由は、体積が小さくなった空気は、体積減少に反比例して圧力が大きくなっているからである（ボイルの法則）。空気でっぽうの場合は、元の状態に戻ろうとする力で前玉を押し出したことが推測される。正確にいうと、筒の内外に生じる大きくなった圧力差が前玉と筒との摩擦力にうち勝って力のつり合いが破れ、前玉を押す。石鹸水を注射器に入れてピストンを押す実験を実施すれば、注射器内の圧力が高くなって石鹸の泡（空気）がラグビーボールのように変形するのが観察できる。石鹸の泡を空気の小さな粒と見立てて、粒の変形により結果を説明する「粒子モデル」を立てさせることも可能である。科学的粒子モデルでは、注射器内の体積が減るため粒子が狭い所へ密集して入ることになり、粒子同士の衝突や粒子の壁への衝突が盛んになって壁を押す力が増えると考える（図5-1-5）。

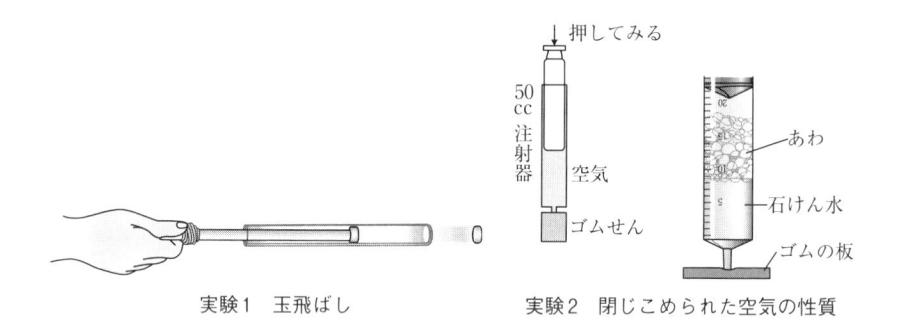

実験1　玉飛ばし

実験2　閉じこめられた空気の性質

実験3　閉じこめられた水の様子

〈装置と方法〉

　水槽の中に、注射器を入れると中に水が入る。ピストンを少し押した状態で、図5-1-1のようなゴム栓などを取り付けて封じる。外に取り出して、ピストンを押してみる。

〈結果〉

　閉じこめた水は空気とはちがって、ピストンを押しても動かない。水は押し縮められない。体積が変わらないことがわかる。(2)で示したように、水の圧縮率は空気の20万分の1である

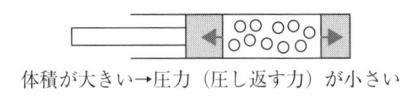

体積が大きい→圧力（圧し返す力）が小さい

体積が小さい→圧力（圧し返す力）が大きい

図5-1-5　圧力増加を粒子モデルで考える

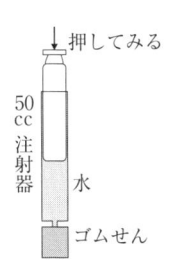

実験3　閉じこめられた水の様子

（2）単元の指導計画と指導案例

①単元の指導計画（全9時間）

　　第一次　　空気の性質（4時間）
　　　　　　　　空気の不思議・空気でっぽう（2）…本時2/2
　　　　　　　　空気の不思議・空気に力を加えたとき（2）
　　第二次　　水の性質（3時間）
　　　　　　　　水の不思議・ペットボトルロケット（2）
　　　　　　　　水の不思議・水に力を加えたとき（1）
　　第三次　　まとめ・身の回りから見つけよう（2時間）

②教材観・指導観

　本単元は「粒子」についての基本的な見方や概念を柱とした内容のうち、「粒子の存在」に関わるものである。遊びの活動を通して、体感的に楽しんで学習するとともに、空気や水に力を加えたときの目に見えない変化を可視化する作業によって、空気や水の性質についてのより深い理解を目指したい。児童が極めて身近である空気や水の存在を再認識し、比較したりして、それらに対し科学的思考をする姿勢を身に付けることを支援していきたい。

③本時の指導案

1）本時の目標

　　・空気でっぽうの玉は、空気に圧されて飛ぶことを理解することができる。
　　・目に見えない空気の様子について、自分なりのモデルをつくって表現する

ことができる。モデルは、図 5-1-5 のようなものでもよい。

2) 本時の展開（2/9）

	学習活動と内容	教師の指導・支援	留意点と評価
導　入 (10分)	◇前時での出来事を振り返る。 ・押し棒をゆっくり押しても飛ぶ。 ・押し棒に玉が押されたわけではない。	〈前時からの発問〉 　空気でっぽうの玉が飛ぶのはどうしてだろう？	
展　開 (25分)	◇空気でっぽうの玉を飛ばし、その様子を観察する（グループ）。 ◇気付いたことをプリントにまとめ、玉が飛ぶ理由を話し合う。 ◇玉が飛ぶまでの筒の中の空気の状態がどうなっているか、順序立てて考える。	・空気でっぽうの玉と押し棒の間（空気）に児童の注意を向ける。 ・玉を圧しているのは空気であることをとらえさせる。 ・よく飛ぶときは「押し棒を押す手応えが大きいこと」を考える手がかりにさせる。 ・子どもの多様な表現を拾い上げる。	・空気でっぽうを人に向けない。 ◆気付いたことや、自分なりの考えをまとめることができる。 【技能・表現】
まとめ (10分)	◇わかったことをまとめる。	〈まとめ〉 　空気でっぽうの玉は、空気に圧されて飛ぶ。	◆玉が筒の中の空気に圧されて飛ぶことを理解することができる。 【知識・理解】

第2節　単元「金属、水、空気と温度」

1. はじめに

本単元の目標と学習内容は、学習指導要領解説理科編第3章、第4節、第4学年、A 物質・エネルギーの内容（2）に示されている。

> (2) 金属、水、空気と温度
>   金属、水及び空気を温めたり冷やしたりして、それらの変化の様子を調べ、金属、水及び空気の性質についての考えをもつことができるようにする。
> ア　金属、水及び空気は、温めたり冷やしたりすると、その体積が変わること。
> イ　金属は熱せられた部分から順に温まるが、水や空気は熱せられた部分が移動して全体が温まること。
> ウ　水は、温度によって水蒸気や氷に変わること。また、水が氷になると体積が増えること。

①一般普遍法則

　内容アについては、温度と体積の関係（シャルルの法則）と液体と金属の熱膨張に関する法則が一般普遍法則の側面になる。

　内容イについては、熱の伝達はどのように行われるのかということについて、熱伝達の3つの仕方（伝導、対流、放射）が一般普遍法則の側面になる。

②物質の物性的法則

　熱膨張率が金属、水、空気で大きく異なることが、物質の物性的法則の側面になる。本単元は「物の温まり方」とよばれることが多い。

2．学習内容における科学的事項

（1）熱膨張とはどのような現象か

　物質を加熱したり冷却したりすると、どのようなことが起こるのか。加熱を例にとって考えてみる。加熱された物質は、物質を構成する粒子の熱運動が激しくなる。物質を構成する粒子とは、

① 食塩のようなイオン結晶の場合は、正負のイオン（Na^+、Cl^-）

② ダイヤモンドのような共有結晶（共有結合でできた結晶）では、原子（C）

③ 銅のような金属では、陽イオン（Cu^{2+}）

④ 食塩水では、水和イオン（Na^+、Cl^-）

⑤ 水蒸気のような気体の場合は、分子（H_2O）

である。①〜③の固体では、熱運動といっても平衡点を中心にした熱振動であるが、⑤は気体分子が飛びまわっている速度が増える。熱運動が激しくなる結

果、2つのことが起こる。

・物質の温度が上昇する（内部エネルギー増加）。
・粒子間の距離が増加する。

粒子間距離の増加により、物質全体として膨張する（体積が増加する）のが熱膨張である。ここでは、温度変化と体積変化の関係を理解するために、次の2つの法則を認識することが重要である。

1) あらゆる物質は熱膨張をする。
2) 熱膨張率には物質による違いがある。

1) の認識は、空気だけでなく水、金属も量が小さいながら膨張（体積変化）をするという事実を通して、物質の熱的普遍性を理解させていくものである。物質のもつ普遍性の理解は、どんな物質も共通の要素（粒子）でできているという認識につながっていく。2) の認識は、熱膨張の物質による違いを通して、物質の物性を理解させていくものである。

①気体の熱膨張

常温常圧の気体では、熱膨張量は温度上昇1度あたりでは0℃の体積V_0の約1/273である。ここで、0℃での体積が273cm^{3}の空気風船を考えてみよう。温度が1℃上がると（0℃から1℃になると）、

膨張量＝0℃の体積の1/273＝273×(1/273)＝1cm^3

温度が10℃になると、

膨張分＝0℃の体積の1/273×温度上昇＝273×(1/273)×10＝10cm^3

のようになる。したがって、t[℃]の気体の体積は、0℃の体積V_0に、膨張量$\Delta V = V_0 \times 1/273 \times t$を加えて得られる。

t[℃]の気体の体積＝0℃の体積＋膨張量

$$V = V_0 + \Delta V = V_0 + V_0 \times 1/273 \times t$$

∴ $V = V_0 \cdot (1 + t/273)$　…(5-2-1)

式 (5-2-1) をシャルルの法則という。式 (5-2-1) を少し変形して、

$$V = V_0 \cdot (273 + t)/273 = V_0/273 \cdot (273 + t)$$

∴ $V = k \cdot T$　…(5-2-2)

ここで、k = V_0/273 は一定値であり、t と T には次の関係がある。

　　T = 273 + t　…(5-2-3)

　T はセ氏温度 t に 273 を加えた量であり、絶対温度とよばれる。T の単位には、[K]（ケルビン）を用いる。絶対温度での 0（絶対 0 度）は、式（5-2-3）により、−273℃を意味する。物質の温度が−273℃に近づくとき、気体の体積は 0 に近づく。気体の体積が負になることはあり得ないから、温度には最低値が存在することになる。それが絶対 0 度（−273℃）である。どんな物質であれ、それを絶対 0 度以下にすることは物理法則が禁止する。ボイルの法則・シャルルの法則に厳密に従う気体を理想気体とよぶ。常温・常圧の気体は十分に希薄であるから、ほぼ理想気体として差し支えない。絶対温度を用いると、シャルルの法則は、「気体の体積 V は絶対温度 T に比例する」と言い換えられる。

　0℃の空気を 50℃まで加熱すると、

　　V = V_0・(1 + 50/273) ≒ V_0・(1 + 1/5) = 1.2V_0

体積は、約 20％増加する（図 5-2-1）。表 5-2-1 に、室温における気体と水と金属の三態（固体、液体、気体）による熱膨張率（1℃あたりの膨張の度合い）の違いを示す。気体の熱膨張率は、次のように 273 の逆数をとった値である。

　　1/273 ≒ 3.66 × 10^{-3}

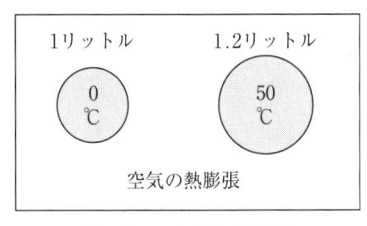

図 5-2-1　空気の熱膨張

表 5-2-1　物質の熱膨張率
（理科年表などから作成）

物　質	熱膨張率 β [1/K]
空気	3.67 × 10^{-3}
二酸化炭素	3.73 × 10^{-3}
水	2.1 × 10^{-4}
アルミニウム	9.06 × 10^{-5}
鉄	3.54 × 10^{-5}

授業では、
- ・空気の抜けたボールを温める
- ・逆に、パンパンのボールを冷やす

など、身近なものを用いた観察が必要である。

［問1］　20℃の気体が100cm³ある。40℃になると体積はいくらになるか。

［解1］　20℃で100cm³だから、40℃では200cm³と考えてはならない。シャルルの法則の式（5-2-1）によると、0℃での体積をV_0として、

$t=20℃$　　$100=V_0\cdot(1+20/273)$…(ア)

$t=40℃$　　$V=V_0\cdot(1+40/273)$…(イ)

(イ)÷(ア)によりV_0が消えて、

　　　$V/100=313/293≒1.07$

　　∴　$V=107cm^3$

②水の熱膨張

図5-2-2に、水の体積の温度変化を示す。水の体積は3.98℃（約4℃）で最小になり、それより低くなっても高くなっても水の体積は増加する。水の熱膨張率は温度とともにわずかに増加すると考えてよい。その際、直線的な増え方以上の増加率を示す。

水の体積は4℃で最小になるということは、同体積では、4℃の水が最も重いということになる。物質の1cm³あたりの質量を、密度といい、水の密度は

図5-2-2　水の体積の温度変化

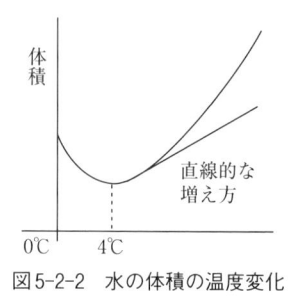

表5-2-2　水の密度
（理科年表などから作成）

t[℃]	密度[g/cm³]	t[℃]	密度[g/cm³]
0	0.99984	4	0.99997
1	0.99990	5	0.99996
2	0.99994	6	0.99994
3	0.99996	7	0.99990

約 $1g/cm^3$ であるが、表 5-2-2 のように、1atm（＝1013hPa）では、4℃において最大になる。水の熱膨張は空気に比べると非常に小さいので、図 5-2-3 のような、空気と水の比較実験を行うとよい。

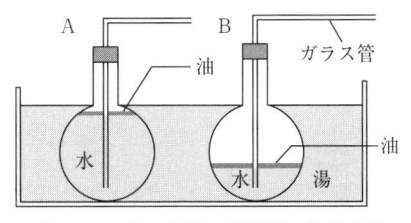

図 5-2-3　水と空気の熱膨張の比較実験

1) 2つの同じフラスコに一方は水をたくさん入れ（A）、他方は水を少なくする（B）。Aでは水の膨張が、Bでは空気の膨張の影響が現れる。
2) 長いガラス管を通したゴム栓をする。
3) これらを同じ温度の湯につけてガラスをのぼる水の高さを比べる。
4) BがAより高くのぼる。

水面には、水の蒸発防止のための油を浮かべるとよい。水が蒸発すると水蒸気が空気と混合し、正しい比較ができなくなるからである。

2100 年には地球温暖化が進み、平均気温が 5℃上昇するという指摘もある。海水全体の温度がもし 1℃上昇するとすれば、熱膨張により海面が何 cm 上昇するかを計算することができる。計算結果は、平均 80cm 上昇ということになるが、参考（5-2-1）に計算の詳細が示されている。

③金属の熱膨張

金属球のような固体の場合は、原子（金属イオン）が自由に動けず熱振動をするだけだから、熱膨張率は分子が自由に動ける気体に比べると非常に小さい量になることが推測される。一般に、熱膨張率の値は、次のような順になることが表 5-2-1 からわかる。

　　空気＞水＞金属

表 5-2-1 によると、気体は千分の 1（10^{-3}）、水は一万分の 1（10^{-4}）、金属は十万分の 1（10^{-5}）のオーダーである。金属の熱膨張率は非常に小さいものであるが、実験室で簡単に確認する方法がある。図 5-2-4 に、基本実験を示す。教材は市販もされているが、5 円玉と針金などを使うと自作自演も可能になる。方法と結果は次の通りである。

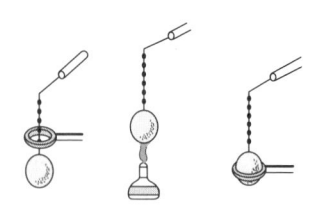

図5-2-4　金属球の熱膨張　　写真5-2-1　レールの接続部のすき間

1) 金属球を輪に通す。
2) 金属球を加熱した後、同じ輪を通そうとする。
3) 金属球が輪を通れない。
4) 金属球が膨張したことがわかる。

金属の熱膨張率は気体の1/100程度であるが、無視できないことがある。電車のレールは鉄合金でできている。冬に30 mのレールが、熱膨張により真夏には1.7cm程度伸びることが、参考（5-2-1）と同様の計算でわかる。したがって、写真5-2-1のように、レールはすき間を空けて接続されている。

[問2]　5円玉の穴に釘を通し、釘をぬいてから5円玉を加熱すると、釘は通るか。穴は広がるのか狭まるか。

[解2]　熱膨張の本質は、原子間の間隔が増えることにある。そのため、穴の部分でも原子間の間隔が増えて穴は広がる。

参考（5-2-1）熱膨張による海面上昇

理科年表によると、莫大な量の海水があり、海水の全体積Vは、$1.35 \times 10^{18} m^3$ である。熱膨張率は、体積の温度変化率を体積で割って得られる。

$$\beta = \frac{1}{V}\frac{\Delta V}{\Delta T} \quad \cdots(5\text{-}2\text{-}4)$$

海水の熱膨張による体積増加量ΔVは、式（5-2-4）に$\Delta T = 1$度を代入する。

$$\Delta V = \beta \cdot V \cdot \Delta T = 2.1 \times 10^{-4} \times 1.38 \times 10^{18} \times 1 = 0.29 \times 10^{15} m^3$$

このとき、海水の熱膨張率には、表5-2-1の水の値（2.1×10^{-4}）を用いた。一方、海面の表面積Sの値も理科年表にあり、

$S = 3.62\times10^{14}\mathrm{m}^2$

平均的な海面上昇 Δh は、熱膨張による体積増加量 ΔV を海面表面積Sで割って求められる（図5-2-5）。

$\Delta h = \Delta V/S = 0.29\times10^{15}/(3.62\times10^{14})$
$\fallingdotseq 0.80\ \mathrm{m}$

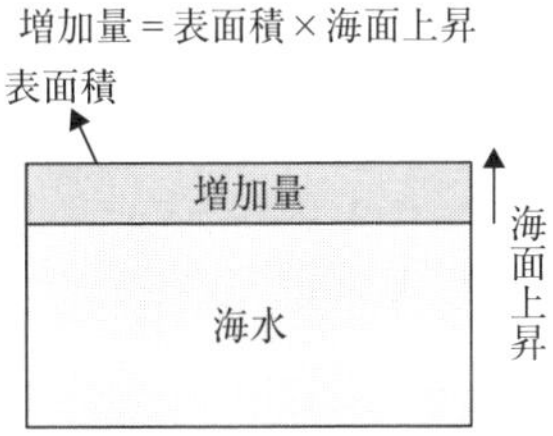

海水温が1℃上昇すると、海面が0.80m上昇することが示される。ここでは簡単にするため、次の2つの仮定をおいた。

1) 海水すべてが1℃上昇する。
2) 膨張しても表面積は一定である。

図5-2-5　海面上昇の考え方

海面上昇は、人為的な生産・消費・産業活動による二酸化炭素が増加して生じる地球温暖化が原因であるといわれている。しかしながら、

・二酸化炭素が増加したので平均気温が上がるのか
・平均気温が上がったので二酸化炭素が増加するのか

は完全にわかったわけではない。いずれにせよ、温暖化の原因には、人為的な要素が関係していることは明らかであると思われる。

（2）物の温まり方―物質の比熱―

物質1gの温度が1度上昇させるのに必要な熱量を、物質の比熱という。水の比熱は約4.2J/gK（ジュール毎グラム毎ケルビン）である。温度上昇の単位を絶対温度の単位[K]（ケルビン）にとるが、温度差1Kは、温度差1℃と同じ大きさである。

・水1gを5度加熱するための熱量は、4.2J/gK×1g×5K＝21J
・水3gを5度加熱するための熱量は、4.2J/gK×3g×5K＝63J
・水m[g]を Δt 度加熱するための熱量qは、q＝4.2×m×Δt

表5-2-3に示すように、岩石や金属の比熱（20℃の値）は水より小さい値である。一般に、熱量qは、比熱×質量×温度上昇となり、比熱をcとすると、

$$q = c \times m \times \Delta t \quad \cdots (5\text{-}2\text{-}5)$$

で表される。同じ質量の2つの物質を同じ熱量 q で加熱する場合は（m＝一定量、q＝一定量）、式 (5-2-5) により、

$c \times \Delta t = q/m$

∴ $c \cdot \Delta t =$ 一定値

このように、c と Δt の積が一定になるので、c と Δt は反比例の関係になる。したがって、

c が大きい物質 → Δt が小さい……水

c が小さい物質 → Δt 大きい……岩石

ということになる。地球は比熱の大きい水で覆われている。したがって、昼と夜の温度変化が小さくなる。ところが、月では表面に液体の水がないため、比熱の小さな岩石に直接太陽光が当たり、昼夜の温度差は200度以上になってしまう。なお、最近になって月の地下に水があることが確認されている。また、物質の比熱は、体積が膨張しないか（熱が温度上昇のみに使われる）、体積が膨張するか（熱が温度上昇と外への仕事にも使われる）で異なった値をとる。前者は定積比熱、後者は定圧比熱とよばれる。表5-2-3は定圧比熱の値である。

表 5-2-3　物質の比熱

物　質	比熱 c[J/gK]
空気	1.006
二酸化炭素	0.837
水	4.210
アルミニウム	0.901
鉄	0.451

[問3]　20℃の水500gを加熱して90℃にするには、プロパンガスを何g燃焼させればよいか。簡単のため、プロパンの燃焼熱がすべて水に加えられ、熱は逃げないとする。プロパンの燃焼熱を2220kJ/molとする。

[解3]　20℃の水500gを90℃にするための熱量qは、式 (5-2-5) により、

$q = 4.2 \times 500 \times (90 - 20) = 147000\text{J} = 147\text{kJ}$

プロパン1モルが燃焼すると、2220kJの熱を発生する。プロパンの分子量は、

$C_3H_8 = 12 \times 3 + 1 \times 8 = 44$

1mol（＝44g）の燃焼で、2220kJ の熱を発生することになるので、

44g(＝1mol) → 2220kJ　　x〔g〕 → 147kJ

という関係から、

44：x ＝ 2220：147　　∴ x ＝ 6468 ÷ 2220 ≒ 2.9g

プロパン 2.9g の燃焼が必要となる。

（3）熱の伝わり方（熱伝達）

熱の伝達には三つの側面があり、小学校理科では伝導と対流を扱う。

・異なる温度をもつ物体間の接触による「伝導」
・異なる温度をもつ流体（気体・液体）間の混合による「対流」
・物体から発する電磁波の「放射」

これらを総称して、熱伝達とよぶ。

①熱伝導

物体同士の接触で熱が、温度の高いところから低いところへ伝わっていく現象が熱伝導である。図5-2-6で、雪が解けているところと残っているところがあるのはなぜか。スノーパターンは熱伝導の様子を示す。熱伝導とは、接触によって熱エネルギーが順次伝わっていく現象である。沸騰しているやかんにさわってやけどするのは伝導による。図5-2-6で、雪が解けているところは、コンクリートや岩石のような金属成分を含む熱伝導率の大きな物質があると考えられる。

熱伝導率は、単位温度勾配あたりの熱流量と定義されるが、物質中に温度差がある場合に流れる熱量の大きさを意味する。金属や岩石を手でさわったときに冷たく感じるのは、熱伝導率が大きいためであり、金属や岩

図5-2-6　スノーパターン

石は比熱が小さいので熱しやすく冷めやすいという性質とは異なる。表5-2-4に、水を1として物質の熱伝導率を示す。金属の熱伝導率は大きく、水の数百倍はある。金属が電気を通しやすいのは、自由に動ける電子（自由電子）があるためだが、この自由電子が熱も伝えやすくする。冬は風呂場のタイルが冷たく感じるもので、簀の子を置いたりする。しかし、タイルも簀の子も温度は同じである。

　タイルが冷たく感じるのは、タイルが簀の子よりも体（足裏）から多くの熱量を熱伝導によって奪っていくからである。簀の子よりタイルの熱伝導率が大きい。伝導によって運び去られる熱の量を、体は温度の差として感じる（図5-2-7）。冬場は、金属製のものに触れると冷たく感じるのは、金属の熱伝導率が大きいためである。ところで、小学校理科では、熱現象を観察させるが、「熱とは何か」という問を立てることはない。子どもは「熱とは何か」は知らず、「エネルギー概念」はまだない。しかし、子どもはまったく熱のイメージをもっていないのか。金属板の端を加熱する熱伝導の実験で得られる「熱のイメージ」はどのようなものなのか、考えてみてほしい。それは明らかに、"何かが動く"一種の「物」イメージではないだろうか。19世紀中頃まで、熱現象は「熱素」という微細な物質が存在すると考える「熱物質論」によって説明されてきた。それが、1850年頃、J.P.ジュールが、熱は物質を構成する粒子の運動であるという「熱運動論」を主張し、熱エネルギー概念の基礎を築いた。小学生のもっている（と思われる）物質的な熱イメージは、エ

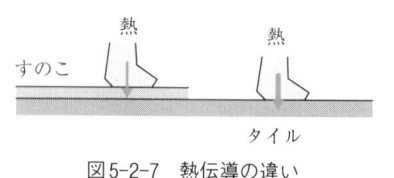

表5-2-4　金属の熱伝導率
（理科年表などから作成）

	物質	温度（℃）	熱伝導率
固体	銀	100	627
	銅	100	587
	アルミニウム	100	357
	18-8ステンレス	100	25
	ガラス（ソーダ）	常温	0.82〜1.11
	木材（乾）	18〜25	0.21〜0.27
	紙	常温	0.089
	コルク	常温	0.059
液体	水	80	1
	エタノール	80	0.22
気体	空気	100	0.047
	水蒸気	100	0.035

図5-2-7　熱伝導の違い

ネルギー概念ではないから（つまり、間違っているから）捨てるべきなのか。物質的な熱イメージは、物質やエネルギーをともなった実体的概念（熱エネルギー概念）になって、はじめてこの世界を説明する原理となり、子どもの心の中で意味をもつものになる。したがって、小学生が物質的な熱イメージをもつことは、熱エネルギー概念に変容されるための一つの有力な条件である。子どもの熱物質論的な熱イメージを熱エネルギー概念に転換させるのは、中学理科教育や高校物理教育の課題である。

②対流

伝導は、接触によって熱が移動したが、対流では物質そのものが移動して熱を伝える。図5-2-8のように、液体や気体の温度が場所によって異なるときがある。水槽用ヒーターによって暖められて、熱膨張によって周りより軽くなった水は上昇し、水槽中の他の場所にあった冷たい水は下降して底を伝わりヒーターの方へ流れていく。このように、流体（気体や液体）が全体として動くことにより、熱が伝わっていく現象を対流という。対流は、伝導より効率のよい熱伝達といえる。

[問4]　図5-2-9のように、冷房装置は天井（または高いところ）に取り付け、暖房装置は床に置いて用いられている。それはなぜか、「対流」という言葉を用いて説明せよ。その際、図5-2-10に空気の流れの様子を書き込め。

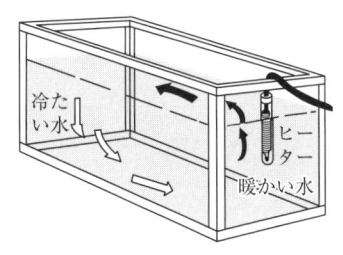

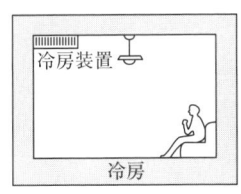

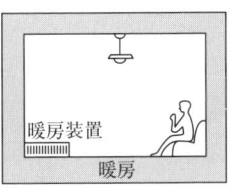

図5-2-8　水槽中の対流　　図5-2-9　冷・暖房装置による空気の動き

[解4] 子どもに、図5-2-10に示すような空気の流れを示す矢印や向きの付いた曲線を描かせ、それを文章で説明させるとよい。図中、実線は軽くなった暖かい空気の流れを、点線は冷たくて重い空気の流れを意味する。読者自らが説明文を書いてみてほしい。

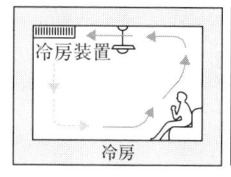

図5-2-10　室内空気の対流

③放射

3つ目の熱の伝わり方に、放射がある。1億5千万km離れた太陽が暖かく感じるのは、宇宙空間（何もない空間）を電磁波（赤外線、可視光線、紫外線など）が伝わってくるためである。電磁波は、空気も透過する。赤外線、紫外線は目に見えない光のようなものと考えてよい。電球、ストーブ、たき火などから出る熱も、赤外線（熱線ともいう）となり、空間を伝わり物を熱する。このような熱の移動を放射という。ストーブの前に衝立を置いて放射を遮ると物は温まらない。物体は、赤外線を出して熱エネルギーを周囲に伝える。人体からも地表からも赤外線が出ている。赤外線が物質に当たると、エネルギーが吸収されて物質を構成する粒子の熱エネルギーとなり、物質の温度を上昇させる。物体の色は、発する光の波長で決まる。図5-2-11のように、光は波としての性質をもち、波長の長い光は赤く、波長の短い光は青く見える。物体の温度が高いほど、発する光の波長は短くなる。物体が高温になると、暗赤色の光（可視光）を出し始め、さらに高温になると光の色は青くなり、ついには白色に近い色を出して輝くようになる。恒星には赤、黄、青などさまざまな色があるが、恒星の色から、その表面温度がわかる。これを、恒星の色温度という。物体の温度Tと発する光の波長λには、ウィーン則と

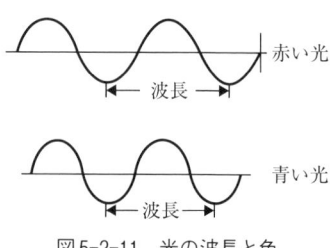

図5-2-11　光の波長と色

よばれる次の関係がある。

$\lambda \cdot T \fallingdotseq 0.29\,[\mathrm{cm\cdot K}]$ …(5-2-6)

ウィーン則を使うと、太陽の表面温度は約5500℃、地球の表面温度は25℃が導かれる（参考(5-2-2)）。

参考(5-2-2) 色温度

太陽と地球から放射されている光の波長から、ウィーン則を用いて太陽表面温度を計算する。光の波長と視神経に感じる色の関係はおよそ次の通りである。

赤：650nm、黄：570nm、青：450nm

1nm（ナノメートル）は、10^{-9}mであり、ナノは9乗を示す。だから、1nmは、10^{-7}cm（1千万分の1センチメートル）になる。太陽光は白っぽくうすい黄色に見えるが、太陽放射のピーク波長は$\lambda \fallingdotseq 500$nm にあり、見た感じと差はない。

$500\mathrm{nm} = 500 \times 10^{-7}\mathrm{cm} = 5 \times 10^{-5}\mathrm{cm}$

ウィーン則に代入すると、$\lambda \cdot T \fallingdotseq 0.29$

$5 \times 10^{-5} \cdot T_S = 0.29$ ∴ $T_S = 0.29/(5 \times 10^{-5}) = 5800\mathrm{K}$

太陽表面は約5800Kとなる。273を差し引いてセ氏温度に直すと、

$T_S = 5800 - 273 \fallingdotseq 5500$℃

地表からも赤外線を発している。そのピーク波長は9730nmであるが、この値から見積もった地球表面温度 T_E は、同様の計算により、

$T_E = 0.29/(9700 \times 10^{-7}) = 298\mathrm{K}$ ∴ $T_E = 298 - 273 = 25$℃

となる。25℃というのは、地表から出る赤外線から見積った値である。

（4） 水の三態変化

あらゆる物質は、三態変化を起こす。この法則の普遍性が理解できるかできないかは、人がもつ物質観による。あらゆる物質が、基本粒子の集合でできているという粒子観があれば、原理的には理解可能なものである。

しかし、物質を連続体モデルで考えている限り、理解できないであろうと思われる。

①物質の状態変化

物質の温度を上げると、固体→液体→気体　の順に状態が変わる。物質の状態が変わっても、体積は変わるが質量（重さ）は変わらない。図5-2-12に三態変化を、図5-2-13にその粒子モデルを示す。

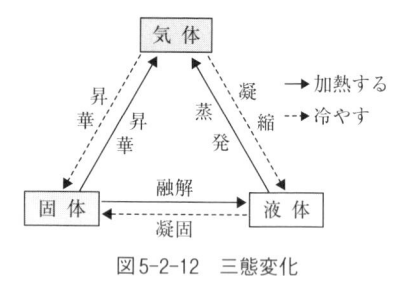

図5-2-12　三態変化

1）融解

図5-2-13のように固体は基本粒子（ここでは分子とする）が整然と配列している。固体は加熱されると、温度が上がる。これは、分子の熱運動が激しくなるためである。熱運動のエネルギーが分子の結合エネルギーにうち勝つと、固体がくずれていき、液体の状態に移る。これを融解という。融解しているときの温度を融点とよび、純物質の融点は一定の値をとる。これは、加えられた熱がすべて融解に使われ、温度上昇には使われないためである。水の融点は0℃であり、氷点とよばれる。逆に、液体を冷却すると固体に戻る。これを凝固といい、凝固が起こる温度を凝固点というが、凝固点は融点に等しい値である。

2）蒸発

図5-2-13のように、液体は形を変えることから、分子がある程度自由に動くことができると考えられる。言い換えると、分子間に働く引力は固体ほど強くないが0ではない。液体の温度が上がると、分子の熱運動が分子間引力にうち勝ち、液体の表面から分子が飛び出して、分子はまったく自由に運動するこ

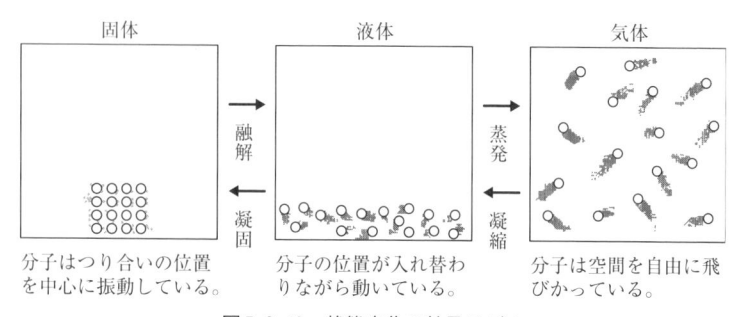

図5-2-13　状態変化の粒子モデル

とができるようになる。これが蒸発である。蒸発は低い温度でも起こる。雨上がりにできた水たまりがなくなったり、洗濯物が乾いたりするのは水の蒸発による。水が蒸発すると水蒸気になる。水蒸気は、H_2O 分子である。逆に、気体の温度が下がると、液体に戻る。これを凝縮という。

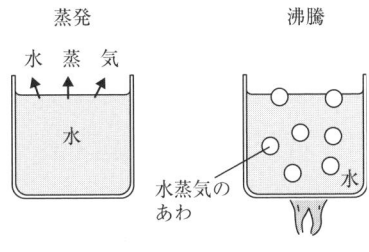

図5-2-14 蒸発と沸騰

3）沸騰

　液体が加熱されて温度が上がり、液体内部で水蒸気が生じる現象を沸騰とよぶ。沸騰しているときの温度を沸点とよび、純物質の沸点は一定の値をとる。これは、加えられた熱がすべて沸騰に使われ、温度上昇には使われないためである。水の沸点は100℃であるが、沸点に達すると水の内部で生じた水蒸気の圧力が外気圧（普通は大気圧で1atm）と等しくなり、水の内部でつぶれずに上昇していき、水面から外に飛び出していくようになる。しかし、温度が低いと、水の内部に水蒸気が生じても圧力が低いためつぶれてしまうため、沸騰は起こらない。図5-2-14のように、蒸発は液体表面で起こるのに対して、沸騰は液体内部から起こる。

②水を加熱したときの温度変化

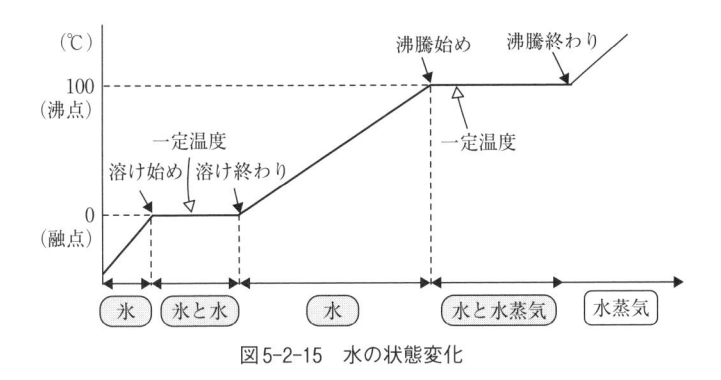

図5-2-15 水の状態変化

0℃より低い温度の氷を加熱すると、物質の温度は図5-2-15のように変化する。以下、順に示す。
1) 氷が0℃になるまで温度が上がる。
2) 0℃になると氷は融解を始め、温度は0℃のままである。
3) 氷がすべて溶けてしまうと、再び温度が上がっていく。
4) 100℃になると水は沸騰を始め、温度は100℃のままである。
5) 水がすべて水蒸気になると、再び温度が上がっていく。

③水を冷やしたときの温度変化

氷に食塩を混ぜると、温度が0℃以下に下がる。これは水の凝固点降下という現象である。その中に水が入った試験管を入れて温度の変化を調べると、図5-2-16のようになる。

1) 水が0℃になるまで温度が下がる。
2) 0℃になると水が凝固し始め、0℃をたもつ。これは、水が氷になるときに熱を放出するためである。
3) 水がすべて凝固すると、再び温度が下がっていく。

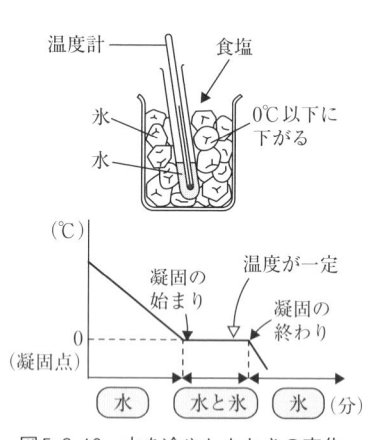

図5-2-16 水を冷やしたときの変化

④水の状態変化にともなう体積変化
1) 水が凍るときの体積変化

普通、物質が凝固する（＝凍る）と体積は減る。水は例外で、凝固すると体積が増える。冬に、水道管が破裂したりするのは水の凝固により体積が増えたためである。密度（同体積で比べた質量）は氷の方が水より軽いので、氷は水に浮く。水が凝固すると、体積は約1/10増える。したがって、

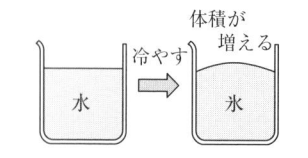

図5-2-17 水が凍るときの体積変化

氷を水に浮かせると、氷の体積の約1/11は水面上に出る。これを"氷山の一角"という。

2) 体積が増える理由

　水が凝固して体積が増える理由は、水分子の水素結合にある。水分子の模型を図5-2-18に示す。水分子の水素―酸素―水素は共有結合で結ばれていて、その結合角は104.5°である。そして、分子には電気的な偏りがあり、水素原子は正に、酸素原子は負に帯電している。一つの水分子の酸素原子と、別の水分子の水素原子が電気的に引き合い、水分子同士が結合する。これを水素結合とよぶ。氷の分子構造を図5-2-19に示す。実線で示した共有結合の長さは0.10nm、点線で示した水素結合の長さは0.18nmである。このように、すき間の多い六角形構造を基本単位にしながら、氷の結晶が作られる。水が凝固して体積が増えるのは、水素結合によるすき間の多い結晶構造が作られるためである。

⑤水が気化するときの体積変化

　液体が気体になると体積が非常に大きくなる。水の場合は、体積が1000倍以上になる。水の密度は約$1g/cm^3$である。水18g（＝1mol）が$18cm^3$の容器に入っているとして、これがすべて1atmの水蒸気になったとすると、22.5リットルの体積に広がる。それをもとの$18cm^3$の容器に戻したとすると、圧力は1360atmにもなる。火力発電所では、水を沸騰させて高温の水蒸気にし、その圧力を利用してタービンを回転させて発電している。

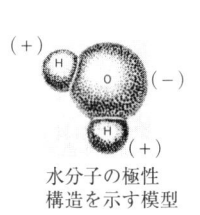

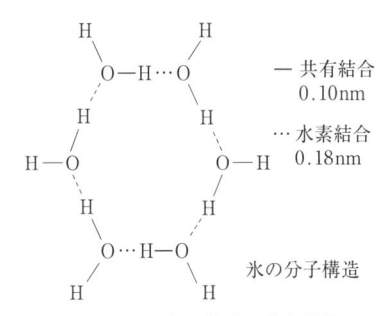

図5-2-18　水分子模型　　　　図5-2-19　氷の結晶の基本単位

[問5] 25℃で、18gの水が水蒸気になったときの体積を求めよ。また、それを18cm³の容器に戻したときの圧力を求めよ。

[解5] 18g（＝1mol）の水の体積V_1は18cm³である。1molの理想気体の体積は、0℃、1atmにおいては22.4リットルの一定値をとる。水蒸気を理想気体と考えると、
　　　18gの水蒸気の体積＝22.4ℓ＝22400cm³（0℃）
シャルルの法則より、
　　　18gの水蒸気の体積V_2＝22400×（1＋25/273）≒24451cm³（25℃）
　　　V_2/V_1＝24451/18≒1358
になり、水蒸気になると水に対して体積が1358倍になる。よって、もとの体積に戻したとき、ボイルの法則により圧力が1atmの1358倍になる。
　　　P≒1360atm

3. 指導計画と展開例

（1）実施したい観察・実験
実験1　金属棒の熱伝導
〈装置と方法〉
　金属棒にロウを塗り、その先端を加熱する。図のように、棒の向きを変えて加熱する。金属棒を変える（アルミと銅など）と熱伝導の違いがわかる。
〈結果〉
　棒の向きに関係なく、加熱したところから順に温まっていく。材質を変える

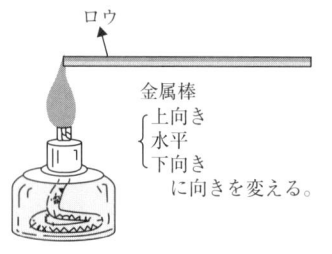

実験1　金属棒の端を加熱する 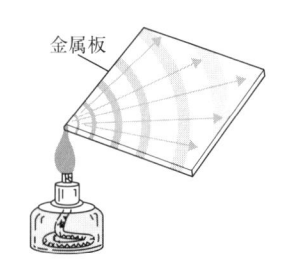　　　実験2　金属板の端を加熱する

と、アルミより銅の方が時間的に先に温まる。表5-2-4によると、熱伝導率は銅がアルミより大きい。熱伝熱の可視化には、ロウの他に、金属棒や実験2の金属板に液晶インクや感熱液（水150ml、塩化アンモニウム40g、塩化コバルト1gを混合）を塗ったり、サーモテープ（示温テープ）を貼るなどの工夫が考えられる。

実験2　金属板の熱伝導
〈装置と方法〉
　金属板にロウを塗り、その先端を加熱する。図のように、板の一端を加熱する。
〈結果〉
　金属の形が変わっても、熱伝導は加熱されたところから順次生じる。
　実験1、2の後で、用いる金属板（アルミ板または銅板）を子どもに自由に切り取らせて熱伝導の様子を観察させることができる。図5-2-20に示すように、コの字型に切り抜いた金属板の〇印の部分を加熱する実験などが考えられる。子どもに、熱がどう伝わっていくか、a～cのような仮説を立てさせてから実験させるとよい。
　　仮説a：熱は加熱部分から順次伝わっていく。
　　仮説b：熱は加熱部分から溝を越えて伝わる。
　　仮説c：熱は加熱部分から真っ直ぐにだけ伝わる。
これ以外にも多様な仮説が出ると、実験の重みが出て授業がおもしろくなる。金属板に塗った液晶インクの色がどのように変化していくか、実際にやっ

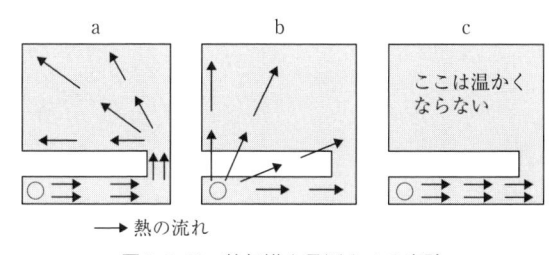

図5-2-20　熱伝導を予測させる実験

てみればよい。

実験3　水の温まり方

〈装置と方法〉

　水を入れた試験管に、サーモテープを貼った板（薄い木やプラスチックなど）を入れ、試験管の底を加熱する。沸騰石を入れておくと突沸を防げる。

〈結果〉

　底を加熱した場合、水面に近い上の方から温まっていき、その後すぐに全体が温まる。水面近くを加熱した場合は、下の方はかなりの時間がたたないと温まらない。

　対流を直接観察するには、図5-2-21のようにすればよい。水の動きを見るために、おがくずなどを入れた水をアルコールランプで加熱すると、水の対流を見ることができる。子どもへの説明（まとめ方）としては、次のような6つのプロセスを理解しておくとよい。

1) 底で水が温められる。
2) ［原因］底の水が熱膨張して周りより軽くなる（＝水の密度が低下する）。
3) 底の水が浮き上がる。
4) 周りから冷たい水が流れ込む。
5) 1)～4)のように水が入れ替わる（混合）。
6) ［結論］全体が温まっていく。

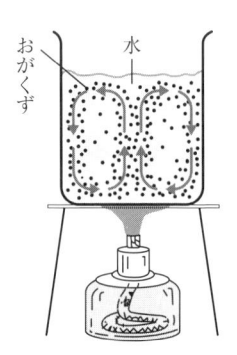

実験3　水の温まり方　　　　　　　図5-2-21　対流の実験

プロセス1）が直接の原因ではない。温度上昇が小さいときは、周囲との熱伝導で温度差を解消しようとする。温度差が大きくなると、熱伝導よりも効率のよい対流が始まる。そのためには、膨張により密度低下が起こり、軽くなった水に浮力が働き、周囲の水との摩擦力にうち勝って上昇することが必要となる。結果、水の入れ替わり（＝混合）が起こり、水全体が温まっていく。

実験4　空気の温まり方
〈装置と方法〉
　冷・暖房している部屋で、床近くと上部の温度を測る。電熱器やヒーターなどに、線香の煙を近づけて煙の動きを観察する。部屋の温度や煙の動きを記録する。
〈結果〉
　床近くと天井近くでは、3〜5度の違いが出る（床の温度が低い）。煙の動きから、図5-2-10のように、空気は水と同様に暖められた部分が上に動いて全体が温まっていくことがわかる（対流）。

実験5　水を加熱したときの変化
〈装置と方法〉
　丸底フラスコに水を半分くらい入れて、次のような装置を組み立て、水を加熱して変化を観察する。
〈結果〉

1) しばらく加熱すると、フラスコの内側に小さな泡がつき始める。これは、水温が上がったため、水に溶けていた空気が出てきて生じた泡である。気体は温度が低いほど水によく溶ける。
2) さらに加熱を続けると、フラスコの底から大きな泡が出てくる。これが沸騰で、泡は水中で気化した水蒸気の泡である。

実験5　水の加熱

実験6　湯気や泡の正体
〈装置と方法〉
　実験5と同様の実験で、沸騰したときに出てくる気体を袋に集める。
〈結果〉
　フラスコに付けたガラス管の先からさかんに湯気が出る。ガラス管のすぐそばは何も見えず、少し離れた所から湯気が見え始める（図5-2-22）。これは、ガラス管から出たとき水蒸気で見えないが、少し進むと水蒸気が冷やされて、細かい水滴（湯気）になり、目に見えるようになるからである。湯気も再び蒸発して、水蒸気になるので見えなくなる。

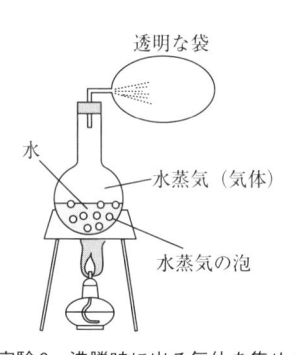

実験6　沸騰時に出る気体を集める　　　図5-2-22　湯気と水蒸気

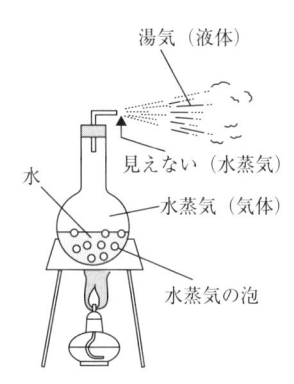

実験7　水を冷やしたときの変化
〈装置と方法〉
　水を入れた試験管をビーカーの中に立て、棒温度計を試験管の水に入れる。

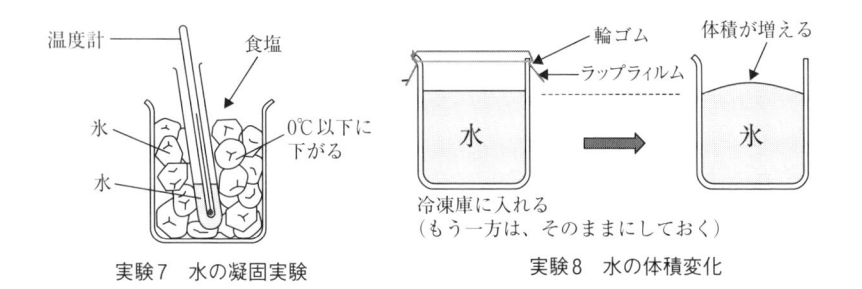

実験7　水の凝固実験　　　実験8　水の体積変化

次に、試験管の周りに氷を入れ、食塩を氷にふりかけてまぜる。
〈結果〉
　水の温度変化をグラフに表すと、図5-2-16に示したような結果が得られる。

実験8　水が凝固するときの体積変化
〈装置と方法〉
　小さなビーカーに水を入れてラップシートと輪ゴムで蓋をする。これを2つ用意し、一方を冷凍庫に入れる。水が凍ったとき、両方を比較する。
〈結果〉
　氷がビーカーの中央で盛り上がるので、凝固時に体積が増えたことがわかる。

（2）単元の指導計画と指導案例
①単元の指導計画（全19時間）
　　第一次　　温度と体積（7時間）
　　　　　　　空気の温度と体積の変化（3）
　　　　　　　水の温度と体積の変化（2）
　　　　　　　金属の温度と体積の変化（2）
　　第二次　　物の温まり方（7時間）
　　　　　　　金属の温まり方（3）
　　　　　　　空気の温まり方（2）
　　　　　　　水の温まり方（2）
　　第三次　　水・水蒸気・氷（5時間）
　　　　　　　水の沸騰と水蒸気（3）　・・・本時 3/3
　　　　　　　水と氷（2）

②教材観・指導観
　本単元は、「粒子がもつエネルギー」の見方に関わるものであり、中学校第1分野における「状態変化」の学習につながるものである。身近な存在である

水や空気を科学の対象として認識し、それらの性質を金属の性質と併せて追求していきたい。また、日常生活との関わりをもたせつつも、「沸騰」や「蒸発」といった用語の、科学的に意味するところを指導し、その事象のより深い理解を促したい。

③本時の指導案
1) 本時の目標
・水を沸騰させたときに出てくる泡は水蒸気であり、水蒸気は冷えるともとの水になることを理解する。
・水の状態の変化について、科学的な用語を使って表現することができる。
2) 本時の展開 (17/19)

	学習活動と内容	教師の指導・支援	留意点と評価
導　入 (10分)	◇前時の実験を振り返る。 ・温めていると泡を集めていた袋がふくらみ、温めるのを止めると袋はしぼんで、その内側に水が付いた。	〈前時からの発問〉 　沸騰している時に出る泡は何か？ ◎児童から出た予想は、「空気」と「水」である。	
展　開 (25分)	◇実験をして調べる（グループ）。 ・水を入れたビーカーに、中央に穴を開けたアルミ箔をかぶせ、沸騰させる。 ・ビーカーの中の様子を観察し、アルミ箔の穴にガラス板を近づける。 ◇実験をもとに、泡が何か話し合う。	・アルミ箔が、袋の時と同様に泡を集める役割をする。 ・水量の変化に着目させる。 ・ビーカーの中と外で温度は違い、穴が開いているところで冷やされていることをとらえさせる。	・アルコールランプの扱いに注意する。 ◆出てくる泡が水蒸気であり、冷やされると水になることを理解している。 【知識・理解】
まとめ (10分)	◇わかったことをノートにまとめる。	〈まとめ〉 　水を沸騰させた時に出る泡は水蒸気であり、冷やされるともとの水になる。	◆水の状態の変化について科学的な用語を使って表現することができる。 【技能・表現】

第3節　単元「電気の働き」

1．はじめに

　本単元の目標と学習内容は、学習指導要領解説理科編第3章、第4節、第4学年、A 物質・エネルギーの内容（3）に示されている。

（3）電気の働き
　乾電池や光電池に豆電球やモーターなどをつなぎ、乾電池や光電池の働きを調べ、電気の働きについての考えをもつことができるようにする。
ア　乾電池の数やつなぎ方を変えると、豆電球の明るさやモーターの回り方が変わること。
イ　光電池を使ってモーターを回すことなどができること。
---

①一般普遍法則
　内容アでは、乾電池の接続方法と起電力（電流を流さないときの端子電圧）の関係が、内容イでは光電池の発電方式が一般普遍法則の側面となる。

②物質の物性的法則
　本単元では、物質の物性的法則の側面に関する学習内容はない。

2．学習内容における科学的事項

（1）電流はどのように流れるのか―オームの法則―
①電池と豆電球の物理
　図5-3-1は、電流を水の流れで説明しようとするアナロジーモデルである。
　水は位置の高いところから低いところへ流れる。同様に、電流も電位（電気的な"位置"）の高いところから低いところへ流れると考えればよい。このとき、2点間の電位の差を"電圧"という。電圧の単位は［V］（ボルト）で表す。ポンプで水を汲み上げるように、電池の作用で豆電球の前後に電圧を作り出し、電流を流す。電池が電圧を作り出す作用を起電力とよぶ。起電力の単

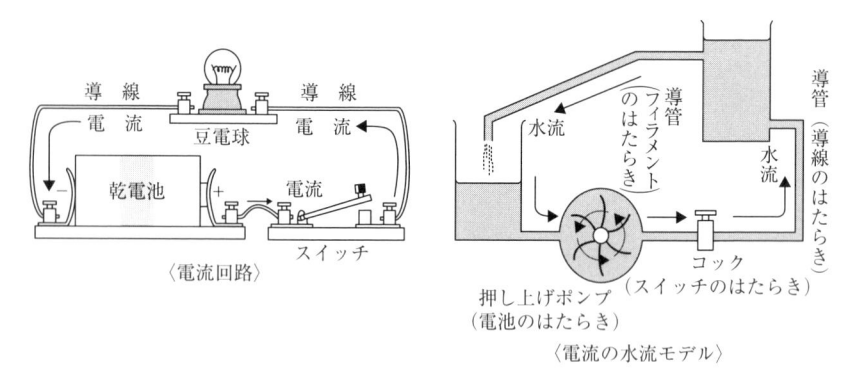

図5-3-1　水流によるアナロジーモデル

位も［V］（ボルト）である。電圧を発生させるエネルギー源が、電池（電源）である。豆電球が1つの場合、

　　電池の起電力 E ＝ 豆電球にかかる電圧 V

となる。

　乾電池の起電力 E が1.5Vのとき、豆電球には1.5Vの電圧がかかる。豆電球に電圧がかかると、図5-3-2のように電球の金属フィラメント内の電子に静電気力が加わって電子が運動する。これを電流が流れた、という。電流が流れると、フィラメントの温度が上がって光る。これは、水だめの水に重力が加わると、滝となって流れ落ちることに対応する。フィラメントの温度上昇や発光のエネルギーが、滝における水の落下による力学的エネルギーにあたる。水流モデルによる概念の対応を下記に示す。

　　　ポンプ⇒電　池　　水位の差⇒電　圧　　水流⇒電　流

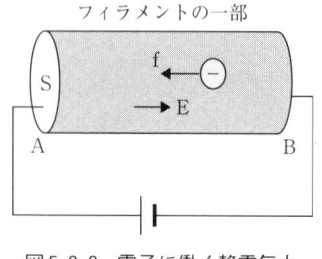

図5-3-2　電子に働く静電気力

②電流と電圧の関係―オームの法則―

　金属中の電子の運動方程式は次のようになる。

質量×加速度＝電子が受ける静電気力

電子の質量を m、加速度を a とすると、

　　$m \cdot a = e \cdot E$

のように書ける。図5-3-2は、電球の中にあるフィラメントの一部を示す。端Aに電池の正極が、端Bに負極がつながっている。

豆電球に電池を接続すると、フィラメントには電圧がかかる。

そして、フィラメント内には、電界（静電気力を受ける空間）が存在するようになる。電界は、磁石の周囲の空間（磁界）のようなものである。

電界の強さEは、+1C（クーロン）の電荷が受ける静電気力の大きさと決められている。電界Eの向きは、図では電池の+側（A）→電池のマイナス側（B）になる。正電荷は、A→Bの向きに力を受けて動く。逆に、電子のような負電荷は、B→Aの向きに力を受ける。e[C]の電子は、（+1Cの電荷が受ける静電気力である）Eのe倍の静電気力fを受ける。

静電気力＝電荷×電界
$$f = e \cdot E$$
これが運動方程式の右辺になる。電界の特徴として、AB間にかかる電圧が高いほど、それに比例した電界が生じる。

金属中の電子は、静電気力を受けて加速されると、熱振動している正イオン（銅線ならCu^{2+}、アルミ線ならAl^{3+}）に衝突してしまい失速する。高速で回転している扇風機の羽根に、米粒のようなものが当たるのを想像してみるとよい。衝突するとまた加速されて速度を増しては、正イオンと衝突して失速…というようなことを繰り返して、B→Aに進んでいく。このような、正イオンによる衝突が金属の電気抵抗の原因になっている。

豆電球に電池を接続すると、電流が流れて豆電球が点灯するが、このとき、電流の値は一定で時間的に変化しない。このような一定電流を「定常電流」とよばれる。電界による静電気力と、正イオンとの衝突による抵抗力がつり合って、電子は加速も減速もしない状態になると考えてよい。したがって、金属中の自由電子は、静電気力と正イオンによる衝突による抵抗力を受けながら、一定速度$\bar{v}$で移動し、定常電流となっているというモデルで考えることができる。また、本来は電子の速度は個々バラバラであるが、簡単のため一定速度$\bar{v}$で移動していると考えることにする。電界Eは電流を流し続ける原因であり、電圧は電界に比例している。よって、次のような、原因と結果の図式が導かれ

ることになる。

　（原因）…フィラメントにかかる電圧
　（結果）…フィラメントに流れる電流

これらの間には、次の関係が成り立つ。

　電流＝比例定数×電圧

これが、オームの法則とよばれる関係である。電圧と電流の位置を逆にすると、

　電圧＝比例定数×電流

のようにも書ける。電圧を V、電流を I、比例定数を R で表すと、

　$V = R \cdot I$　…(5-3-1)

となる。式（5-3-1）をオームの法則という。V が一定のとき、定数 R が大きいと電流 I が小さくなる。そこで、R を電気抵抗とよび、単位を［Ω］（オーム）で表す。

> オームの法則：豆電球を流れる電流 I は、加わっている電圧 V に比例する。

電流を決める要因については参考（5-3-1）で説明する。図 5-3-3 のように、起電力1.5Vの乾電池を豆電球につないだとき、回路に100mA（＝0.10A）の電流が流れたとする。式（5-3-1）により、

　$1.5 = R \times 0.1$

となり、R＝15Ω

が得られる。豆電球を代えたとき、電流が50mA（＝0.05A）しか流れなかったとすると、

　$1.5 = R' \times 0.05$ となり、$R' = 30\,\Omega$

が得られる。よって、

　R′＞R

となり、代えた方の豆電球の電気抵抗が大きい。ところで、$\bar{v}$ はどのくらいの大きさだと思うか。

　計算によると、豆電球に乾電池をつないで流れる電流では、電子の平均速度は秒速1ミリメートル（1mm/s）にも満たないという結果が得られる。電子は直進するのではなく、正イオンと衝突しな

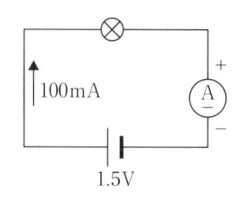

図5-3-3　基本的な電流回路

がらジグザグに進むからであるが、ちょっとした驚きでもある。理科教育の授業での聞き取り結果では、大学生の考えでも、$\bar{v}$は光のように速いものだと考える人が多い。

③電流の強さと向きをどう調べるか

　金属中の電流の実体は、電子の流れである。しかし、電流の向きは正電荷の流れの向きにとるため、電子の電荷は負であるから電子の速度と電流の向きを逆に考える必要がある。電流の強さと向きは、電流計や簡易検流計などの計器類または方位磁針により確認することができる。電流計は、内部抵抗の非常に小さいコイルでできているため、最大値を超える電流を流すと焼き切れてしまう。図5-3-4のように、＋端子は1つで－端子は普通3つあり、最大値は50mA、500mA、5Aなどである。使用上の基本的事項としては、次のようになる。

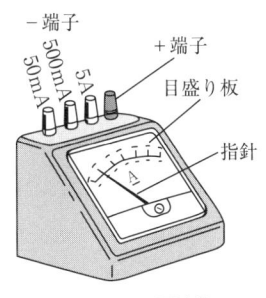

図5-3-4　電流計

・電流計は、回路に直列に入れる（図5-3-3）。
・電流計の＋端子には、電流が入るように導線をつなぐ。
・電流計の－端子からは、電流が出るように導線をつなぐ。

　その際、はじめは最大値の最も大きな－端子につなぎ、指針の振れが小さければ順次、一つ小さい最大値の端子につないでいく。

　小学校で使う簡易検流計の場合は、電流の向きによって指針の振れが逆になるため、乾電池の向きを逆にすると電流の向きが逆になることを確認させるのに便利である。

④豆電球の明るさと電気抵抗――一般的な回路の問題――

　使用する乾電池は2個までが多いが、ここでは一般化も考えに入れ、乾電池3個の場合を考える。豆電球に流れる電流と豆電球の明るさは、乾電池・豆電球どちらも1つの図5-3-5の場合を「基準」

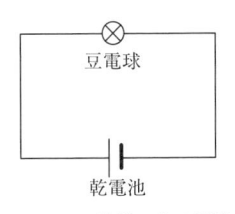

図5-3-5　基準になる回路

図5-3-6 様々なパターン

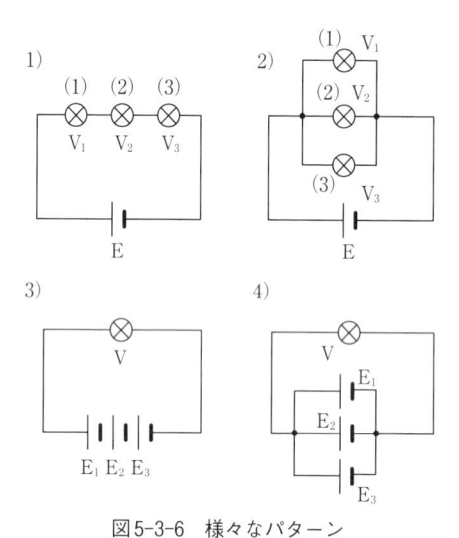

とする。
　電池や豆電球の数・つなぎ方については次のようなケースがある（図5-3-6）。
1）1個の電池に、豆電球が直列に複数個接続される場合
　豆電球には電気抵抗がありそれをrとする。豆電球3つ直列になると全抵抗Rは、豆電球1つの抵抗rの3倍になる。

　　　R＝r＋r＋r＝3r　…(5-3-2)

したがって、電流は基準回路の1/3となり、それぞれの豆電球はかなり暗くなる。それぞれの豆電球に加わる電圧については次のように、電池の起電力Eの1/3なる。

　　　電池の起電力＝豆電球（1）にかかる電圧＋豆電球（2）にかかる電圧＋
　　　　　　　　　　豆電球（3）にかかる電圧

　　　$E = V_1 + V_2 + V_3$
∴　電圧 $V = V_1 = V_2 = V_3 = E/3$

2）1個の電池に、豆電球が並列に複数個接続される場合
　それぞれの豆電球には、基準と同じ電流が流れるので、それぞれの豆電球の明るさは基準と同じになる。回路には基準の3倍の電流が流れるので、回路の

全抵抗Rは、
 R＝r/3
となる。豆電球3つ並列になると、各抵抗rの逆比の和が全抵抗Rの逆比に等しくなる。
 $1/R = 1/r + 1/r + 1/r$ …(5-3-3)
 ∴ $1/R = 3/r$
これからも、R＝r/3が得られることがわかる。
　それぞれの豆電球に加わる電圧については、電池の起電力Eと同じ電圧が加わる。
 電池の起電力＝豆電球(1)にかかる電圧＝豆電球(2)にかかる電圧＝豆電球(3)にかかる電圧
 $E = V_1 = V_2 = V_3$

3）1個の豆電球に、同じ起電力の電池が直列に複数個接続される場合
　豆電球には、電池3個分の起電力による電圧が加わる。したがって、豆電球の明るさは基準にくらべかなり明るくなる（豆電球が切れないとして）。
 電池(1)の起電力＋電池(2)の起電力＋電池(3)の起電力＝豆電球にかかる電圧
 $V = E + E + E = 3E$
豆電球に流れる電流は、基準回路の3倍になる。

4）1個の豆電球に、同じ起電力の電池が並列に複数個接続される場合
　豆電球には、電池1個分の起電力による電圧が加わる。したがって、豆電球の明るさは基準と同じ明るさである。
 豆電球にかかる電圧＝電池(1)の起電力＝電池(2)の起電力＝電池(3)の起電力
 $V = E$

以上、まとめると次のようになる。
 1）基準より暗い、全抵抗は各抵抗の3倍
 2）基準と同じ明るさ
 3）基準より明るい、全抵抗は各抵抗の1/3
 4）基準と同じ明るさ

実際の複雑なケースも、1)～4)の組合せで考えることができる。

(2) 光電池の原理

光のエネルギーで、半導体に電子（負電荷）と正孔（正電荷）を作り出し、起電力を生み出す装置が光電池である（写真5-3-1）。

効率がよく高価な単結晶シリコン光電池と、計算機や腕時計などの生活品として利用されるアモルファス光電池に分けられる。光電池の電流を大きくするには、並列に接続して用いる。光電池は、光が強いほど大きな起電力を生み出すことができる。

写真5-3-1　光電池

しかし、光の強度がある値を超えると、起電力は増えず飽和に達する。光電池の起電力は乾電池よりも低いので、専用のモーターが市販されている。光電池の実験では、

1) 光の強さと電流
2) 光の当たる面積と電流
3) 光の当たる角度と電流

の関係を調べるのが主になる。1)では、光電池の一部を何かで覆えばよいが、2)では光電池全体にビニールなどをかけて光量を減らす工夫をしなければならない。3)の実験では光が斜めに入ると光量が減少して電流が減る。

参考（5-3-1）　電流の強さは何で決まるか。

自由電子の速度は個々バラバラであるが、定常電流が流れている場合は、電子の速度を一定とみなし、平均速度$\bar{v}$で動いていると考えることができる。図5-3-7のように、断面積$S[m^2]$の導体に電気量の大きさ$e[C]$の電子が一

定の速度 $\bar{v}$ で動いているとき、
1秒間に右の断面を通過する電子は、

$\bar{v} \times 1 = \bar{v}$ [m]

の区間内にある電子である。

この導体の単位体積（＝1m³）中の電子の数を n [個/m³] とすると、この区間の体積 $\bar{v} \cdot S$ [m³] の中には、個数にしてnvS個の電子が含まれている。その電気量は、e × 個数　だから、

電気量 ＝ e × n$\bar{v}$S

となる。電流は、導線の断面を単位時間（1秒）に通過する電気量だから、上の量が電流であるということになる。よって、電流 I は、

I ＝ en$\bar{v}$S　…(5-3-4)

となることが理解されよう。式 (5-3-4) で、e は定数、n は物質によって決まっている値（物質の密度のように）、S は導線の太さで決まる。したがって、電流 I を決めるのは、電子の平均速度 $\bar{v}$ であるといえる。

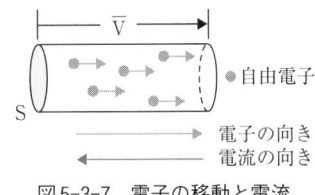

図5-3-7　電子の移動と電流

[問1] 自由電子の平均速度はどのくらいと思うか、下記のア）～キ）より選べ。導線は、断面積は1.0mm²(1.0×10⁻⁵m²) の銅であるとし、8.5Aの電流が流れているものとする。銅の電子密度nは、8.5×10²⁸ [1/m³] とする（1m³ あたり 8.5×10²⁸ 個の自由電子がある）。

　ア）　100km/s　光速の1/100程度
　イ）　10km/s　　公転速度くらい
　ウ）　100m/s　　音速程度
　エ）　10m/s　　 オリンピック記録
　オ）　1m/s　　　人が歩く速さ
　カ）　10cm/s　　カメが進む速さ
　キ）　1mm/s　　カタツムリの速さ

[解 1] 電流を決める式（5-3-4）を用いる。

$I = en\bar{v}S$

$8.5 = 1.6 \times 10^{-19} \times 8.5 \times 10^{28} \times v \times 1.0 \times 10^{-5}$

これより、

$\bar{v} = 6.3 \times 10^{-4}$ m/s $= 0.63$ mm/s $\fallingdotseq 1$ mm/s　　（秒速1ミリメートル程度）

正答は、キ）である。

3. 指導計画と展開例

（1）実施したい観察・実験

実験1　乾電池でモーターを回す

〈装置と方法〉

乾電池1個、モーター、検流計を用いて回路を作り、モーターを回転させる。乾電池をつなぐ向きを変えて、検流計の振れる向きとモーターの回る向きの関係を調べる。

〈結果〉

乾電池をつなぐ向きを変えると、検流計の振れる向きとモーターの回る向きが変わる。実験では、このことしかわからない。ここで、「電流」という考え方を導入することになる。それは2つある。

1）回路を作ると、乾電池の＋極からモーターを通って−極へ電気が流れる。

2）電気の流れを電流という。

この時点では、電流の物質的実体（電子、正負のイオンなど）にはふれられないが、"目に見えない小さな粒"が動いて「電流」になるという考え方で現象を説明することもできよう。

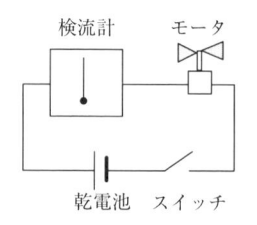

実験1　乾電池でモーターを回す 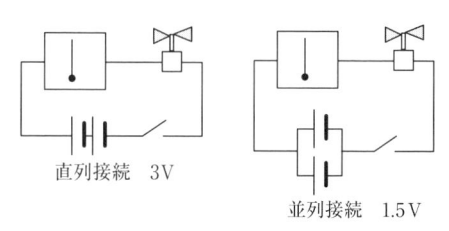　　　実験2　電流の強さとモーターの回転

実験2 電流の強さとモーターの回転

〈装置と方法〉

　実験1と同じ回路を作り、電流の強さとモーターの回る速さの関係を記録する。次に、乾電池2個を使って電流の強さとモーターの回る速さの関係を調べる。モーターを豆電球に変えて同様の実験を行う。

〈結果〉

　乾電池2個の直列では、乾電池1個のときよりも、電流は強くなり、モーターは速く回り、豆電球も明るくつく。乾電池2個の並列では、乾電池1個のときと変わらない。

　乾電池の起電力は1.5Vである（公称値）。直列では、起電力が2倍の3Vになる。しかし、電流は2倍にはならない。それは乾電池には内部の化学変化にともなう内部抵抗があり、それが直列接続で加算されるためである。2倍にならないことは電流計でも確認できるが、モーターをギヤボックスなどに接続して回転速度を調べると、2倍になっていないことがわかる。また、並列にすると、内部抵抗も並列接続となって電池1個の値の1/2に減る。したがって、厳密にいうと、乾電池1個のときよりも電流はわずかに強くなり、モーターはわずかに速く回り、豆電球もわずかに明るくつくことになる。

実験3 光電池でモーターを回す

〈装置と方法〉

　光電池、モーター、検流計を用いて回路を作る。光電池に日光や電灯光を当てたときや遮ったときのモーターの回る速さを調べる。また、光電池の受光面と光の角度を変えて、モーターの回る速さを調べる。

〈結果〉

　光を当てるとモーターが回り、遮るとモーターは止まる。受光面を光に垂直にするとモーターが勢いよく回り、受光面を傾けていくと、しだいにゆっくり回転するようになる。光が斜めに入ると、受ける光の量が減少して電流が減るからである。

図中ラベル: 日光、受ける光の量 小さくなる、垂直入射、斜め入射、検流計、モーター、検流計、モーター

実験3　光電池でモーターを回す

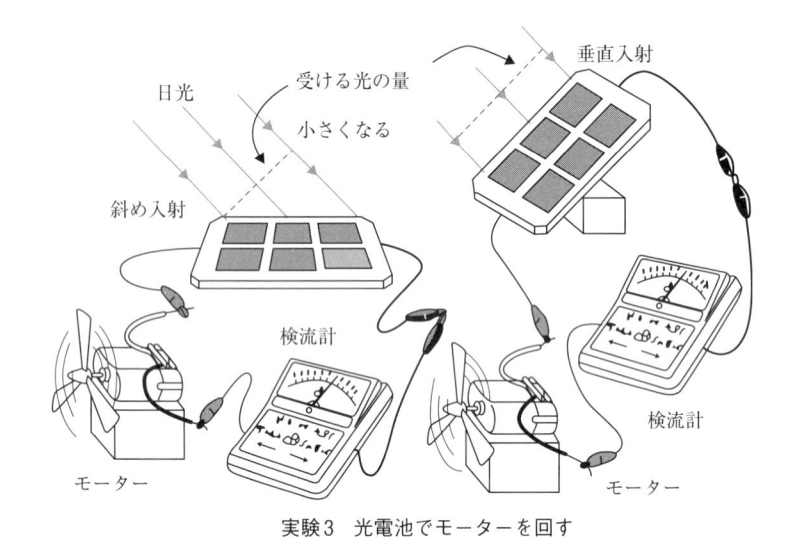

（2）単元の指導計画と指導案例

①単元の指導計画（全11時間）

　単元導入　乾電池でモーターを回そう（1時間）
　第一次　　電流の大きさと向き（5時間）…本時 4/5
　第二次　　光電池の働き（5時間）

②教材観・指導観

　本単元の指導にあたり、まず第3学年での学習を振り返り、「回路」についての考えを確認することから始める。誤概念があれば是正し、回路概念を確かなものとしつつ、今後の学習内容の円滑な理解につないでいくことが必要である。また児童が実感をもって楽しく乾電池や光電池の働きを学習できるよう、適宜もの作りなどを取り入れて指導していきたい。

③本時の指導案

1）本時の目標

・乾電池の向きを変えるとモーターの回る向きが変わることを、電流の向きの

変化と関連付ける。
・検流計を使って電流の向きを調べることができる。

本時においては、
　・実験で児童が発見できる事実→乾電池の向きを変えると、モーターの回る向きが変わる。
　　　このとき、検流計の針の振れる向きが変わる。
　・この事実を説明するために教える理論（モデル）→電流の考え方
を明確に意識して指導にのぞむ必要がある（電流の存在が実験でわかるわけではない）。

2）本時の展開（5/11）

	学習活動と内容	教師の指導・支援	留意点と評価
導　入 (10分)	◇提示された2台のプロペラを回し、観察する。 ・乾電池の向きが違うことに気付く。	・乾電池の向きが違う2台のプロペラを見せる。 ・乾電池の向きの違いに気付かせる。	
展　開 (25分)	◇簡易検流計、乾電池、モーターをつなぎ、乾電池の向きを変えて電流の向きを調べ記録する（グループ）。 ・乾電池の＋極が、右側の場合 ・左側の場合 ◇実験結果をもとにモーターの回る向きが変わる理由について話し合う。	〈発問〉 　乾電池の向きを変えると、モーターの回る向きが変わる理由を考えよう。 ・検流計の針の振れ方に着目させる。 ・乾電池の向きを変えると針の振れ方も変わることに気付かせる。 ・ワークシートに結果を記録させる。	・簡易検流計の使用上の注意を徹底する。 ◆実験に意欲的に取り組み、電流の向きを調べることができる。 【関心・意欲・態度】 ・まとめのキーワードとして「回路」「電流」「向き」を使うことにする。
まとめ (10分)	◇まとめたことを発表する。	〈まとめ〉 　回路の電流の向きが変わるから（モーターの回る向きが変わる）。	◆事象の変化を、電流の向きと関連付けて考えることができる。 【科学的思考】

第4節　単元「月と星」

1．はじめに

　本単元の目標と学習内容は、学習指導要領解説理科編第3章、第4節、第4学年、B 生命・地球の内容（4）に示されている。

> (4) 月と星
> 　月や星を観察し、月の位置と星の明るさや色及び位置を調べ、月や星の特徴や動きについての考えをもつことができるようにする。
> ア　月は日によって形が変わって見え、1日のうちでも時刻によって位置が変わること。
> イ　空には、明るさや色の違う星があること。
> ウ　星の集まりは、1日のうちでも時刻によって、並び方は変わらないが、位置が変わること。

①一般普遍法則

　月や星の動き（日周運動）は、地球の自転が原因であるが、月の満ち欠けは月の公転が原因である。また、星座の形は変わらない。これらのことが、本節における一般普遍法則の側面である。

②物質の物性的法則

　本節においては、物質の物性的法則の側面は特にない。

2．学習内容における科学的事項

（1）月の満ち欠け

　月は三日月から上弦、満月へと規則正しく形を変える。これを月の満ち欠けといい、月の満ち欠けは約29.53日ごとに繰り返される。これを1朔望月（さくぼうげつ）という。月は太陽光の反射によって光るので、太陽の方を向いている半面だけが光っている。月は地球の周りを公転しているので、地球から月の光っている半面を見る角度は毎日変化する。そのため、図5-4-1に示すように光ってい

るところの見え方が変化して、満ち欠けが起こる。

　新月からの日数を月齢という。太陽と同じ方向にあるため、見えない月が新月である（月齢0）。月齢3で、右端が少し光っているのが三日月、右半分が光るのが月齢7.5の上弦の月である。月齢15の満月は円形に見える。月齢22.5くらいになると左半分が光る下弦の月になる。

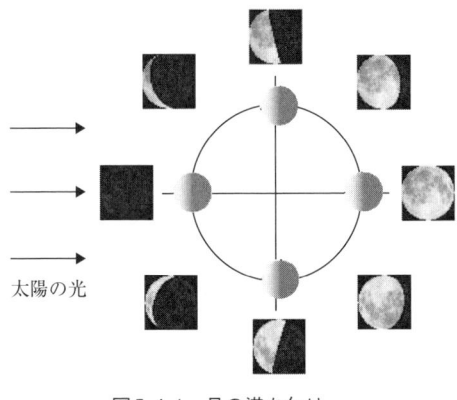

図5-4-1　月の満ち欠け

（2）月の動き

　月の出、月の入り、月の南中などの時刻は、月齢によってほぼ決まっている。地球の自転が原因で、どの形の月も東から南の空を通って西に沈み、約

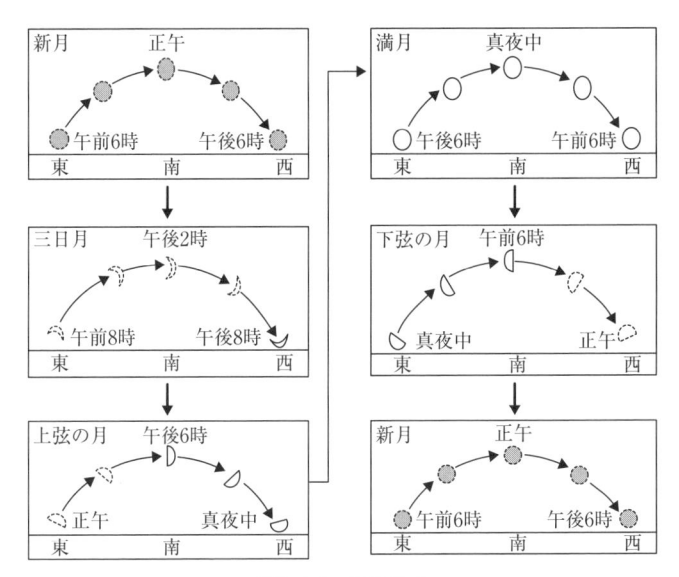

図5-4-2　月の動き

12時間地平線上に出ている。図5-4-2にその様子を示す。月と太陽の関係の考察は第6学年の学習になるが、月の形から太陽の方向を推測すると南中時刻がわかる。月の光っている面の延長方向に太陽がある。したがって、上弦の月の南中時刻は、太陽が真西の方向であるから午後6時頃になる。

（3）月の自転と公転
①月の運動

月は自転しながら、地球の周りを公転している。月の自転周期と公転周期はともに27.32日で等しい。公転周期を1恒星月という。月は1回地球の周りを公転する間に1回自転する。そのため、図5-4-3に示すように、月はいつも同じ面（A）を地球に向けていて、地球から見える月の模様はいつも同じで、月の裏側（B）を見ることはできない。

月の見える面については、実際には月は上下左右に揺れ動いているように見え、これを秤動という。秤動のため、地球からは月の全表面の約59%を見ることができる。また、月の運動には、地球の引力以外にも太陽と他の惑星（特に木星）による影響（摂動）があり、非常に複雑である。月の自転周期と公転周期が等しい理由は次のように説明される。

月が地球に潮汐力をおよぼし、潮の干満が生じる。その反作用として地球も月に潮汐を及ぼす。地球の質量は月の質量よりも大きいから、月に及ぼした地球のブレーキの方がずっと効果が大きかった。太古には月は現在よりも速く自転していたが、地球による潮汐作用のため遅くなり、ついに公転周期と同じになったと考えられる。また、潮汐による摩擦の影響で、地球の自転速度が遅くなっている。それにつれて月の公転速度も遅くなり、月は1年に2cm程度だが地球から遠ざかっていることがわかっている。

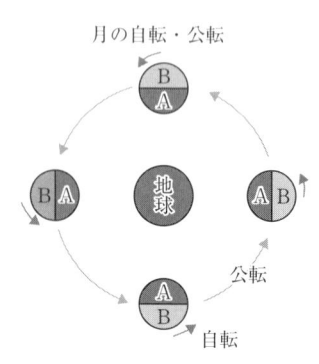

図5-4-3　月の自転と公転

②月の見える位置の毎日のずれ

月は1日に約13°（360°÷27.32日）地球の周りを西から東に公転する。一方、地球も同じ方向に1日に約1°（360°÷365日）太陽の周りを公転している。したがって、図5-4-4のように、地球から見ると月は1日に約12°ずつ東へずれた位置に見える。

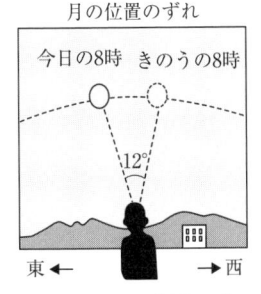

図5-4-4　月の位置のずれ

③月の出の時刻のずれ

月が前の日と同じ位置に見えるためには、地球が約12°だけ自転しなければならない。地球が1°自転するするのに4分（24×60分÷360°）かかる。したがって、12°自転するのに、48分（4分×12）かかる。したがって、月が同じ位置に見える時刻（月の出や南中などの時刻）は、毎日約48分ずつ遅くなることがわかる。

[問1]　ある日の午前0時に満月が南中した。満月の3日後の月が南中するのは、およそ何時ごろか。

[解1]　3日後に月が南中するのは、午前0時より、48×3＝144分＝2時間24分遅れる。したがって、0＋2時間24分＝2時24分に月は南中する。

④月の公転周期と満ち欠けの周期

1恒星月（27.32日）と1朔望月（29.53日）が違う理由は図5-4-5のように考えればよい。1恒星月は、恒星（不動）を基準にした月の公転周期であり、それが27.3日である。それに対して、満ち欠けの周期である1朔望月は、太陽を基準にしている。地球から見て新月の状態（A）から、27.3日たった状態（B）はもはや新月ではない。27.3日の間に、地球から見れば太陽が位置（C）から（D）まで動いたためである。簡単な計算で、位置（C）から（D）までは約2日になることがわかる。したがって、27.3日たってからもう2日しないと新月にならない。以上のことから、1朔望月が約29.5日になることが理解

　　　　1恒星月（27.3日）　　　　　　　朔望月（29.5日）

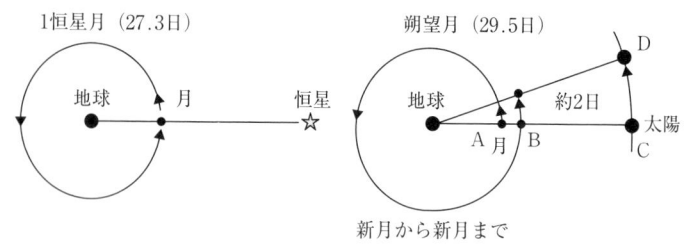

図5-4-5　1恒星月と1朔望月

される。

[問2] 位置（C）から（D）まで、約2日になることを示せ。

[解2] 地球を中心にした位置（C）と、（D）の角度 θ の関係は、
　　$\theta \fallingdotseq 27.32\,日 \times 360° \div 365.2422\,日 = 26.93°$
この角度を月の経過日数に換算すると、
　　$26.93° \times 27.32\,日 \div 360° = 2.04\,日$
よって、（D）は（C）から2.04日後である。したがって、
　　1朔望月 = 1恒星月 + CD間の日数
　　　　　 = 27.32 + 2.04 = 29.36 ≒ 29.4
となり、29.5日にほぼ一致する。

[問3] 1朔望月を有効数字4桁まで正確に求めよ。

[解3] CD間の日数を δ とすると、CD間の角度 θ は、
　　$\theta = (27.32 + \delta) \times 360° \div 365.2422$　…(ア)
この角度を月の経過日数に換算すると、
　　$\theta \times 27.32 \div 360° = \delta$　…(イ)
(ア)、(イ)を連立させて解くと、$\delta = 2.21\,日$、$\theta = 29.13°$
これより、1朔望月 = 27.32 + 2.21 = 29.53
よって、1恒星月 = 27.32日　1朔望月 = 29.53日

これらは、有効数字4桁まで正しい。

（4）星の日周運動
①天球

星は1日で空をひとまわりするのは、地球の自転による見かけの運動である。地球がその中心にくるような、半径が無限に大きい球面に星がはりついていると考えると、この球面が回るように見える。この仮想の球面を天球という。天球の中心に、点状の地球があると考えればよい。図5-4-6に天球の模式図を示すが、図では地球を大きく示してある。以下、天球に特徴的な用語を示す。

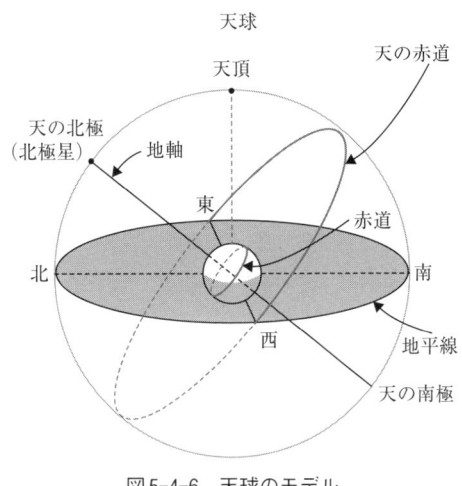

　　天　　頂：観測者の真上にある天球上の点。
　　天の赤道：地球の赤道面を広げたとき、天球と交わる大円
　　天の北極：地軸（自転軸）を北極の真上に伸ばした線が天球と交わる点で、
　　　　　　　北極星が点の北極のすぐ近くにある。
　　天の南極：地軸を南極の真上に伸ばした線が天球と交わる点で、ここには目
　　　　　　　立つ星はない。

図5-4-7において、∠a＝∠bであるから、北極星の高度は観測地点の緯度に等しい。東京では北極星の高度は約35°になる。

②星の動き

図5-4-8に示すように、天球は1日に1回、天の北極と天の南極を結ぶ線（地軸の延長線）を軸として、東から西に回転している。すべての星は天球上にはりついていて天球といっしょに回るので、星の動く道筋はすべて平行であ

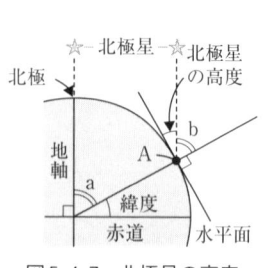

図5-4-7　北極星の高度

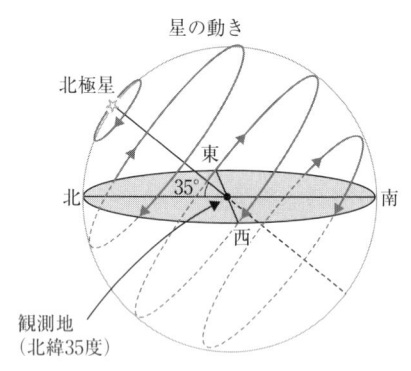

図5-4-8　星の動き

る。

地上では、地平線上に現れた星の道筋を観測することができる。次に、星の動きを方角ごとに述べる。図5-4-8の中心に観測者（自分）がいるとして、東西南北の星を見たときに、星がどのような動きになるかを考えると、以下の内容が容易に理解される（図5-4-9）。

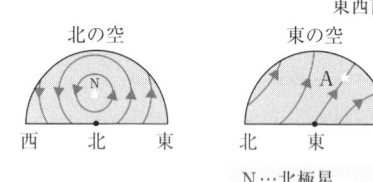

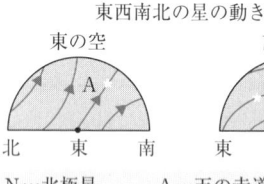

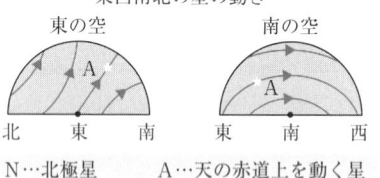

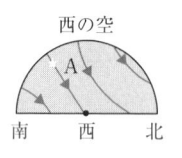

東西南北の星の動き

N…北極星　　A…天の赤道上を動く星

図5-4-9　東西南北の星の動き

1）北の空にある星の動き

　北極星を中心に、時計と反対回り（反時計回り）に回転する。24時間で、360°の回転であるから、1時間に15°（＝360°÷24時間）回転する。

2）南の空にある星の動き

　東から西に大きな円を描いて時計と同じ向き（時計回り）に回転する。回転の中心は天の南極であるから、北半球では地平線下にあって見えることはない。

3) 東の空にある星の動き

　星は地平線から現れ、右上がりに上っていく。地平線の真東の地点は、地平線と天の赤道との交点である。天の赤道上にある星は真東から上り、真西に沈むので、12時間見ることができる。

4) 西の空にある星の動き

　右下がりに動いていき、地平線に沈む。

（5）星の色と明るさ

　本章の第2節で述べたように、星の色はその表面温度によって決まる。ここでは、星の明るさについて述べる。

①見かけの等級

　ギリシャのヒッパルカス（B.C190〜120頃）は、肉眼で見える約5000個の星のうち、最も明るい20個の星を1等星、最も暗い星を6等星としてその間を5段階に分けた。1等級の違いで何倍の明るさになるかは、5乗して100になる数を求めればよい。その数は約2.512である。したがって、1等級少なくなると約2.5倍明るくなることがわかる。1等星より明るい星や6等星より暗い星も、約2.5倍という割合で、0等、-1等、あるいは7等、8等と表す。明るさの基準としては、北極星を2.1等星とすると、ヒッパルカスの決めた星の等級とほぼ一致するらしい。これを星の見かけの等級という。恒星の中で最も明るいシリウスで-1.6等であるが、金星が最も明るいときで-4.3等である。満月は-12.5等、太陽は-26.9等にもなる。

②絶対等級

　恒星の明るさは、恒星そのものの光度（放射エネルギー）と地球からの距離によって決まる。比較的近い恒星では、地球の公転により恒星の視線方向（見える方向）が変化する。このような現象を年周視差という。年周視差の測定から、恒星の地球からの距離がわかる。年周視差が1秒（1°/3600）となるような距離を1パーセクとよび、約3.26光年に等しい。1光年は、光が1年で到

表 5-4-1 恒星の距離

恒　星	距離 (光年)
シリウス	8.7
プロキオン	11
アンタレス	600
レグルス	70
アルタイル	17

達する距離であり、地球と太陽は光で約8分の距離である。最も明るい恒星であるシリウスは、8.7光年の距離である。

　地球からの距離のわかった恒星の見かけの等級と距離の値から、恒星の本当の明るさ(光度)の尺度が求められるようになった。星を10パーセクの距離においたとしたとき(距離を一定にしたとき)、その等級を絶対等級とよび、星の本当の明るさを示す尺度として用いられている。

　恒星の地球からの距離は、次のような考え方で求められる。恒星の色の違いはスペクトル型(色と吸収線の表れ方)の違いとして理解されている。恒星の絶対等級とスペクトル型の関係は、ヘルツスプルング・ラッセル図(HR図)として知られるようになった。HR図によると、太陽に近い多くの恒星は左上(明るく高温)から右下(暗く低温)への線上に並ぶ。このような恒星を、主系列星という。したがって、恒星のスペクトル型が決まると、絶対等級が見積もられることになる。

　そこで、恒星のスペクトル型を測定して絶対等級Mを求め、見かけの等級mを測定すると、

$$\log P = -1 - 0.2(m - M) \quad \cdots(5\text{-}4\text{-}1)$$

の関係があり、これにより年周視差Pが求められる。その値から、恒星までの距離が求められる。明るい恒星の地球からの距離を表5-4-1に示す。

3. 指導計画と展開例

(1) 実施したい観察・実験
観察1　半月と満月の動き
〈装置と方法〉

　昼間に見える半月(上弦の月)の位置(方位と高さ)を、建物などを目印にして、30分または1時間ごとに記録する。次に、満月についても同様に観察し、記録する。月の動きと太陽の動きを比べ、類似点を見つける。

第 5 章　第 4 学年の単元の解説と指導　159

観察 1　半月と満月の動き

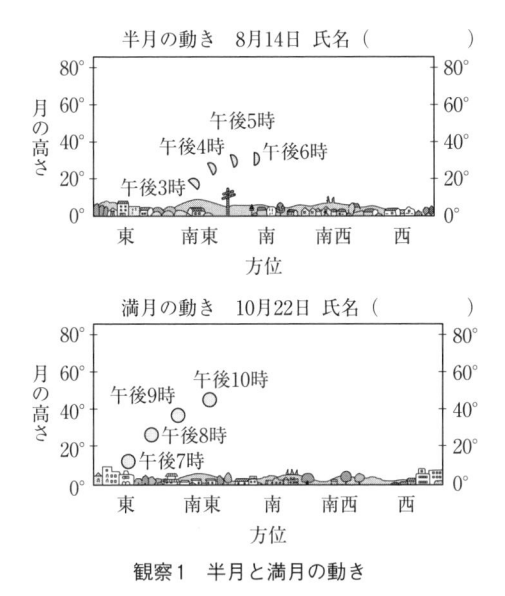

　月の方位は、方位磁針を用いて決める。月の高度は、目の高さからの角度を目分量で測る。目の高さに対して、にぎりこぶしひとつ分が約 10 度になる。
〈結果〉
　月は、太陽と同じように時刻とともに、東→南→西へと動く。半月や満月など、形が違っていてもこの動きは同じである。

観察 2　星の位置と並び方
〈装置と方法〉
　観察する星座を決め、午後 8 時頃の見える位置を調べる。次に、2 時間後の位置を調べる。星座の見えた位置を、カードなどに記録する。
〈結果〉
　星や星座は、時刻とともに見える位置が変わるが、その並び方は変わらない。北の空の星座では、北向きのある方向（北極星）を中心に時計と反対

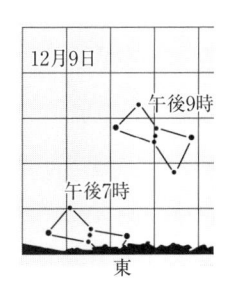

観察 2　星の位置と並び方

向きに回転するように動く。観察2のオリオン座は東の空からのぼる。このときは、図5-4-9の東の空の星の動きのように、右上がりになる。

東西南北の星の動きが観察されれば、星の動きの立体性に関心が深まるのではなかろうか。

（2）単元の指導計画と指導案例
①単元の指導計画（全12時間）
　単元導入　夜空を見てみよう（2時間）
　第一次　　月の動きの観察（4時間）…本時3/4
　第二次　　星の動きの観察（4時間）
　第三次　　星座の観察・まとめ（2時間）

②教材観・指導観
　本単元は、第6学年における「月と太陽」の学習につながるものである。豊富な観察活動とその結果の共有から学ぶことにより、児童が月や星について、理解を深めながら自身の知識としていけるよう指導していきたい。本単元は、家庭での観察によるところが大きいため、児童のさまざまな環境に対し配慮するとともに、意欲的に参加できるようなはたらきかけを心掛けたい。これらの学習を通し、継続的に月や星について思考することで、児童が天体の不思議さや美しさに目を向けるきっかけとなることを願う。

③本時の指導案
1）本時の目標
・月の動きについて観察などに意欲的に取り組み、理解しようとしている。
・月は時間とともに位置が変わることを理解している。

2) 本時の展開 (5/12)

	学習活動と内容	教師の指導・支援	留意点と評価
導 入 (10分)	◇個人の観察結果から気付いたことを考える。	・本時までに数日間、1時間ごとの月の定点観測を行わせる。	◆時間とともに変わる月の位置を記録できている。 【技能・表現】
展 開 (25分)	◇月の観察結果を共有し、気付いたことを発表し合う。 ・月は時間とともに動いている。 ・東から南の方へ動いている。 ・遅い時間には、西の空に見える。 ・数日間分を並べてみると、月の形が少し変わっている。	・観測時刻と月の位置の関係について考えさせる。 ・月の形の変化にも着目させる。	・共有させるものは、月の動きの概念をよりわかりやすくするために、観察時間や場所が違うもの、細かく観察できているものに絞る。
まとめ (10分)	◇わかったことをまとめる。 ◇次の観察について考える。	〈まとめ〉 　月は、時間とともに東から（出て）、南の空を通り、西へと動く（沈む）。 ・2週間ほど、月の形を観察させる。	◆月は時間とともに位置が変わることを理解している。 【知識・理解】

第6章
第5学年の単元の解説と指導

第1節　単元「振り子の運動」

1. はじめに

　本単元の目標と学習内容は、学習指導要領解説理科編第3章、第4節、第5学年、A 物質・エネルギーの内容（2）に示されている。

> (2) 振り子の運動
> 　おもりを使い、おもりの重さや糸の長さなどを変えて振り子の動く様子を調べ、振り子の運動の規則性についての考えをもつことができるようにする。
> ア　糸につるしたおもりが1往復する時間は、おもりの重さなどによっては変わらないが、糸の長さによって変わること。

①一般普遍法則

　振り子は、どのような振れ方をしているのか。振り子は、なぜ振れ続けることができるのかということが、一般普遍法則になる。

②物質の物性的法則

　本単元には、物質の物性的法則の側面は見あたらない。

2. 学習内容における科学的事項

（1） 単振り子の運動

おもりが糸などで天井からつるされているような場合、自由落下ができない。この場合、質量 m[kg] のおもりに重力 W[N] がどのように働くか考える。おもりに働く重力は、

　　重力＝おもりの質量×重力加速度

　　$W = mg$

となる。図6-1-1のように、質量 m のおもりが振り子となって、角度 θ で振れているとする。mgはおもりがどのような位置にあろうと（A点でもE点でもB点でも）、地球がおもりを引く重力だから一定である。B点のように、おもりがつり合いの位置E点より上にあるとき、おもりに重力がどのような効果を及ぼすか説明していく。重力 mg を分解すると中心E点に向かう力の成分fがあることがわかる。

おもりに力fが働くため、おもりは加速されて最下点Eに向かう。fとmgの2辺でできる直角三角形で、f/mg が $\sin\theta$ に等しい。

　　$f/mg = \sin\theta$

ゆえに、

　　$f = mg \cdot \sin\theta$

となる。θ を振幅角（振れの大きさを角度で表した量）という。このfを運動方程式に代入して、振幅角 θ が小さいとして解くと、振り子の周期が求められる。周期とは、おもりが1往復するのに要する時間である。指導上、周期という概念が非常に大事な物理量となる。一般に、このような単純な振り子は「単振り子」とよばれる。求めた周期Tは、

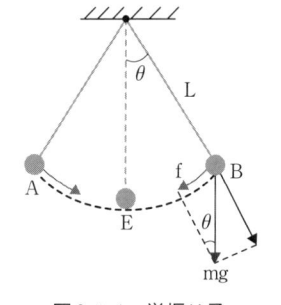

　　$T = 2\pi\sqrt{\dfrac{L}{g}}$　…(6-1-1)

図6-1-1　単振り子

となる。ここで、Lは振り子の長さである。振り子の長さとは、支点（糸の付け根）からおもりの中点までの距離になる。B点にあったおもりに力fが働いて加速されてE点まできたとき、E点では重力mgが糸と同じ方向になるため力fにあたるものがない（E点では$\theta=0$なので、$\sin\theta=0$となり、よって$f=mg\cdot\sin\theta=0$と考えてもよい）。しかし、おもりは加速されていて、E点で速度が最大になっているため止まることができない。これは、おもりの慣性（運動状態を保とうとする性質　第3章を参照）によるものである。そして、おもりはB点と同じ高さのA点まで上昇して一瞬静止する。その後、向きを変えてE点に向かう。以下、同様の繰り返しとなる。空気抵抗や支点での摩擦がなければこのような振動を永遠に続ける。こうして、おもりがB点でもっていた力学的なエネルギーは保存され続ける（一定値であり続ける）。空気抵抗や支点での摩擦があると、力学的エネルギーが消耗し、熱エネルギーとなって空間に逃げていく。そのため、振動が持続せずついには止まってしまう。

（2）単振り子の等時性

　式（6-1-1）から、振り子の周期Tは次の性質をもつことがわかる。振幅角θが小さい場合、

　ア）Tは、おもりの質量mや振幅角θにはよらない。
　（式（6-1-1）の中にmやθが入っていない）
　イ）Tは、糸の長さLだけで決まる。

　性質ア）を振り子の等時性という。長さを決めれば等しい時間間隔をきざむ、ということを意味する。イタリアのピサに生まれたガリレイは、若い頃、寺院の吊灯を見て振り子の等時性を発見したとされている。

［問1］　100cm（1.0m）の振り子の周期は何秒になるか。

［解1］　式（6-1-1）を使う。
$$T = 2\times 3.14 \times \sqrt{(1.0\div 9.80)} \fallingdotseq 2\times 3.14\times 0.319 \fallingdotseq 2.0\text{s} \quad （有効数字2桁）$$

[問2]　振り子の長さを2倍、3倍、…にすると、周期は何倍になるか？

[解2]　式（6-1-1）で、Tは$\sqrt{L}$に比例するため、周期は、$\sqrt{2}$倍、$\sqrt{3}$倍…になる。

（3）学生が家庭で身近にできる実験

　凧糸などを用意し、30～120cmのくらいの範囲で、長さの違う5種類の単振り子をつくる。図6-1-2のように、糸の一端を棚や勉強机の出っ張りのようなしっかりした所に、定規などで固定する。手持ちは失敗のもとになる。

　おもりは、
　①小さいもの
　②比較的重いもの
　③凧糸を結びやすいもの
　④中心がわかるもの

がよい。条件①②は空気抵抗を受けにくくするための、③④は振り子の長さが正しく測定できるための要請となる。おもりは、5円玉を10枚ほど束ねたものでもよい。振り子の長さは、糸の付け根から5円玉の穴の中心（付近）までの長さを巻き尺などで測る。長さの測定は、おもりをつった状態で行う。細いピアノ線やエナメル線のように、伸びにくい素材を糸に使うのもよい。また、振幅角はあまり大きくしない方がよい。振幅角の周期への影響については、学生が家庭で行う実験ということであれば、30度以内におさえればよい。周期Tの測定は、おもりが10往復に要する時間tを腕時計で測定し、それを10で割ればよい。計時は、ケータイのストップウォッチ機能を使ってもよい。

《2人で行うときの測り方》

　まず、おもりを持って振らせる。最高点（左右どちらか）にきたときに1人が「スタート！」と声をかけ、もう1人がそのときの時刻を読む（t_1とする）。

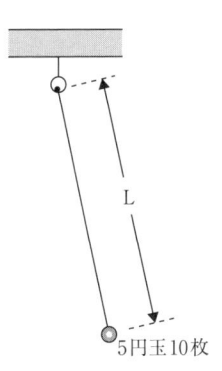

図6-1-2　振り子の周期を求める実験

次々に同じ点にきたときに1回、2回、3回…と声をかけ、10回になったときの時刻を読む（t_2とする）。t_2とt_1の差を取ると、10往復に要する時間 t が求めらる。

$t = t_2 - t_1$

一例として、測定値が14秒であったとする。t＝14s　よって、周期は、

$T = t \div 10 = 1.4s$

となる。時計の測定誤差が±0.1秒であるとすると、t＝14±1　となるから

$T = 1.4 \pm 0.1$

となり、Tの誤差は±0.1秒になる（相対誤差＝±4〜5%）。このようなTの測定を3回行い、3で割って平均値を取れば確かな値を出すことができる。この平均値を振り子の周期Tと見なすことにする。表6-1-1のような表を作っておくとよい。一例として示したデータは、創価大学教育学部の学生が、理科教育の授業の課題として自宅で実験を行って得たものである。結果の見方としては、「長さ1mで周期2秒」という値が出ていれば正しい測定がなされていたと考えてよい。次に、実験で解明すべき事項を2点示す。

表6-1-1　L対T

長さL [m]	0.4	0.6	0.8	1.0	1.2
平均値T [秒]	1.3	1.6	1.8	2.0	2.2

1）Tが$\sqrt{L}$に比例することを確かめること

グラフ用紙の横軸にL、縦軸にTをとり、表のデータをプロットしていくと、右上がりの曲線が得られるが、TとLの関係は見えてこない。そこで、周期の式に表れている関係（問2で確認した、Tが$\sqrt{L}$に比例する関係）を見いだすために、

・横軸に$\sqrt{L}$、縦軸にTをとってデータをプロットする

とよい。Tが$\sqrt{L}$に比例することが確かめられる。グラフを書くために、$\sqrt{L}$をあらかじめ計算しておき、表6-1-2のようなデータ表を作っておくとよい。

表6-1-2　√L 対 T

√L [m]	0.63	0.77	0.89	1.0	1.1
T [秒]	1.3	1.6	1.8	2.0	2.2

図6-1-3は、表6-1-2をもとに作ったものである。データは、長さLが0.10mと0.20mのときの値も含めて、7点がプロットされている。データは、多少のばらつきはあるが、ほぼ原点を通る直線上に乗る。

2) グラフの傾きからgの値を求める。

グラフの傾きは、周期の式（6-1-1）の比例定数を示す。

$T = 2\pi\sqrt{L}/\sqrt{g} = 2\pi/\sqrt{g} \times \sqrt{L}$

により、「$2\pi/\sqrt{g}$」が比例定数である。傾きkが求まれば、上の式からgを逆算する。上の関係から

$k = 2\pi/\sqrt{g}$

となり、次のような式が出る。

$$g = \frac{4\pi^2}{k^2} \quad \cdots (6\text{-}1\text{-}2)$$

図6-1-3から比例定数を求めると、k=2.0 が得られる。式（6-1-2）より、

$g = 4 \times 3.14^2/2^2 = 3.14^2 ≒ 9.86 \text{m/s}^2$

この値を、9.8m/s^{2}と比べて検討してみよう。Tの誤差は3回の平均値であれ

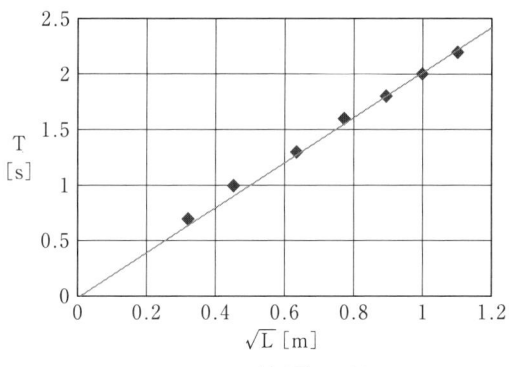

図6-1-3　T対√Lの関係

ば±2％程度と見積もられる。なぜなら、Tの測定値の誤差が±4〜5％程度であるから、3回の平均値の誤差は、第2章で説明した標準誤差を求めると、
$$4/\sqrt{3} = 2.3\%$$
となり、2％程度であることがわかる。この誤差の伝搬により、Tの誤差2％がgの計算結果に影響を及ぼす。式（6-1-1）より、
$$g = 4\pi^2 L/T^2$$
となるから、Tの誤差の2倍がgの誤差に伝搬する。9.8×0.02×2≒0.4なので、
$$g = 9.8 \pm 0.4 \text{m/s}^2$$
となり、gの値は9.4〜10.2m/s²の間に収まる。よって、学生の出した値は妥当な値であったといえる。

（4）実際の指導に向けて

①振幅角について

「先生、大きく振らしてもいいですか？」と子どもに質問されたらどう答えるか。周期の式（6-1-1）は、振幅が小さいときの解であることをすでに説明した。振幅 θ が大きくなると、周期は $2\pi\sqrt{L/g}$ からどうずれるか？この計算は恐ろしく難しいので本書の範囲を超える。高校の物理実験では、単振り子の実験を行うときは、精度を重視して振幅は5度程度とする。しかし、90度の振幅角で振らせたときの実験誤差が5％程度であるため、小学生の実験では、振幅角について特別に考慮する必要はない。

②条件制御の考え方について

学習指導要領には、5年生の探究スキルに条件制御がうたわれている。一つの変数を変えるとき、他の変数は一定にして実験することを条件制御という。科学的な探究プロセスの中心となるものである。振り子の実験では、変化させる条件として、

・おもりの質量（重さ）

・振り子の長さ

・振れ幅（振幅角の2倍）

の3つがある。これらを、一つひとつ変化させながら、周期に影響する要因を見つけ、その要因と周期の関係を特定していく。

3. 指導計画と展開例

（1）実施したい観察・実験

実験1　振り子の長さと周期の関係

〈装置と方法〉

　振り子の長さを変えて周期を調べる。

　例）L＝30cm、60cm　など

〈結果〉

　ここでは、おもりの質量と振れ幅を一定にしておく。振り子の長さが大きくなると、周期は大きく（長く）なる。しかし、比例関係にはならない。

実験2　振り子の振幅と周期の関係

〈装置と方法〉

　振り子のおもりの振れ幅を変えて周期を調べる。

　例）振れ幅＝20°、30°など

〈結果〉

　ここでは、長さとおもりの質量を一定にしておく。振り子の振れ幅を変えても、周期は変化しない。

実験3　振り子のおもりの重さと周期の関係

〈装置と方法〉

　振り子のおもりの質量（重さ）を変えて周期を調べる。

　例）おもり＝100g、200g　など

〈結果〉

　ここでは、長さと振れ幅を一定にしておく。振り子のおもりの質量（重さ）を変えても、周期は変化しない。

実験1	実験2	実験3
長さを変える	振幅を変える	おもりを変える
60cm　30cm	30°　20°	100g　200g
振幅＝30°　一定 おもり＝100g一定	長さ＝60cm　一定 おもり＝100g一定	長さ＝60cm　一定 振幅＝30°　一定

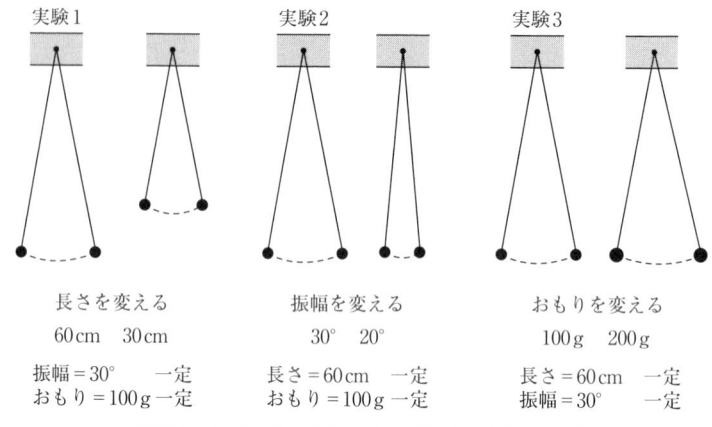

実験1、2、3　条件制御による振り子の周期の測定

（2）単元の指導計画と指導案例

①単元の指導計画（全8時間）

　単元導入　おもりが動くとき（1時間）
　第一次　　おもりを振ったとき（5時間）…本時3/5
　第二次　　まとめ・交流（2時間）

②教材観・指導観

　本単元では、おもりの重さや糸の長さの違う振り子の動く様子を調べ、それらの運動の規則性を意欲的に調べる学習を目指したい。また児童がこれらの活動を通し、実験方法や手順、用具の扱い方に注意し、科学的技能を身に付ける一歩となることを願い指導するものである。

③本時の指導案

1) 本時の目標
　・振り子の動きに興味・関心をもち、その動きの規則性を調べようとする。
　・振り子の運動の規則性を計画的に調べ、記録することができる。

《ワークシート例》

ⅰ）長さを変えて、10往復の時間を測る。おもり＝100g　振れ幅＝40°

長さ	1回目	2回目	3回目	平均	周期［秒］
50cm					
100cm					

ⅱ）振れ幅を変えて、10往復の時間を測る。長さ＝50cm　おもり＝100g

振れ幅	1回目	2回目	3回目	平均	周期［秒］
20°					
40°					

ⅲ）おもりを変えて、10往復の時間を測る。

（省略）

2）本時の展開（4/8）

	学習活動と内容	教師の指導・支援	留意点と評価
導　入 （10分）	◇前時での予想を確認する。 （振り子が1往復する時間が変わるのはどんなときか？）	・振り子が1往復する時間については、 　◎おもりの重さ 　◎振り子の長さ 　◎振れ幅 があげられた。	
展　開 （25分）	◇振り子が1往復する時間について、以下のように実験する（グループ実験）。 ⅰ）長さを変える。 ・50cmと100cm ・おもりの重さ100g ・振れ幅40° ⅱ）振れ幅を変える。 ・20°と40° ・振り子の長さ50cm ・おもりの重さ100g ⅲ）重さを変える。 ・100gと200g ・振り子の長さ50cm ・振れ幅は40°	〈発問〉 長さを2倍にすると1往復する時間も2倍になっているか？ ・進度に応じ、実験の内容は次回に繰り越す。	・グループ内での役割分担や手順の打ち合わせをさせておく。 ・振り子の長さは、支点からおもりの中心までとする。 ◆条件を整えて実験を行い、計画的に取り組んでいるか。 【関心・意欲・態度】
まとめ （10分）	◇できたところまでの実験結果をまとめる。	・実験結果をワークシートに記入させる。	◆実験の過程や成果を記録しているか。 【観察・実験の技能・表現】

第2節　単元「電流の働き」

1. はじめに

本単元の目標と学習内容は、学習指導要領解説理科編第3章、第4節、第5学年、A 物質・エネルギーの内容（3）に示されている。

> （3）電流の働き
> 　電磁石の導線に電流を流し、電磁石の強さの変化を調べ、電流の働きについての考えをもつことができるようにする。
> ア　電流の流れている巻き線は、鉄心を磁化する働きがあり、電流の向きが変わると、電磁石の極が変わること。
> イ　電磁石の強さは、電流の強さや導線の巻き数によって変わること。

①一般普遍法則

　本単元では、電流が磁気（磁界）を生む仕組み、電磁石の強さを決める要因（円形電流の作る磁界の特徴）が一般普遍法則の側面となる。

②物質の物性的法則

　コイルに挿入する物質によって電磁石の強さが変化する。このことに関連して、物質の磁気的性質（透磁率）が物質の物性的法則の側面となる。

2. 学習内容における科学的事項

（1）直線電流の周りに生じる磁界

　直線状に電流が流れると、その周りには磁界が生じる。生じた磁界は、
・電流の強さに比例し、
・電流からの距離に反比例する

ことがわかっている。磁界の向きは、電流の向きに右ねじをねじ込むとき、右ねじを回す向きになる。これは「右ねじの法則」とよばれている。次のように指導するとわかりやすい。

1) 右手で親指を立てた拳をつくる。
2) 親指を電流の向きに向ける
3) 他の4本の指の（爪の）向きが磁界の向きになる。

注意すべきは、図6-2-1のように電流の左右前後は逆向きの磁界ができていることである。直線電流の周りに生じた磁界は、方位磁針を電流のそばに置いて確認することができる。このとき、電流の上下に方位磁針を置くと、図6-2-2のように、方位磁針がそれぞれ逆に回転することでわかる。

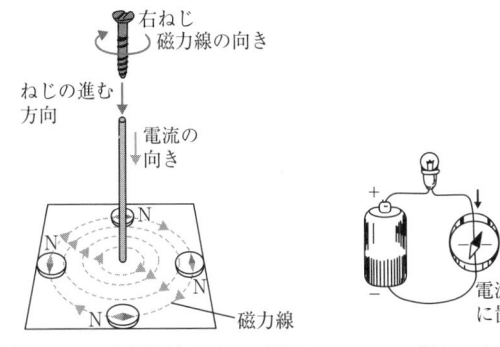

図6-2-1　直線電流の周りの磁界

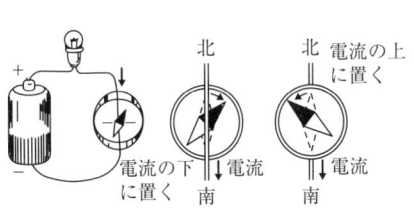

図6-2-2　直線電流の上下の磁界

（2）円電流の中心に生じる磁界

円電流（コイル）の中心に生じる磁界は、

・電流の強さに比例し、

・円の半径に反比例する

ことがわかっている。図6-2-3の右ねじAのように、円電流のときは電流の向きに右ねじを回すと、右ねじをねじ込む向きが磁界の向きになる。直線電流のときと同様に示すと、次のようになる。

1) 右手で親指を立てた拳をつくる。
2) 親指以外の4本の指（の爪）を円電流の向きに向ける。
3) 親指の向きが磁界の向きになる。

図6-2-3では、円電流の外部にも磁界ができている。円の中心にできる磁界（磁力線）が周辺に回り込んで、電流を取り巻くように生じている。これ

は、円の一部を直線と考えたとき、直線電流の周りに生じる磁界と同じ向きであることがわかる（右ねじB、C）。

コイルは円電流と見なすことができるので、コイルに電流を流すとコイルの中心には、電流の強さに比例する磁界ができる。コイルを2回、3回…巻くと、同じ向きに流れる電流が2倍、3倍…になるため、生じる磁界も2倍、3倍…になる。コイルの中心に生じる磁界の強さは、コイルの巻数に比例するというのは、電磁石を作る上での重大な知識である。結論として、コイルの中心に生じる磁界の強さHは、電流の強さIと巻き数nの積に比例する。

$H = k \cdot n \cdot I$ …(6-2-1)　（kは比例定数）

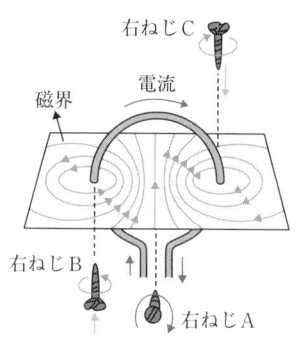

図6-2-3　円電流の周りの磁界

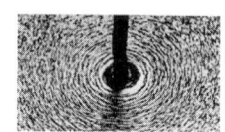

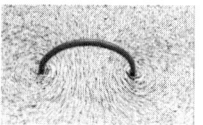

写真6-2-1　電流の周りに置いた鉄粉
直線電流の周りの磁界　円電流が生じる磁界

直線電流や円電流の周りに生じる磁界の様子は、電流の周りに置いた微少な鉄粉の配置を見ればイメージすることができる（写真6-2-1）。

（3）電磁石の磁極と強さ
①電磁石の磁極

電磁石の磁極は、図6-2-4のように、円電流の磁界と同様に右ねじの法則で考える。

1) 右手で親指を立てた拳をつくる。
2) 親指以外の4本の指（の爪）をコイルに流れる円電流の向きに向ける。
3) 親指の向きが磁界の向きになる。

磁界の向きを示す磁力線の出口がN極、入口がS極になる。電磁石の極性も、方位磁針で確かめることができる（図6-2-5）。鉄心などを入れない空心コイルのときは、電磁石とはよばない。空心コイルの場合は、磁界が発生するだけで、磁極というものはない。

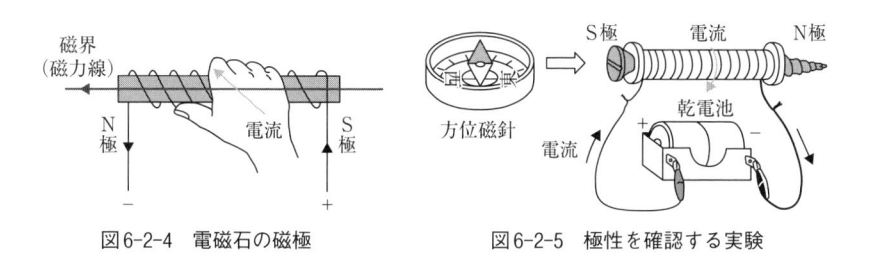

図6-2-4　電磁石の磁極　　　　図6-2-5　極性を確認する実験

［問1］　磁極を逆転させるには、どうすればよいか。

［解1］　方法は、次の2つである。
　1）コイルの巻き方を逆にする。
　　　右回りに巻いていたのなら、左回りに巻くなど。
　2）コイルに流れる電流の向きを逆にする。
　　　コイルにつないでいる電池の極性を逆にする。

②電磁石の強さ

　電磁石の強さとは、電磁石が作り出す磁気力の強さのことである。電磁石の周辺に鉄釘などを置いたとき、鉄釘に働く磁気力は、鉄釘の位置に生じている磁界の強さに比例する。電流が流れているコイルが作り出す磁界の強さは、式（6-2-1）により、電流の強さと巻き数の積に比例する。ここで、コイルに磁性体を挿入するとどうなるか。コイルが作り出す磁界によって磁性体が磁化され、磁性体が磁石になる。このような状態のものを通常、「電磁石」とよんでいる。コイルに何も入れない状態（空心コイル）は、電磁石とはいわない。結局、電磁石の磁界は、コイルが作り出す磁界および、できた磁石の磁界の和になると考えてよい。そして、磁石の磁界は、物質の透磁率とよばれる物

理量に比例するという特徴がある。表6-2-1
に、物質の透磁率の値を真空の透磁率との比
率（比透磁率）で示す。空気や水の透磁率は
真空（=1）とほぼ同じである。金属でも、ア
ルミの比透磁率を見ると、空気とほとんど同
じ値であり、アルミ棒をコイルに挿入しても
何も入れない場合と同じであることがわかる。

表6-2-1　物質の比透磁率

物　質	比透磁率
空気	1.0000004
酸素	1.000002
水	0.999991
アルミウム　　Al	1.000021
純鉄　　　　　Fe	200 〜 300

強磁性体である鉄の透磁率は、アルミの200倍以上大きい値である。

電磁石の強さは、
　・コイルの巻き数に比例する。
　・コイルに流れる電流の強さに比例する。
　・コイルに挿入する物質の比透磁率が大きいほど強い。

　以上より結論すると、電磁石の強さは、コイルの巻き数、コイルに流れる電流の強さ、コイルに挿入する物質の比透磁率という3つの要因で決まる。

（4）授業のあり方
①電磁石の強さを調べる方法
　実際の学習では、原理の発見から応用の理解へと向かう流れが考えられる。子どもに電磁石を作らせる実験では、
　・どのようにすれば、強い電磁石を作ることができるのか？
と課題意識をもたせることが大切になってくる。電磁石の強さは3つの要因で決まるので、実験における条件制御など科学的な探究の過程を踏ませていく必要がある。そのためには、
　・電磁石の強さは、どのような方法で測ることができるのか
という課題が見通せなくてはならない。先生がすぐに方法を説明するのではなく、実験前に子どもに方法を考え

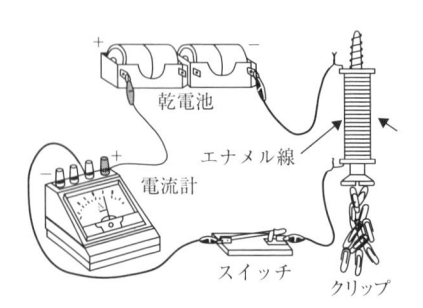

図6-2-6　電磁石の強さを測る方法

させるのがよい。よく行われているものとしては、電磁石の強さは付着するクリップの数などで見積もらせる方法がある（図6-2-6）。

3. 指導計画と展開例

（1） 実施したい観察・実験
実験1　電磁石の極はどこにあるか
〈装置と方法〉
　クリップをたくさん用意し、机上に広げる。その上に、乾電池につないだ電磁石を置き、クリップがどのように付くかを調べる。電流を切ったとき、クリップがどうなるかを観察する。

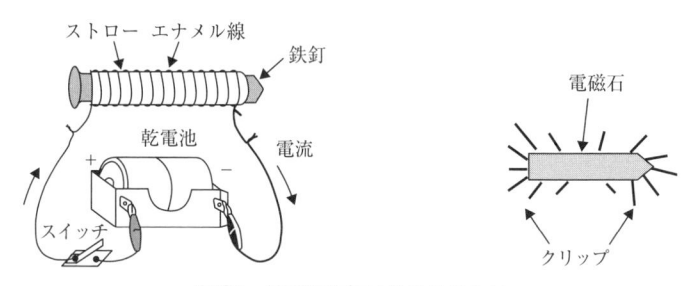

実験1　電磁石の極はどこにあるか

〈結果〉
　電磁石の両端近くにクリップがたくさん付く。したがって、電磁石の両端近くに磁極がある。電流を切ると、クリップは離れる。電磁石は次のようにして作るとよい。

1) 5～6cmの鉄釘を、釘より少し短く切ったストローに通す。
2) ストローに、エナメル線を同じ向きに100回程度巻き、巻き終わりのところをセロテープで止める。
3) エナメル線の両端をサンドペーパーで1～2cmはがす。

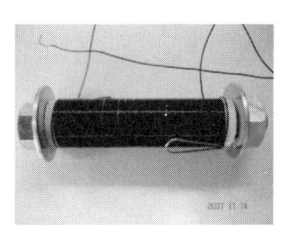

写真6-2-2　ボルトを鉄心にした電磁石

ストローにエナメル線を100回巻くのは大変であるから、ストローに両面テープを貼っておいてもよい。写真6-2-2に、鉄釘の代わりに太めのボルトを鉄心にして作った電磁石を示す。

実験2　乾電池のつなぎ方と電磁石の極性
〈装置と方法〉

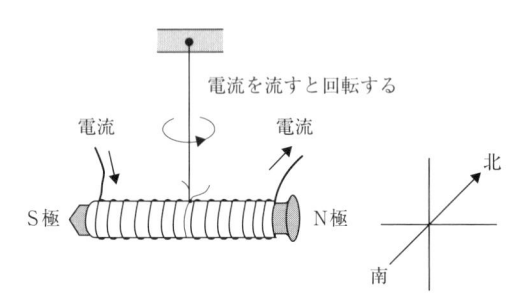

実験2　乾電池のつなぎ方と電磁石の極性

1) 磁針を電磁石に近づけて、電磁石の極性（N、S極）を調べる。電流を逆にすると、電磁石の極性がどうなるか調べる。
2) 電磁石を細い糸で鉛直につるし、電流を流す。
3) 電磁石を2個用意し、それらを近づけて動きを調べる。

〈結果〉

1) では、方位磁針が電磁石に引き付けられ、電流を逆に流すと磁針の向きも逆になる。2) では、電流を流すと電磁石が回転し、南北の方向を向く。3) では、2つの電磁石は引き合う場合と反発する場合があり、一方の電磁石の電流を逆にすると、動きも逆になる。例えば、引き合っていたのが反発するようになる。実験1、2により、電磁石と永久磁石の共通点と相違点がわかる。

　共通点：電磁石にも永久磁石と同様に、N極、S極が存在する。
　相違点：電磁石では、電流を逆にすると極性が入れ替わる。

実験３　電磁石の強さ

〈装置と方法〉

　実験３が、本単元の主となる実験であり、条件制御により次の３つを行う。
- a）コイルの巻き数を変えて、電磁石の強さを調べる。
- b）電流の強さを変えて、電磁石の強さを調べる。
- c）コイルに挿入する物質を変えて、電磁石の強さを調べる。

　振り子の実験と同様に、５年生の探究スキルである条件制御を意識して指導することが大切である。変化させる条件として、

- ・電流の強さ
- ・コイルの巻き数
- ・コイルに挿入する物質

の３つがある。これらを、一つひとつ変化させながら、それぞれの要因が電磁石の強さにどう影響するかを特定していく。また、ここでは検流計ではなく電流計を用いるので、取り扱いには十分注意させたい。特に、ショートによる電流計の焼き切れを防ぐため、電流計に乾電池だけをつながせないようにしたい。電流計は、第５章第３節で説明したように、＋端子（赤）に電流が入り込むように、－端子から電流が出ていくように導線を接続する。－端子は5A端子にする。以下、コイルに挿入する物質を鉄釘とし、a) b) について述べる。

a）実験条件（1）―コイルの巻き数―

　巻き数を変えるときは、他の条件を一定にする。

1. 同じ鉄心を２本、同じ長さと太さのエナメル線を２本用意する。
2. 鉄心に50回巻き、100回巻きの２種類の電磁石を作る。
3. ２つの電磁石に同じ強さの電流を流す。
4. 図6-2-6の方法で、引き付けたクリップの数を数える。

　50回巻きにするとエナメル線があまるが、あまったエナメル線は切らないで、そのままにしておく。切ってしまうと電気抵抗が小さくなるので、3で同じ乾電池を使っても同じ強さの電流にならない。電源装置を使うと、電流を一定にすることができるので、あまった部分を切り落としてもよい。

b) 実験条件（2）―コイルに流れる電流―

電流を変えるときは、他の条件を一定にする。電流の強さを変える方法は2つある。
・乾電池の個数を変える。
・同じ長さの細いエナメル線と太いエナメル線を使う。

太いエナメル線の方が電気抵抗が小さいので、同じ乾電池を使うと大きな電流が流れる。2種類のエナメル線で2つの電磁石を作るときの条件は、同じ鉄心を使い、巻き数を同じにすることである。

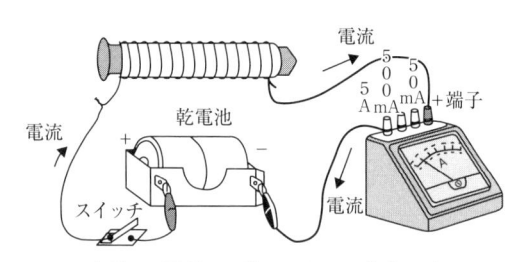

実験3　電磁石の強さを調べる基本回路

・結果

a）同じにする条件：コイルの巻き数（100回）

乾電池の数	1個	2個
電流の強さ		
電磁石の強さ（クリップの数）		

b）同じにする条件：電流（乾電池1個）

コイルの巻き数	50回	100回
電磁石の強さ（クリップの数）		

a）では、コイルに流す電流を増やせば、電磁石に引き付けられるクリップの数が増える。b）では、コイルの巻き数を増やせば、電磁石に引き付けられるクリップの数が増える。上のようなデータ表を作っておいてもよい。

時間があれば次のような実験を行うとよい。

c) 実験条件（3）―コイルに挿入する物質―

3年生で、「磁石に引き付けられる物には、磁石に付けると磁石になる物があること」を学習している。5年生になって覚えていれば、"磁石になる物"

が強い電磁石の芯になる物質ではないか？と考えるのは自然である。実験方法としては、紙の円筒などにエナメル線を巻いて空心コイルを作らせ、円筒内にいろいろな物を挿入させると簡単に実施できる。コイルに挿入する物質としては、木、プラスチック、アルミ、銅、鉄など身近なものがよい。アルミや銅の円柱棒は生活用品店（ホームセンター）で市販しているものを、金ノコで適当な長さに切るとよい。長めのボルトも利用できる。鉄釘はそのまま利用できる。

　電磁石製作の前に、芯にする物質として市販のボルトやステンレス物質類は、磁性体かどうかを予備実験で確かめておくとよい。

d）実験条件（4）―鉄心の太さ―

図6-2-7　鉄心を変える

　図6-2-7のように、太い鉄心と細い鉄心を比べることもできる。巻き数と電流が同じ場合、太い鉄心の方が、磁気力が強くなることを確認できる。

（2）単元の指導計画と指導案例
①単元の指導計画（全10時間）
　　第一次　　電磁石を作ろう（3時間）
　　　　　　　磁力の発生（1）
　　　　　　　作った電磁石で調べよう（2）
　　第二次　　電磁石の強さ（5時間）
　　　　　　　電流の大きさと電磁石（2）…本時2/2
　　　　　　　コイルの巻き数と電磁石（2）

電流の向きと電磁石の極（1）
第三次　まとめ・物作り（2時間）

②教材観・指導観
　本単元は、「エネルギーの変換と保存」に関わるものであり、第6学年「電気の利用」の学習につながるものである。電磁石を使った活動（導線に電流を流し、電磁石の強さの変化を調べる）を通し、実験においては条件制御の重要性に気付かせ、その科学的能力を高めさせながら、電流の働きについて、個々が問題意識をもち追求していけるよう指導していきたい。

③本時の指導案
1）本時の目標
　・電磁石の強さは、電流の大きさに関係があることを、実験を通して理解することができる。
　・実験結果を表やグラフに表すことができる。

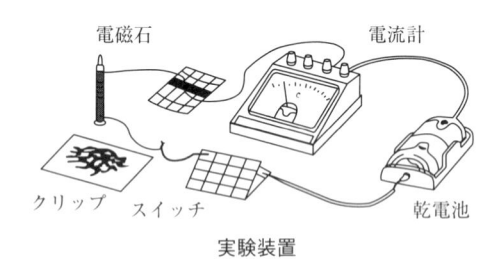

実験装置

2) 本時の展開 (5/10)

	学習活動と内容	教師の指導・支援	留意点と評価
導　入 (10分)	◇前時に考えた調べ方を振り返る。 ・電流計を使う。 ・電流を大きくするためには乾電池を増やす。 ・直列につなぐ。	〈前時からの発問〉 　電流の大きさと電磁石の強さの関係を調べよう。	
展　開 (25分)	◇乾電池の数を増やし、直列につないで調べる。 ◇調べた結果をもとに話し合う。 ・電池の数と電流の大きさの関係 ・電流の大きさとクリップの数の関係 ・電流の大きさと電磁石の強さの関係	・表やグラフの入ったワークシートを配布する。 ・電池の数、電流の大きさ、クリップの数を表にまとめ、電流の大きさとクリップの数をグラフ化させる。	・電流計の使用方法を説明する。 ・電磁石が熱をもつことに注意させる。 ◆実験結果を表やグラフに表すことができている。 【技能・表現】
まとめ (10分)	◇わかったことをまとめる。	〈まとめ〉 　電流が大きくなると、電磁石の力も強くなる	◆電磁石の強さと、電流の大きさの関係を理解できている。 【知識・理解】

第7章

第6学年の単元の解説と指導

第1節　単元「燃焼の仕組み」

1. はじめに

本単元の目標と学習内容は、学習指導要領解説理科編第3章、第4節、第6学年、A 物質・エネルギーの内容（1）に示されている。

> (1) 燃焼の仕組み
> 物を燃やし、物や空気の変化を調べ、燃焼の仕組みについての考えをもつことができるようにする。
> ア　植物体が燃えるときには、空気中の酸素が使われて二酸化炭素ができること。

①一般普遍法則

内容アに関して、燃焼とはどういう現象か、燃焼によって生じる気体にはどのような特徴があるのか、といった事柄が一般普遍法則の側面になる。

②物質の物性的法則

本単元では、空気の組成や気体の密度、ロウの燃焼などが、物質の物性的法則の側面になる。

2. 学習内容における科学的事項

（1）「燃える」とはどういうことか

①燃焼反応

物質が酸素と化合する現象を酸化という。酸化はゆっくりと起こることもあるし、急激に起こることもある。急激な酸化を、燃焼とよんでいる。

・10円玉はなぜ茶色いのか？

平成22年製造の10円玉と、昭和50年代製造の10円玉を比べてみよう。10円玉が赤っぽく光る金属銅でできていることを知らない人はいないと思われるが、昭和50年代製造の10円玉には金属光沢（光沢とはピカッと光る性質）はない。10円玉の表面は、空気中の酸素によってゆっくりと酸化され、茶色の酸化銅に変わっている。

$$2Cu + O_2 \rightarrow 2CuO$$

この化学反応式で、Cuは新しい10円玉を、CuOは古い10円玉（の表面）を意味する。この式を、2モルの金属銅（記号◎で示す）が、1モルの酸素分子（記号○○で示す）と化合して、2モルの酸化銅（記号◎○で示す）ができる粒子モデルで表すと、次のようになる。

◎　◎ ＋ ○○ → ◎○　◎○

このようなモデルは、中学で学習するが、分かりやすく、燃焼の前後で、質量が変化しないという「質量保存則」を内蔵しているため、小学校での指導法も研究してみる価値はあると考えられる。

②燃料の燃焼

教室では、アルコールランプをよく使う。アルコールランプの燃料は、メタノール（メチルアルコール）である。図7-1-1に、メタノールの構造式を水と比較して示す。

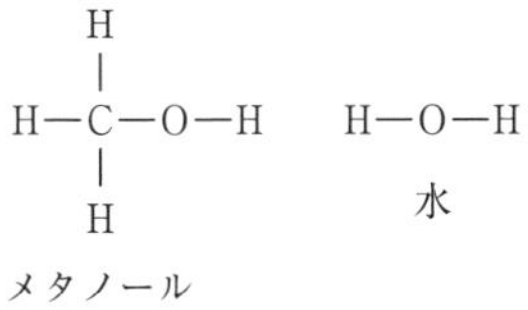

原子同士を結びつけている線（－）は価標といい、共有電子対を意味する。例えば、結合H－Cは、HとCが互いに電子対（2個の電子の

図7-1-1　メタノールの構造式

写真 7-1-1　アルコールランプの燃焼

写真 7-1-2　都市ガスの燃焼

組、電子のペア）を共有して結びついている状態を意味する。このような結合を共有結合といい、非金属原子同士の結合はほとんどが共有結合である。図7-1-1で、メタノールと水の違いはCH_3とHであるが、共通点としてどちらも水酸基－OHをもっている。アルコールと水がよくなじむのは、どちらも水酸基をもつためである。メタノールの構造式を1行で書いた化学式は、物質の性質が反映されるので示性式とよばれる。メタノールの示性式は、CH_3OHである。メタノールの分子式は、C原子とO原子がそれぞれ1つ、H原子が4つなので、CH_4Oとなる。写真7-1-1のように、アルコールランプが燃えるとき、どのようなことが起こっているのか。

メタノールの燃焼は次のようになる。

$$CH_3OH（気）+ 3/2 O_2 \rightarrow CO_2 + 2H_2O（液）+ 726 kJ$$

燃焼反応の場合、物質の状態（気体は「気」、液体は「液」など）を併記する。ただし、酸素O_2や二酸化炭素CO_2は、通常（1気圧、25℃という標準状態）は気体なので、状態はあえて書かない。1モルのメタノールが完全燃焼すると、1モルの二酸化炭素と2モルの水が生じる。その際、反応熱のかたちで熱エネルギー726kJが放出される。この熱エネルギーを、水の加熱などの熱源に利用している。反応の際、酸素が不足すると不完全燃焼が起こり、有害な一酸化炭素COが発生する。

都市ガスは何が燃えているのか。都市ガスの主成分は、メタンガスCH_4で

ある。写真 7-1-2 に示したガスコンロでは、次のような燃焼反応が起こっている。

CH_4（気）$+2O_2 \rightarrow CO_2+2H_2O$（液）$+891kJ$

メタン 1 モルの燃焼では、891kJ の熱エネルギーを発生する。同様に、プロパン 1 モルの燃焼では 2220kJ の熱エネルギーを発生する。燃焼熱の値については、理科年表に詳しい。

参考（7-1-1）熱と仕事

われわれが普通に「熱」とよんでいる物理量は、物質を構成する原子や分子の力学的エネルギーの総和であり、内部エネルギーともいう。その移動形態が、一般に「熱」とよばれるものの実体である。したがって、熱は決して物質そのものではない。19 世紀中頃までは、熱素説という熱物質論的な考え方があったが、摩擦による熱の発生などをうまく説明できず、熱は物質を構成する原子や分子の力学的エネルギーであると認識されるようになった。だから、熱はエネルギーの一形態であることは疑いのない事実ではあるが、熱は気体を膨張させるなどの仕事に変わるので、興味のある子どもには、熱はエネルギー（仕事をするの能力）と考えることができる、という説明ができるのではないだろうか。

参考（7-1-2）熱の単位、仕事の単位

エネルギー単位 1J は、物体を 1N の力で 1m 動かす仕事として定義される。これまで使われていた熱の単位 1cal は、水 1g の温度を 1 度高めるための熱量として定義されていた。熱量単位 1cal は、仕事単位に換算すると約 4.2J に相当する。

$1cal = 4.2J$　　$1kcal = 4.2kJ$

熱量単位とエネルギー単位の変換比率は、1850 年頃、J.P. ジュールが行った流体摩擦の実験などにより発見され、「熱の仕事当量」（mechanical equivalent of heat）とよばれ、記号 J で記述されている。

$J = 4.2 J/cal$

（2） 空気の成分

空気の主成分は、約78%の窒素と21%の酸素で、その他アルゴンや二酸化炭素などが含まれている（表7-1-1）。表にはないが、空気には水蒸気も含まれている。空気中に含まれる水蒸気量の、そのときの気温における飽和水蒸気量（含まれる水蒸気量の最大値）に対する比が湿度である。

表7-1-1 空気の成分

窒素 N_2	78.08%
酸素 O_2	20.95%
アルゴン Ar	0.93%
二酸化炭素 CO_2	0.035%
ネオン Ne	0.0018%
ヘリウム He	0.00052%
その他	

$$湿度[\%] = 100 \times \frac{空気中の水蒸気量}{飽和水蒸気量}$$

二酸化炭素の濃度は、1960年には、0.0315%（315ppm）であった。現在は、0.036%（360ppm）になっている。50年間で約45ppm増えたことになるので、毎年約1ppmずつ増えているといえる。原因は、人為的な生産・消費・産業活動にあるといわれている。あるいは、気温上昇が原因となって二酸化炭素濃度が増加しているという学説も出てきている。

（3） 気体の製法

本単元で出てくる気体は、酸素と二酸化炭素である。製法を図7-1-2、図7-1-3に示す。

①二酸化炭素 CO_2 の製法

二酸化炭素を実験室で作るには、石灰石（炭酸カルシウム $CaCO_3$）に希塩酸（HCl）を加える。

$$CaCO_3 + 2HCl \rightarrow CaCl_2 + H_2O + CO_2 \uparrow$$

↑は気体の発生を示す記号である。二酸化炭素は、水に少し溶け、空気より重い。したがって、下方置換で集めてもよいが、水上置換で集めると空気の混じっていない純粋な二酸化炭素が得られる。

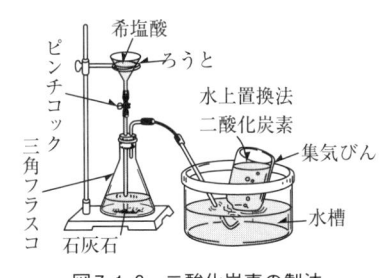

図7-1-2　二酸化炭素の製法　　　　図7-1-3　酸素の製法

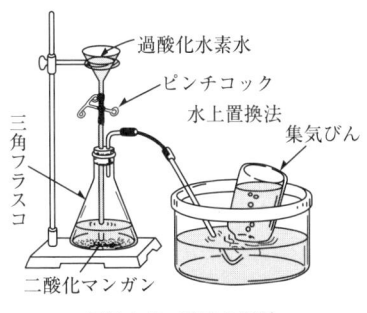

② 酸素 O_2 の製法

　酸素を実験室で作るには、過酸化水素水（オキシドール H_2O_2）に二酸化マンガン（MnO_2 を加える）。

　　　$2H_2O_2 \rightarrow 2H_2O + O_2\uparrow$

　酸素は、水に極めて溶けにくいので水上置換で集める。二酸化マンガンは触媒とよばれ、反応を促進させる働きをし、反応式には表れてこない。

（4）気体の密度—空気より重い気体、軽い気体—

　気体の分子量は、分子を構成する原子の原子量の総和になる。原子量は、原子1mol（6.02×10^{23} 個の原子）の質量を意味する。酸素原子1個は微少な質量であるが、6.02×10^{23} 個も集まると、計測にかかる16gとなる。この16という数字が酸素原子の原子量になる。原子量は、原子の相対的質量であり、原子量の大きい原子ほど重い。分子量を知るには、次の例のように分子を構成する原子の原子量の総和を求める。

　　分子量＝原子量の総和
　　例）H_2O の分子量＝H原子2個＋O原子1個
　　　　　　　　　　　＝$1\times2+16=18$
　　　（原子量概数：H＝1　C＝12　N＝14　O＝16）

［問1］　酸素1.6gは何モルになるか。

[解1] 酸素 O_2 の分子量は、

　　$M = O$ 原子 2 個 $= 2 \times 16 = 32$

$M = 32$ であるから、

　　$32g \to 1mol$

　　$1.6g \to X[mol]$

となる。これより、

　　$X = 1.6 \div 32 = 0.05 mol$

となり、気体の質量÷分子量　で物質量（モル数）が求められる。

　小中学校の理科では、「気体が空気より重いか軽いか」といったことがよく問題になる。ある気体が空気より重いか軽いかを知るには、気体の分子量を知ればよい。分子量が分かれば、空気の分子量（29）と比較することができる。

[問2] メタノール（ガス）は空気より重いか。

[解2] $CH_3OH = 12 + 1 \times 3 + 16 + 1$
　　　　　　　$= 32 > 29$

　したがって、メタノールは空気より少し重い。

[問3] メタンガスは空気より重いか。

[解3] $CH_4 = 12 + 1 \times 4$
　　　　　$= 16 < 29$

　したがって、メタンガスは空気より軽い。

　空気の平均分子量は次のように求める。
　空気は、酸素2割、窒素8割と考えて
　　　　　　　↓　　　↓
　　$M = 32 \times 0.2 + 28 \times 0.8 \fallingdotseq 29$

ちなみに、空気の重さにはじめて気付いたのはガリレイであるといわれて

いる。理科でよく出てくる気体の分子量M、密度 ρ [g/l]、空気との重さの比較を、表7-1-2に示す。

表7-1-2　気体の分子量、密度、空気との重さの比較

気体	M	ρ [g/l]	空気より
酸素	32	1.43	重い
窒素	28	1.25	軽い
水素	2	0.090	軽い
空気	29	1.29	—
水蒸気	18	0.60	軽い
二酸化炭素	44	1.98	重い

(5) ロウの炎(ほのお)の構造

学習指導要領解説理科編の内容ア「植物体が燃えるときには、空気中の酸素が使われて二酸化炭素ができる」における植物体としては、日常に使われているもの、例えば、木片、紙、ロウソクなどが考えられる。実験ではロウソクがよく用いられている。ロウの主成分は、石油を精製する過程で作られるパラフィンとよばれる物質で、主に炭素と水素からできている。19世紀にヨーロッパで発明されたロウソクは、明治時代に輸入され、明治・大正時代はロウソクの火は生活に欠かせないものであった。図7-1-4に、ロウの炎の構造を模式的に示す。

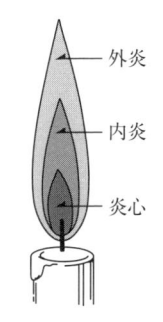

図7-1-4　炎の構造

①炎とは何か

炎とは、「気体が燃焼するときに見られる、光と熱を発している部分」と定義される。石油や木材の燃焼では、熱によって物質の一部が気化し、その気体が燃焼し炎を生じる。ロウソクの炎は、熱によって発生した可燃性の気体が、周囲の空気中の酸素と混合することによって燃焼している。このような場合には、炎の外側ほど酸素の濃度が高くなり、その濃度に応じて炎は3つの部分に分けられる。

②炎心

炎の中心部は炎心とよばれており、ロウの固体が液体になり、さらには可燃性の気体になっている領域である。

・酸素がほとんど供給されていない。

・温度も低く約900℃である。

そのため、気体は燃焼をせず、未反応の状態で存在していている。したがって、発光しないため暗く見える。

③内炎

ここは、酸素濃度が低く不完全燃焼が起こっており、ロウの可燃性気体が分解されてスス（炭素の微粒子）と水素を発生している領域である。酸化反応があまり進行しないため、温度は約1200℃程度。この微粒子が熱放射（赤外線放射など）によって、オレンジ色の光を放射していて、炎の中では最も明るく光って見える部分である。この領域に酸化物を入れると、酸化物から酸素を奪う還元反応が進行するため、内炎は還元炎とよばれる。

④外炎

ロウの可燃性気体が空気中に拡散して完全燃焼し、二酸化炭素と水が生成している。このとき、高い燃焼熱を発生させる。そのため、温度は最も高く約1400℃に達する。この領域に物質を入れると、豊富な酸素と高い温度により、酸化反応が進行するため、外炎は酸化炎とよばれる。

⑤炎はなぜ上を向く？

炎の熱によって温度が上がり、周囲の空気の密度が小さくなる。そして炎の周囲に上昇気流が発生する。この上昇気流によって、炎を形成している気体が上向きに力を受け、吹き流されて炎の穂のような形が作られていく。この上昇気流には、燃焼で生成する二酸化炭素を取り除き、新しい酸素を供給する働きもある。新しい酸素を供給は、継続的な燃焼を可能にしている。ちなみに、炎の語源は「火の穂（ほのほ）」に由来すると言われている。

⑥ロウの燃焼実験

図7-1-5のように、炎に湿った割り箸を入れる実験をしてみると、割り箸の位置によって焦げる位置が変わる。割り箸の焦げは燃焼してできるから、こ

図7-1-5　割り箸を焦がす実験　　　図7-1-6　ロウの可燃性気体の確認

の実験により、外炎で酸化反応（燃焼）が起こっていることがわかる。また、図7-1-6のように、細いガラス管の一方を炎心に向けると、ロウの気体がガラス管の他方に出てくる。これに点火するとガラス管の先に炎ができる。この実験から、炎心には可燃性の気体成分が存在することがわかる。以上、ロウの燃焼をまとめると、次のようになる。

1) ロウは、炎心で、固体→液体→気体という三態変化を経る。
2) できたロウの可燃性気体が、内炎では不完全燃焼により、ススとよばれる炭素微粒子（C）や水素（H_2）に分解される。
3) 外炎では豊富な可燃性気体が空気中に拡散して、酸素（O_2）と化合し、完全燃焼して水と二酸化炭素を生じる。

3. 指導計画と展開例

（1） 実施したい観察・実験
実験1　燃焼後の気体を調べる
〈装置と方法〉
1) 集気瓶のなかでロウソクを燃やし、火が消えた後の集気瓶に蓋をして水の中に入れ、蓋を取る。瓶を傾けてみて瓶の中に水が入っていくかを調べる
2) 火の消えた後の集気瓶に、もう一度火のついたロウソクを入れる。

〈結果〉
1) 蓋を取っても水は入らない。傾けると水が入る。このことから、ロウソクの火が消えた後の集気瓶にも、空気があることがわかる。
2) ロウソクを入れると、火が消える。このことから、ロウソクの火が消えた後の集気瓶にあった空気は、燃やす前の空気とは違い、燃焼能力が

実験1　燃焼後の気体を調べる　　　　実験2　酸素中の燃焼を調べる

ないことがわかる。

実験2　酸素中の燃え方
〈装置と方法〉
　酸素ボンベの水上置換で集気瓶に入れ、蓋をする（図7-1-3の方法で酸素を作ってもよい）。火のついたロウソクを酸素の入った集気瓶に素早く入れて蓋をし、燃焼の様子を観察する。空気中の燃焼と比較する。
〈結果〉
　空気中では穏やかに燃えるが、酸素中では激しく燃えることがわかる。この実験から、酸素には物質を燃焼させる働きがあることが理解される。
《酸素の入れ方》
　・水を満たした集気瓶を水に沈め、蓋を取る。
　・8分目まで酸素を入れ、蓋をして取り出す。
　酸素中の燃焼は激しく火花が飛んだりするので、集気瓶には少量の水を入れておくとよい。また、酸素の代わりに窒素ボンベで同様の実験をすると、窒素には燃焼能力がないことがわかる。この段階で、空気の成分（酸素20％、窒素80％）を教えておくとよい。

実験3　燃焼前後の物質の変化を調べる
〈装置と方法〉
　2つの集気瓶を用意する。
　1）ロウソクが燃焼している集気瓶で、炎が消えたとき蓋をする。
　2）空気だけの集気瓶を用意する。これは1）との対照用である。

両方の集気瓶の蓋を少し開け、石灰水を入れて振る。

〈結果〉

1）では石灰水が白く濁る。2）は変化なし。1）の集気瓶には二酸化炭素があることがわかる。

反応は次のようなものである。

$Ca(OH)_2 + CO_2 \rightarrow CaCO_3\downarrow + H_2O$
（石灰水）　　　　　　　（炭酸カルシウムの白色沈殿）

石灰水は無色透明な強アルカリ性液体で、二酸化炭素を通じると白濁する。この実験では、植物体を燃焼させると二酸化炭素ができていることがわかる。ロウソクだけでなく、木や紙などを用いて行うと普遍性が増す。また、二酸化炭素の検出は、市販の気体検知管を用いることもできる。

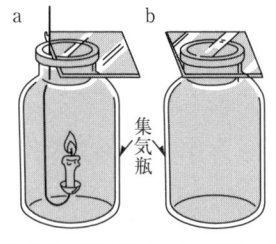

実験3　燃焼後の空気を調べる

その際、次のものを用いる。

空気中の二酸化炭素の測定：低濃度用（0.03〜1％）
燃焼後の二酸化炭素の測定：高濃度用（0.5〜8％）

実験4　燃え続けるための条件を調べる

実験4が、本単元の主となる実験である。

〈装置と方法〉

下記に示すような、a〜dの4つの装置を用いて行う。4つの装置のうちで、燃え続けるのはどれか。

a）集気瓶の中で燃やす。
b）集気瓶に蓋をした中で燃やす。
c）下に穴の開いた筒の中で燃やす。
d）c）の筒に蓋をして燃やす。

〈結果〉

a）とc）だけが燃え続ける。

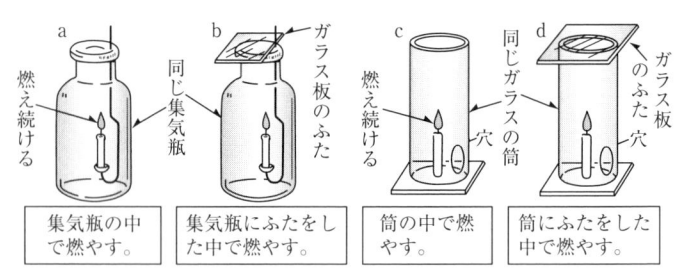

実験4 燃焼が継続して起こる条件を調べる

　b) は集気瓶の酸素がなくなれば消えてしまう。d) は穴が開いているが、燃焼後の気体が筒の中に充満し、下の穴から新しい空気が入り込むことができなくなる。燃焼後の気体であるCO_2の分子量は44で、空気の平均分子量29よりも大きい。したがって、CO_2は空気より約1.5（44÷29）倍重いので、下からたまっていく。a) と c) の装置では、図7-1-7に示すように、空気がどのように流れているのかを知るための実験がある。

　結果は、図7-1-8に示すとおりである。
- a) では煙は端から下降して真中で上昇する。
- c) では煙は穴から入って上昇する。

このように、a) と c) では新しい空気が絶えず装置の中を流れている。この空気の流れが、ロウが燃え続けるのに必要なことなのだと結論できる。

　燃え続けるには、新しい空気の流れが必要。

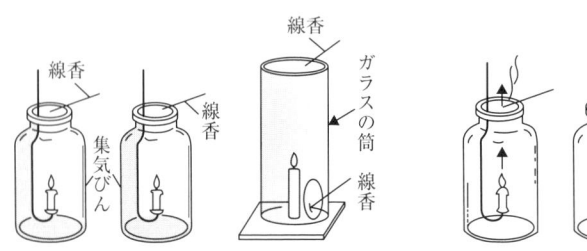

図7-1-7　空気の流れを調べる実験　　　図7-1-8　空気の流れ

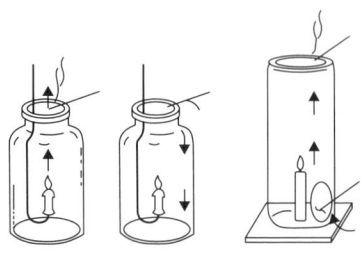

参考（7-1-3）乾溜実験

　木は、炭素や水素などの燃える成分と、カリウムなどの燃えない成分を含んでいる。木が燃える場合、固体の木が燃えているのではなく、ロウソクの場合と同様に、木の一部が気体になって燃えている。これを確かめるために、乾溜実験がある。乾溜実験は学習指導要領から削除されているが、理科としての面白さがあるため、紙面を割いて簡単に説明することにした。燃焼とは酸素を用いて有機物などを燃やすことであったが、無酸素下で加熱することによって熱分解させることを炭化といい、炭化を行わせる実験を乾溜（蒸し焼き）という。図7-1-9は、「割り箸で"炭"を作る実験」でもある。実験方法は次の通り。

1) 試験管の中に、2～3cmに切った乾いた割り箸を入れる。
2) 試験管に、ガラス管を通したゴム栓をする。
3) 試験管の口をやや下にして、横に支える。
4) 試験管の底を、アルコールランプで加熱する。
5) 外から空気が入れないので、割り箸は蒸し焼きになる。

　乾溜生成物は、次の3つである。

ア）木ガス

　ガラス管から出てくる可燃性気体で、白い煙のように見える（外気で冷やされて微少な液体になっている）。水素を含んでいるため、火をつけると炎を出して燃える。この観察から、「木も、炎を出して燃えるときは、気体になっている」ということが納得される。

イ）木酢液・木タール

　試験管の口付近にたまる、薄い褐色をした粘性の高い酸性液体。液体が試験管の底に流れ、底が割れるのを防ぐため、試験管の口を下げておく。

ウ）木炭（すみ）

　最後に残る固形物で、ほとんどが

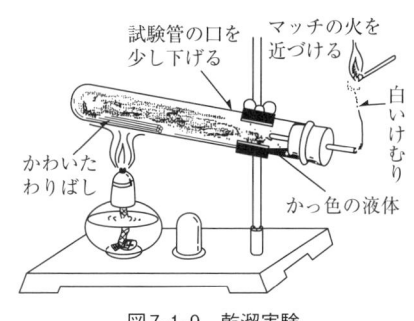

図7-1-9　乾溜実験

炭素（燃えない成分は白い灰となって残る）。木炭を空気中に取り出して燃やすと、炎を出さず赤熱する。木炭は気体成分を含まないためである。

現在、家庭ではプロパンガスや都市ガスが燃料として用いられている。しかし、プロパンガスなどが普及するまでは、木炭を燃料として使用してきた。クヌギや樫などの堅い木を土のかまどの中に詰め、点火した後は木ガスを逃す煙突以外は閉じて蒸し焼きにして作る。空気中の燃焼では、すべてが大気の温暖化に寄与する二酸化炭素となるが、蒸し焼きでは、二酸化炭素になるのは10％程度であり、9割は二酸化炭素以外の有機物に変換されるといわれている。

トーマス・エジソンは、京都の男山の孟宗竹を炭化して得られた炭を電極として使用し、白熱電球を発明したとされている。小学校の理科では、自作の電球を作ることも行われている。ガラス瓶に電極を挿入し、木炭に見立てたシャープペンの芯を接続して、電源装置を用いて3〜5Aの直流電流を流すと点灯する（図7-1-10）。写真7-1-3では、シャープペンの芯を発光させている。このような実践は、6年生の単元「電気の利用」でも実施できる。

図7-1-10　シャープペン芯電球

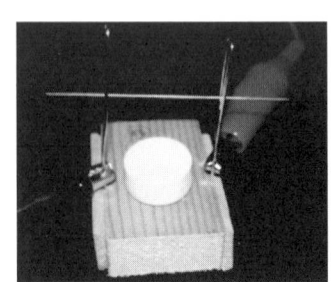

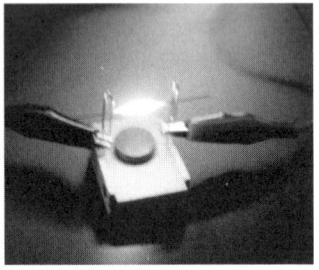

写真7-1-3　シャープペンの芯の発光
（左は通電前、右は通電後）

（2）単元の指導計画と指導案例

①単元の指導計画（全8時間）

 第一次 物を燃やす働き（4時間）
      ロウソクを燃やし続けよう（2）
      燃えるために必要な物（2）
 第二次 物が燃えた後の空気（2時間）…本時2/2
 第三次 研究発表（2時間）

②教材観・指導観

 児童は、「酸素」や「二酸化炭素」という言葉を知りながらも、燃焼における空気（酸素）の役割や、燃焼の考え方は形成の途上にあるといえよう。

 本単元では、物が燃えるための条件（空気中の酸素が物を燃やす働きをし、物が燃えると、空気中の酸素の一部が使われ二酸化炭素ができることなど）について実験をもとに考察していく。このとき、目に見えない化学変化について、より具体的に考えるために、児童のイメージを図式化させるなど工夫をし、楽しく学習できるようにしたい。また、実験結果をもとに、現象についての自分の考えをまとめる力を養いたい。

③本時の指導案

1) 本時の目標

 ・物を燃やしたときの、物や空気の変化を調べることによって、燃焼の仕組みについての考えをもつことができる。

 ・物が燃えるときには、空気中の酸素が使われ、二酸化炭素ができることを理解する。

①気体検知管の両端を折り、ハンドルを押し込んだ状態で差し込み、調べたい容器中に検知管の先を差し込む。

②ハンドルを引いて1分ほど待つ。

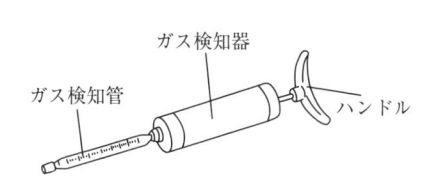

図7-1-11 気体検知管

③検知管の目盛りを読む。

2) 本時の展開（6/8）

	学習活動と内容	教師の指導・支援	留意点と評価
導　入 (10分)	◇前回考えた実験方法を確認する。 ・石灰水 ・気体検知管	〈前時からの発問〉 　物が燃えた後の集気瓶の中の空気はどうなっているのだろうか？	・空気が複数の成分からなっていることをとらえておくこと。
展　開 (25分)	◇石灰水を使用するグループと、気体検知管を使用するグループに分かれて実験する。 ・石灰水の色の変化 ・酸素と二酸化炭素の割合の変化 ◇実験結果を表にまとめ、わかったことを話し合う。	・燃える前と燃えた後の空気を比べる必要があることを確認する。 ・表の入ったワークシートを配布する（実験結果のシェアリングのために、石灰水用と気体検知管用の2つの表を印刷しておく）。	・学級全体に、それぞれの実験方法について指導しておく。 ・火の扱いに十分注意し、机の上に物を置かない。 ◆実験結果を表にし、各自の考えがまとめられている。 【技能・表現】
まとめ (10分)	◇実験結果と、それをもとにわかったことを発表し合う。	〈まとめ〉 　物が燃えるときには、空気中の酸素が使われ、二酸化炭素ができる。	◆物が燃えるとき、空気中の酸素が使われ、二酸化炭素ができることを理解している。 【知識・理解】

第2節　単元「てこの規則性」

1. はじめに

本単元の目標と学習内容は、学習指導要領解説理科編第3章、第4節、第6学年、A 物質・エネルギーの内容（3）に示されている。

> (3) てこの規則性
>   てこを使い、力の加わる位置や大きさを変えて、てこの仕組みや働きを調べ、てこの規則性についての考えをもつことができるようにする。
> ア　水平につり合った棒の支点から等距離に物をつるして棒が水平になったとき、物の重さは等しいこと。
> イ　力を加える位置や力の大きさを変えると、てこを傾ける働きが変わり、てこがつり合うときにはそれらの間に規則性があること。
> ウ　身の回りには、てこの規則性を利用した道具があること。

①一般普遍法則

　棒が水平になるのはなぜか、「てこを傾ける働き」とはどのような物理量か、「てこがつり合うときの一定のきまり」とはどういうことか、こういったことが一般普遍法則の側面になる。

②物質の物性的法則

　本単元では、物質の物性的法則の側面は見あたらない。

2. 学習内容における科学的事項

(1) 棒はどんなときに水平になるか

　一様な棒（密度や太さがどこも同じ棒）を水平に保つには、棒の中点を支えるしかない。支える点を支点とよぶ。図7-2-1のように、支点から等距離に左右におもりをつるすと、両方のおもりが異なる質量（したがって重さ）のとき、棒が傾く（あるいは支点を中心に回転する）。両方のおもりが同じ質量のとき、棒は水平になる。この認識が、てこの学習のスタートになる。この認識があれば、上皿天秤も使えるようになる。

　次に、両方のおもりが同じ質量で、支点からおもりまでの距離が異なる場合および、両方のおもりが異なる質量で、支点からおもりまでの距離が同じ場合には、決して水平にはならないことが認識

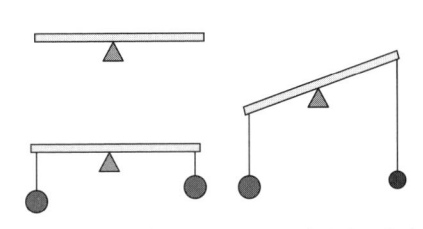

図7-2-1　棒が水平になるとき、ならないとき

される。そして、両方のおもりが異なる質量で、支点からおもりまでの距離も異なる場合はどうなるのか、と想像力が働き、水平になることがあるのか、もし水平にできるなら、どのような方法でできるのか？というように、学習者の関心・興味が、理科の疑問へと発展していく。

（2） 生活に見られるてこ

図7-2-2のように、てこには力が働く3つの点がある。
①力　点：力が加わるところ
②作用点：力が伝わる（作用する）ところ
③支　点：てこを支えるところ（回転の中心）

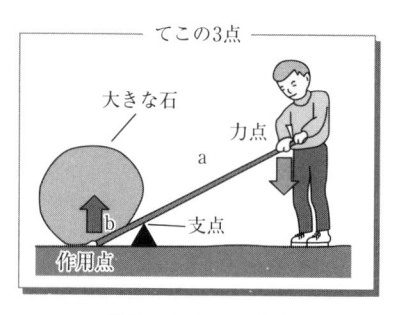

図7-2-2　てこの3点

てこ（に使った棒）の支点と力点の距離aが2.0m、支点と作用点の距離bが20cmのとき、石が動くためにはいくらの力を加えねばならないか。結果は、10kgwの力で石は動く。

$20 \times 100 = 200 \times f$　より

$f = 10$kgw

この式の意味は本節（3）で説明する。

このように、a＞bのとき、作用点には加えた以上の大きな力が出る。このようなてこは、次のように2種類ある。
①支点が作用点と力点の間にあるてこ
　一例を図7-2-3（1）に示す。バール、釘抜き、はさみ、ペンチなどで、学習の導入として使うこともできる。

②作用点が支点と力点の間にあるてこ
　一例を図7-2-3（2）に示す。栓抜き、押し切り、ホッチキス、缶切りなどがある。一方、a＜bの場合は、力は小さくなるが動きが大きくなって、細やかな動きができるようになる。次の③のタイプのてこである。

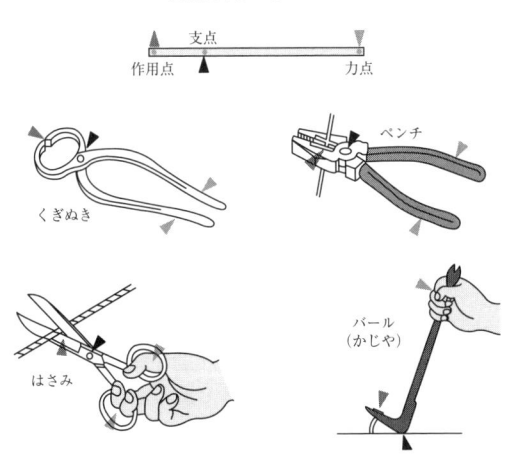

第 7 章　第 6 学年の単元の解説と指導　203

支点が間にあるてこ

図7-2-3（1）　支点が作用点と力点の間にあるてこ

作用点が間にあるてこ

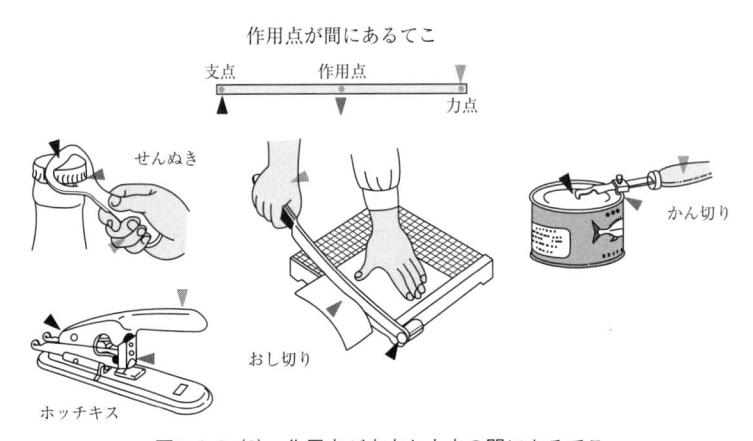

図7-2-3（2）　作用点が支点と力点の間にあるてこ

③力点が作用点と支点の間にあるてこ

　図7-2-3（3）のように、ピンセット、にぎりばさみ、毛抜きなどがある。
　前学習指導要領解説理科編では、「支点が力点と作用点の間にあるてこだけを用いること」という歯止め事項が示されていた。しかし、平成20年度の現行では図7-2-3（2）、図7-2-3（3）のようなてこも、授業で扱うことができ

力点が間にあるてこ

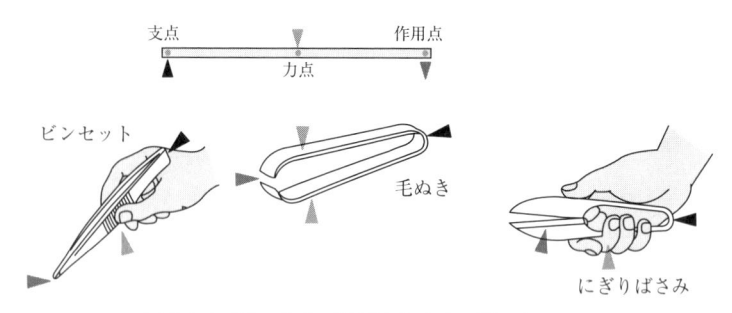

図7-2-3（3）　力点が作用点と支点の間にあるてこ

る。ホッチキスは誰もがいつも使う日常品であるし、ピンセットも栓抜きもよく使うので、子どもの実態等に応じて、先生が授業で紹介するとよい。

（3）てこを傾ける（回転させる）働き

図7-2-4は、スパナでボルトを締めているところである。ボルトを回転させる働き（作用）は、スパナに加えた力とスパナの長さの積で決まる。この積をトルクとよぶ。このとき、スパナの長さを「腕の長さ」という。トルクとは、物体が回転軸の周りに回転する場合、回転の原因となる物理量である。てこのように、明確な回転軸がない場合にも回転作用は生じることがある。そういう場合も含め、回転作用の原因となる物理量を「力のモーメント」とよんでいる。

　　力のモーメント＝腕の長さ×加えた力　　…(7-2-1)

腕の向きと力の向きが垂直な場合は、腕の長さは支点から作用点および力点までの距離になる。腕の向きと力の向きが垂直でない場合は、図7-2-4の左の図

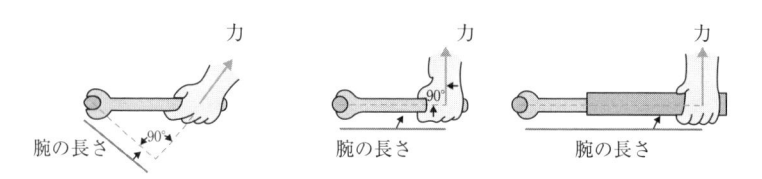

図7-2-4　ボルトを回転させる要因

のように、腕の長さは力の向きに垂直に取る。あるいは、力を腕の向きと腕に垂直な向きに分解し、腕の向きに垂直な成分を取ることもあるが、同じ結果を与える。また、回転は時計と反対方向の回転を正にとることにしている。角度を測るときと同じようにする。腕の長さの単位にm（メートル）、力の単位にN（ニュートン）を取るとき、モーメントの単位はN・m（ニュートンメートル）となる。N・mはエネルギー単位J（ジュール　物体を1Nの力で1m押すときの仕事は1Jである）と同じであるが、普通はモーメントの単位をJとはいわない。また、腕の長さの単位にcm、力の単位にgw（グラム重）やkgw（キログラム重）を取るとき、モーメントの単位はgw・cm（グラム重センチメートル）あるいはkgw・cm（キログラム重センチメートル）のようになる。

（4）てこがつり合うときの「一定のきまり」

図7-2-5のシーソーで、2人が乗っている棒（てこ）が回転せずつり合っているとする。そのときの力のモーメントを求めてみる。右側の人が原因となって生じる回転は時計回りで負、左側の人が原因となって生じる回転は時計と反対回り（反時計回り）で正となる。右側の人と左側の人が原因となって生じるモーメントをそれぞれ、$N_右$、$N_左$とする。

$N_右 = -500\,N \times 1.5m = -750 N\cdot m$

$N_左 = 250\,N \times 3m = 750 N\cdot m$

このときモーメントの合計は、

$N_右 + N_左 = -750 + 750 = 0$

になる。棒（てこ）は回転しないとき、モーメントの合計が0になっている。$N_右$の負号をはずして絶対値（大きさ）だけにすると、上の関係は、

$N_右 = N_左$

とも書ける。いずれにせよ、モーメントの総和が0のとき、棒（てこ）は回転しない。この状態を、モーメントのつり合いという。

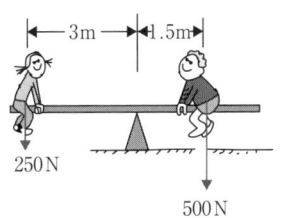

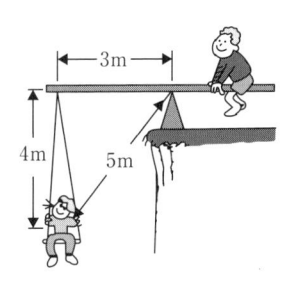

図7-2-5　シーソー

一般に、モーメントがつり合うと、剛体（変形しない大きさのある棒のような物体）は回転しない。これがてこの原理である。

> **てこの原理**
>
> てこが回転しない（傾かない）⇔ モーメントの総和が0（モーメントのつり合い）

750N・m を、単位 gw・cm に変えるには、以下のようにする。1kgw が 9.8N にあたるので、次のようになる。

$$1000\text{gw} = 1\text{kgw} = 9.8\text{N} \fallingdotseq 10\text{N}$$

∴　750N＝75000gw

$$1\text{m}=100\text{cm}$$

∴　750N・m＝75000×100gw・cm＝7500000gw・cm＝7.5×10^6gw・cm

図 7-2-5 の下側の例でも、乗っている 2 人の人が上側の図と同じなら、右の人はてこ（棒）の支点から、1.5 m 右の位置にすわっていることになる。ここで大切なことは、てこの回転作用を論じるときは何をもとに考えるのかというと、

・力そのものを考える

のではなく、

・力のモーメントを考える

ということである。「力」ではなく「腕の長さ×力」という（力とは別の）概念で考えることなのである。

（5）　てこの支点はどういう点なのか

①てこに使う棒の重心

てこは、支点で支えると回転しないで水平を保つ。幼稚園か低学年で、「やじろべえ」をつくって遊んだ経験がてこの学習の基礎になる。やじろべえをある 1 点で支えて傾かなかったら（回転しなかったら）、その点は重心（棒の質量がその点に集中したと考えられる点）またはその作用線上にあると考えられる。一様な棒では、その中心を支えると回転しないで水平になる。棒の中心は

重心になっている。

一様な物体の重心＝物体の幾何学的中心

　野球のバットのような一様でない（密度は同じだが太さが変わる）"棒"でも、ある点で支えるとバットが水平になる点（重心）を見つけることができる。バットの重心はもちろん真ん中ではない。棒の両端に異なる重さの物体をつるしたとき、棒を水平に支えられる点はてこの支点である。したがって、水平になっているてこの支点は、てこ（棒）と2つの物体からなる系（棒と2つの物体の全部）の重心になっている。

水平なてこの支点＝全体の重心

一般に、重心とは、物体（剛体）のすべての質量が1点に集まったと考えられる点であって、「質量の中心」とよばれる。重心はどのようにして見つけることができるのか。物体の重心を支点にして支えると、物体は回転しない。正方形や円盤のように、対称な物体の重心は中心にある。図7-2-6のようなバットの重心を求めてみる。

　バットの一方をほんの少しだけバネばかりで引き上げたとき、それぞれ$a[gw]$、$b[gw]$であったとする。棒の重さ（棒に働く重力）Wはこれらの和になり、

　　　$W = a + b [gw]$　…(ア)

である。重心がBから$d[cm]$、Aから$c[cm]$の位置にあるとする。重心は、

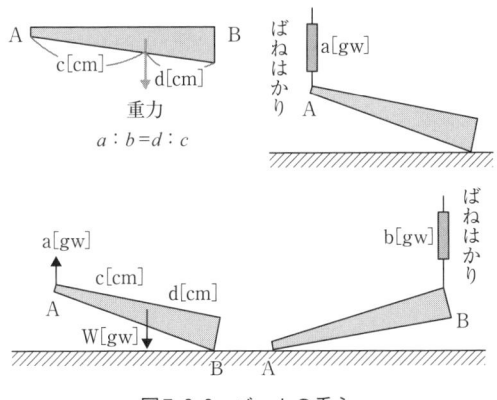

図7-2-6　バットの重心

質量の中心であるから、重力Wが重心に働くと考える。図7-2-6（左下）で、B点を回転の中心としたときのモーメントの総和$\Sigma_B N$を求めてみる。

$\Sigma_B N = -(c+d) \times a + d \times W$

　　　（正：反時計回り）　（負：時計回り）

総和$\Sigma_B N$が0のとき、バットはB点の回りに回転しない。

$\Sigma_B N = 0$

∴　$-(c+d) \times a + d \times W = 0$　…(イ)

式(ア)(イ)より W を消し、

$a \times (c+d) = (a+b) \times d$

これを整理すると、

$c \times a = d \times b$ または $a : b = d : c$　…(ウ)

が得られる。よって、a[gw]とb[gw]がわかると、cとdの比がわかるので、次の問1のようにバットの長さから重心の位置を決めることができる。

[問1]　バットの長さが100cm、a = 200gw、b = 300gwのとき、バットの重心はAから何cmのところにあるか。

[解1]　式(ウ)と、$d = 100 - c$ より、

$c \times a = (100 - c) \times b$

これより、

$c = 100b/(a+b) = 100 \times 300/(200+300) = 60$

重心は、Aから60cmの点にあることがわかる。

[問2]　図7-2-6（右下）で、A点を回転の中心としたときも、同じ結論が得られることを、A点を回転の中心としたときのモーメントの総和$\Sigma_A N$を求めて確かめよ。

[解2]　A点を回転の中心としたときのモーメントの総和$\Sigma_A N$が0になる。

$\Sigma_A N = 0$

∴　(c＋d)×b－d×W＝0　…(エ)

式(ア)(エ)よりWを消し、整理すると、式(ウ)と同じ

　　a×c＝d×b

が得られる。

　定滑車を使った"人力エレベーター"を描いた図7-2-8では、ロープを引いて自分を持ち上げようとしている。

[問3]　図7-2-7で、体重50kgwの人の場合は自分を持ち上げるのに、最低どのくらいの力が必要か。かごの重さ自分の体重の1/2とする。

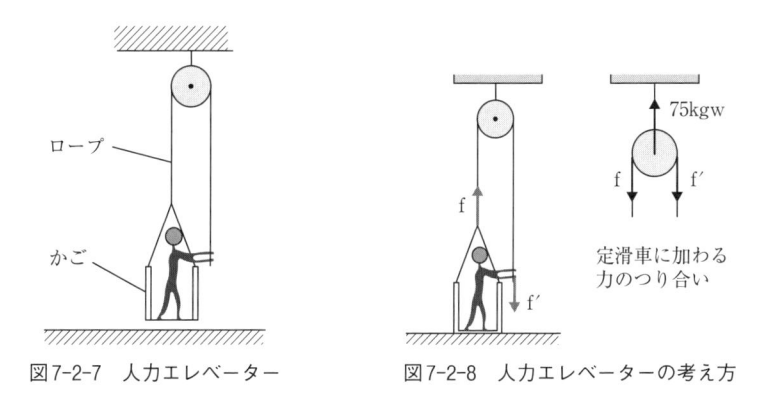

図7-2-7　人力エレベーター　　　図7-2-8　人力エレベーターの考え方

[解3]　図7-2-7で、ロープがエレベーター（人＋かご）を引き上げる力を**f**とし、人が右のロープを引く力をとする。図のように、かごが浮き上がって止まっている状態を想定し、定滑車に加わる力のつり合いを考える。定滑車の左側にかかる力は、ロープがエレベーター（人＋かご）を引き上げる力**f**に等しい。一方、定滑車の右側にかかる力は、人が右のロープを引く力**f′**に等しい。ところが、定滑車は静止しているので両側にかかる力は等しくなり、

　　f＝f′

となる。そして、定滑車には天井からエレベーター（人＋かご）を引き

上げようとする力 75kgw（＝全体の重さ＝50+25kgw）がかかるから、

$75 = f + f' = f + f = 2f$

により、

$f = 37.5 \text{kgw}$

となる。エレベーターを引き上げるには 37.5kgw 以上の力が必要となる。37.5kgw は、全体の重さ（75kgw）の半分の値である。このように、人力エレベーターの場合、引き上げる物体の重さ（かごの重さも含む）の半分の力を加えれば、理論上は引き上げることができる。

（6） てこは仕事を軽減するのか──仕事の原理とエネルギー──

図 7-2-9 のように、てこを使って物体を持ち上げることを考える。人が力点に 10kgw の力を加えると、作用点には 100kgw の力が働く。このとき、石を 1cm 持ち上げようとすると、てこは支点を中心に回転するため、人はてこを 10cm 押し下げなければならない。したがって、

　　力点では、加わる力＝10kgw

　　　　　　動く距離＝10cm

　　作用点では、加わる力＝100kgw

　　　　　　　動く距離＝1cm

となり、加わる力と動かす距離の積は同じ値（100kgw･cm）になっている。したがって、道具を使った場合、「加えた力×動かす距離」という積は変わらない。この積を、仕事とよんでいる。

　　仕事＝加えた力×動かす距離

　道具を使っても仕事量が変化しないということを、仕事の原理という。つまり、道具を使っても、エネルギー（仕事をする能力）を生み出すことはできない。

　この場合の道具は、電源を内蔵していない単純なものを考えている。電源をもつ道具の場合は、投入した電気エ

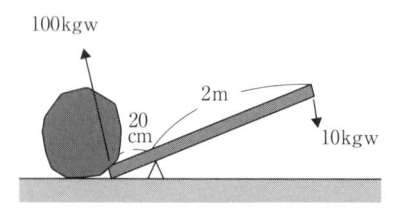

図7-2-9　てこと仕事

ネルギーの何割かが力学的なエネルギーに変わる。例えば、電気掃除機のように、電気エネルギーで物を吸引する力を発生させている（力学的エネルギーを生み出している）。

[問4] 図7-2-8の人力エレベーターの場合、人がロープを1m引き下げると、エレベーターは何m上がるか。

[解4] もし、人力エレベーターが地上にあり、引き下げる前のロープが10mあったとする。つまり、人力エレベーターの片方の長さは、

　　　10÷2＝5m　…(ア)

である。1m引き下げた後は、ロープは9mになっている。したがって、人力エレベーターの片方の長さは、

　　　9÷2＝4.5m　…(イ)

となり、(ア)－(イ)により、

　　　5－4.5＝0.5m

人力エレベーターは、0.5mだけ上昇する。この値は、引いた長さ1mの半分の値である。したがって、加える力は、物体の重さの半分ですむが、動く距離は、半分になる。したがって、このような道具を使っても、仕事量（力×距離）は同じである。人力エレベーターの場合も、仕事の原理が成り立っている。

(7) 教材化と物作り—竿ばかり—

写真7-2-1では、女性はバナナの質量を測定している。

①竿ばかりの原理

竿ばかりの考え方を、1) から3) に示す。

1) 写真7-2-1のように、竿についているひもを持ち、竿の先端につるした皿に物体を乗せる。
2) 重りを左右に動かし、竿が水平になった状態で目盛りを読む。
3) 目盛りの値が物体の重さになる。

②竿ばかりの歴史

紀元前200年頃、古代ローマで発明されたといわれるが、日本の竿ばかりは中国から伝わり、貨幣経済が発達した室町時代末期頃から使われるようになったとされている。その後、昭和に入って、電化の波をかぶり次第に姿を消した。

③竿ばかりの問題

肉屋で肉の重さ（質量）を測っているのは、電子天秤である。電子天秤はわれわれにはブラックボックス（内部の仕組みがわからないもの）なので、見ただけではどういう原理で重さが測れるのかはわからないから、値を信じるしかない。竿ばかりを、子どもたちに製作させると物作りの実践になる。自分で作った秤で、重さを測ることができたらどんなに楽しいか。また、自分で作るので目盛りを入れていく過程で、きっと原理がよく理解できるはずである。その後は、秤の歴史や進化の調べ学習など、総合学習・文化学習につなぐことも可能である。教材化を行う前に、目盛りの付け方に関する問題である問5を考えてみる。

写真7-2-1　竿ばかりを用いた重さの測定
　　　　　（創価大学キャンパスにて）

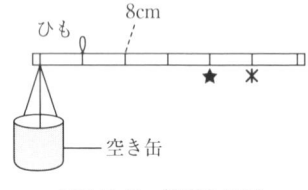

図7-2-10　竿秤の問題

[問5]　図7-2-10に示すような50cmくらいの棒の一端に、空き缶をひもでつり下げた。そして、棒が水平になるところに持つためのひもをつけた。そのひもから、缶を下げたところまで8cmあり、ひもからもう一

端の端まで 40cm あまりあったので、棒に 8cm ごとに印（線）をつけ、その線を目盛りとした。

1) 缶の中に何 gw かの物体を入れたところ、50gw のおもりを＊印の目盛りのところに下げたらつり合った。物体の重さは何 gw か。
2) 1) の状態で、★印の線は何 gw の目盛りであると考えたらよいか。
3) ★印の線を 300gw の目盛りにするためには、おもりを何 gw にしたらよいか。

[解 5]　棒の長さは 48cm であるから、

　　　棒の重心 = $48 \div 2 = 24$cm

　　ひもは棒の左端から 8cm の位置であるから、ひもから右へ 16cm のところに重心がある。棒の重さを W、缶の重さを w とする。ひもがかかっているところ（棒の左端から、右へ 8cm のところ）を支点とする。棒の重さが重心に集中していると考えて、重心（支点から右へ 16cm のところに重さ W の物体がつるされていると考える。棒の左端（支点から左へ 8cm のところ）には重さ w の缶がつるされている。支点の回りのモーメントのつり合いを考えると、

　　　$8 \times w = 16 \times W$

より、

　　　$w = 2W$

缶は棒の重さの 2 倍である。この状態で、棒は水平になっており、以後は缶も棒も考える必要はない。

1) 缶に X[gw] のものを入れたとする。50gw のおもりがつるされている＊印は、支点から右へ 32cm のところ。支点の回りのモーメントのつり合いを考えると、

　　　$8 \times X = 32 \times 50$

により、

　　　X = 200gw

　　が得られる。よって、支点から右へ 32cm の位置に、"200gw" の

目盛りをつければよいことがわかる。だから、支点から

　　右へ 8cm の位置に、"50gw"　　右へ 16cm の位置に、"100gw"
　　右へ 24cm の位置に、"150gw"　右へ 40cm の位置に、"250gw"

の目盛りをつけることになる。子どもに竿ばかりを作らせ、このような手順で目盛りを入れさせることができれば、てこに関する理解が深まるのではないかと考えられる。

2) ＊印の線（ひもから 32cm）が 200gw であるから、★印（ひもから 24cm）は 150gw である。

　　　32：200＝24：★印の目盛り　より、★印の目盛り＝150gw

3) ★印は、支点から右へ 24cm のところであるから、ここは 150gw の目盛りがついている。それを、300gw の目盛りにするためには（2 倍にするためには）、どうすればいいか。＊印のところにつるすおもりを替えなければならない。何 gw のおもりに替えたらよいか。目盛りが 2 倍になるためには、おもりの重さを 2 倍にすればよいことは、簡単に理解されるのではないだろうか。

したがって、

　　50×2＝100gw

ということになる。この考えを推し進めると、★印に 600gw の目盛りをつけることもできる。おもりを、200gw にすればよい。このように、どのような目盛りをつけることも可能である。おもりを替えることにより、同じ位置が、例えば 2 倍、5 倍、10 倍などの目盛りの値に変化する。これはすごい知恵だ！と子どもが思うかもしれない。教材化の可能性は十分にあるといえるだろう。

④竿ばかりの教材化

　学習指導要領解説理科編で重視している「物作り」の教育的なねらいは、次の 2 点にある。

・児童の知的好奇心を高める。
・児童の実感を伴った理解を図る。

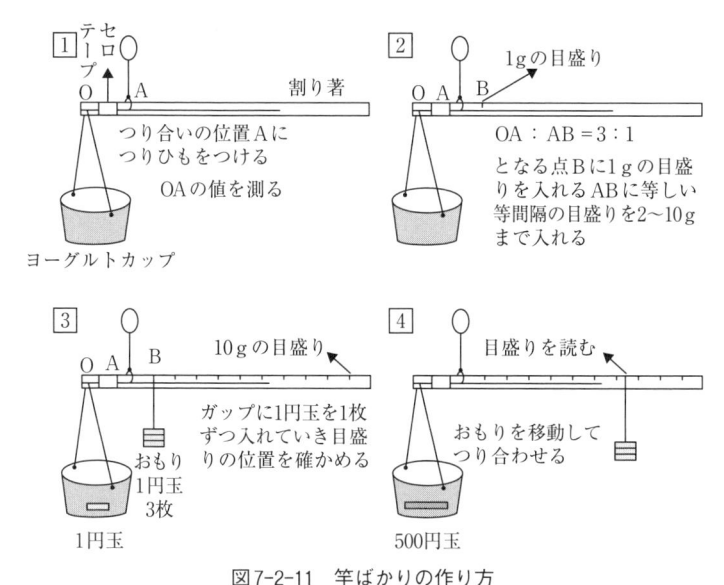

図7-2-11に作り方を示す。材料として、ヨーグルトカップ、割り箸、糸、セロテープを用意する。設定する課題は次の2つである。
1) 課題例
　　・500円玉の重さは何gwか。
　　・10円玉と100円玉はどちらがどれだけ重いか。
2) 作り方
①ヨーグルトカップに糸を通して皿にしたものを、割り箸の一端（点O）に取り付ける。割り箸にカッターで筋を入れ、糸がはずれないようにして、点Oの近くをセロテープで固定する。次に、割り箸が水平になる位置（点A）を探し、つり下げるための糸を掛ける。探し方は、割り箸を定規の縁で支え、縁の位置を少しずつ変えながら水平になる位置を決める。OAが大きくなる場合は、ヨーグルトカップの底に5円玉を2〜3枚セロテープで固定し、皿を重くする。
②1円玉3枚でおもりを作る。1円玉は、正確に1.00gであるから、おもりは3.00gになる（過去に、400枚の1円玉を電子天秤で調べたが、およそ100枚

が 0.99g、200 枚が 1.00g、100 枚が 1.01g となった)。割り箸に、1gw の目盛りを入れてみる。その位置を点 B とすると、

　　　OA：AB＝3：1

OA の長さを測って 3 で割ると、AB が出るので、B の位置に鉛筆で線を入れる。一例として、OA＝3.6cm であったとして説明していく。

　　　AB＝OA÷3＝1.2cm

点 B は、点 A の右 1.2cm のところになる。この線が理論上の 1gw の目盛りになる。点 B から、1.2cm (＝AB の長さ) ごとに線を入れていき、2 ～ 10gw の理論上の目盛りが決まっていく。

3 次に、実際にカップに 1 円玉を 1 枚入れ、おもりを掛け、割り箸が水平になった位置が点 B であるかどうか確認する。両者が一致することもあるが、少し違うというのが普通であって、その場合、実測の位置に線を入れ直し、その線が 1gw の目盛りになる。両者が一致しないのは、点 A を決めるときの誤差によると考えられる。そして、同じように、カップに 1 円玉を 1 枚ずつ追加していき、おもりを移動させて割り箸が水平になった位置が理論上の目盛りの位置であるかどうか確認する。少し違う場合は、実測の位置に線を入れ直し、その線が 2 ～ 10gw の目盛りになる。

4 目的とする物 (10 円玉、100 円玉、500 円玉) をカップに入れて、割り箸が水平になる位置におもりを移動させ、おもりの位置を読む。読んだ値が、目盛りと目盛りの間に入ることが普通であるから、おもりの位置を目分量で読み、比例配分により物の重さを決定する。図 7-2-12 の場合、おもりの位置が 7gw と 8gw の間に入っているので、間を目分量で読むと、

　　　物体の重さ ≒ 7.4gw

となる (もちろん 7.3gw と読む人もいる)。ちなみに、硬貨の重さは次の通りである。

　　　500 円玉　7.2gw
　　　100 円玉　4.8gw
　　　 10 円玉　4.5gw

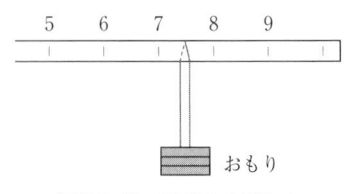

図 7-2-12　目盛りの読み方

左右の手に、10 円玉と 100 円玉を持った

写真7-2-2　硬貨の重さの測定

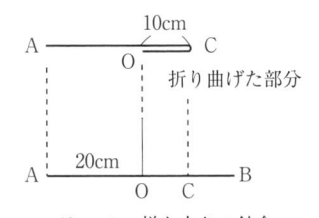

図7-2-13　一様な太さの針金を折る
40cmの一様な太さの針金

とき、どちらが重いかは感覚ではなかなかわからない。何しろ0.3gの違いであるからだ。授業では、子どもたちに、「100円玉と10円玉、どっちが重いと思いますか？」と問い、実際に持たせてみたりしながら予想を立てさせた後で工作させると、製作意欲が高まるのではないか。写真7-2-2は、創価大学教育学部の学生（当時）が、理科教育の授業の1コマを使って自作した竿ばかりを用いて、硬貨の重さを測定しているところである。

(8) てこの原理の理解に向けて

子どもたちの理解度を見るのに、図7-2-13のような問題が考えられる。

ある長さの一様な針金ABがある（図7-2-13下。この段階では、針金は40cmである必要はない）。針金は、その中点Oを支点にしてつるすと傾かない。次に、針金の右側OBを、その中点Cにそって折り曲げたとする（図7-2-13上）。

[問6]　折り曲げた針金を傾けないためには、どこを支点にしてつるせばよいか。下記から選び、選んだ理由を文章で書け。
　　ア　中点Oをつるす。
　　イ　中点Oの右側をつるす。
　　ウ　中点Oの左側をつるす。

[解6]　ウが正解である。針金を折り曲げたため、全体の重心が左側へ移って

いるからである。ここで、誤答が生じる原因となる考え方を分析してみる。

1) 誤答ア

針金を折り曲げても、中点Oの左右の重さ（力）は変わらない。

　　ＡＯの重さ＝ＯＣの重さ

しかし、折り曲げたために針金を傾けるはたらき（力のモーメント）が変化している。アを選択した子どもは、「力の概念」だけで現象を考えようとしている。したがって、「力のモーメントの概念」が形成されていないと考えられる。力の概念と、モーメントの概念はまったく別の概念なのだ。

2) 誤答イ

Ｏ点をつるしたのでは、針金が傾くことは理解されている。

　a　右側を折り曲げたことによって、右側の腕の長さが減少していること（したがって、このままでは針金は左へ傾いてしまう）。

　b　折り曲げても、中点Oの左右の重さ（力）は変わないこと。

これらを組み合わせれば、右側の腕の長さを増やすように、支点をＯ点の左側へずらさなければならないことになる。

　　力のモーメント＝腕の長さ×力＝aの内容×bの内容

だからである。誤答イを選んだ子どもは、

　可能性１　aが十分に理解できなかった。

あるいは、

　可能性２　aが理解できていたとしても、aにbを結びつけて考えることができなかった。

と分析される。つまり、「力のモーメントの概念」の理解が不十分であったと結論される。aが理解できない子どもについては、日常経験から実例をとるとよい。シーソーで左右がつり合った状態あったとき、右の人がシーソーの支点に近づくとどうなるか、考えさせるとよいのではないか。当然、シーソーは左へ傾く。支点が全体の重心であるということがわかっている、理解の進んだ子どもについては、定量的な課題を与えるのもよい。

[問7] 図7-2-13のように、針金の長さが40cmのとき、折り曲げた後はAから何cmの点をつるせばよいか。

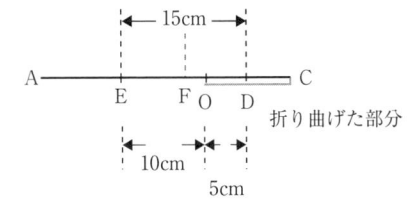

図7-2-14　重心から考える

[解7] 折り曲げ後、OCの重心はOCの中点Dにある（図7-2-14）。また、OAの重心はOAの中点Eにある。

　DE間は、15cm。
　　DE＝DO＋OE＝5＋10＝15
したがって、DEの中点Fをつるせば針金は傾かない。全体の重心がFにあるからだ。
　　EF＝DF＝DE÷2＝7.5cm
よって、つるす位置Fは、Aから17.5cmのところにあることがわかる。
　　AF＝AE＋EF＝10＋7.5＝17.5cm
この結果を、実験で確かめてみるのもおもしろい。

3．指導計画と展開例

（1） 実施したい観察・実験

実験1　てこを押したときの手応え

〈装置と方法〉
　大きなてこを利用し、重いものを持ち上げたときの手応えを調べる。

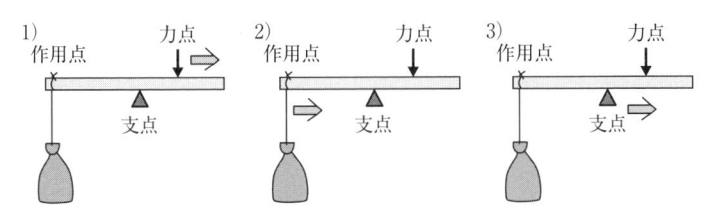

実験1　てこを押したときの手応え

1）力点を動かす　　：作用点、支点は同じ位置にする。
2）作用点を動かす：力点、支点は同じ位置にする。
3）支点を動かす　　：作用点、力点は同じ位置にする。

〈結果〉
1）力点を支点から遠くすると、手応えは軽くなる。
2）作用点を支点に近くするほど、手応えは軽くなる。
3）支点を力点に近く、作用点から遠くするほど、手応えは重くなる。

実験1で、重いものを楽に持ち上げる2つの条件がわかる。
　条件1：力点を支点から遠くする。
　条件2：作用点を支点に近づける。

実験2　てこがつり合う条件

〈装置と方法〉
　てこの左腕に、支点からの距離を決めておもり（重さの決まったもの）をつるす。次に、右腕におもりをつるす。このとき、次のようにする。
1）つるす位置を一定にし、おもりの重さを変える。
2）おもりの重さを一定にし、つるす位置を変える。

〈結果〉
1）も2）も、てこがつり合う場合もつり合わない場合もある。つり合ったとき、次の2つの理解に導くことが大切である。

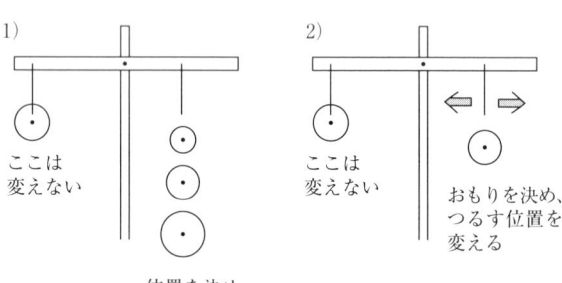

実験2　てこがつり合う条件

ア）おもりの重さと支点からの距離の積「重さ×距離」が左右で同じ値になること。
イ）「重さ×距離」が「てこを傾ける働き」であること。

実験3　てこの応用
〈装置と方法〉
　てこを利用した道具を見つけ、その道具の支点、力点、作用点を調べる。図7-2-3に示したさまざまな道具について調べさせる。
〈結果〉
　バールや押し切りなど、作用点に加えた力以上の力が出る道具と、ピンセットのように、作用点に加えた力より小さな力になるが動きが大きくなる道具に分類させるとよい。

（2）単元の指導計画と指導案例
①単元の指導計画（全8時間）
　　単元導入　天秤とてこ（2時間）
　　第一次　　天秤のつり合い（4時間）
　　　　　　　天秤で調べてみよう（2）
　　　　　　　おもりの重さが違うときのつり合い（2）…本時2/2
　　第二次　　てこの利用（1時間）
　　第三次　　学習のまとめ（1時間）

②教材観・指導観
　本単元では、てこの仕組みや、てこを傾ける働きの変化を調べる活動を通し、その規則性についての見方や考え方をもたせることがねらいである。日常生活の中には、天秤やてこの働きを利用した道具がたくさんあり、児童がこれらについて意欲的に調べ、生活と科学の密接な関わりを認識することを期待するとともに、見通しをもって計画的に学習する能力の育成を図りたい。

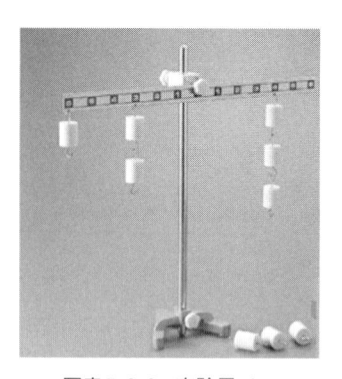

写真7-2-3 実験用てこ

③本時の指導案

1) 本時の目標
・てこの規則性について、見通しをもって実験に取り組むことができる。
・実験を通して、てこの規則性を理解することができる。

2) 本時の展開 (6/8)

	学習活動と内容	教師の指導・支援	留意点と評価
導　入 (10分)	◇前回の復習をする。 ・力点と支点の距離が、作用点と支点の距離の2倍のとき、作用点につるすおもりの半分の重さでつり合う。	〈前時からの発問〉 　左右のおもりの重さが違うときに、てこがつり合う決まりをみつけよう。	
展　開 (25分)	◇実験用てこ (写真7-2-3) の使い方を学習する。 ◇実験用てこを使って、てこがつり合うときの決まりを見つける (グループ)。 ◇実験結果をもとに、てこの規則性について考察する。	・配布したワークシートに、おもりの重さと支点からの距離を表に書き込ませ、その関係に着目させる。	◆事象について理論づけて考え、見通しをもって学習に取り組んでいるか。 【科学的思考】
まとめ (10分)	◇気付いたことを発表し、まとめる。 ◇自分で問題を作り、規則性を確かめてみる。	〈まとめ〉 　左右がつり合うとき、「おもりの重さ×支点からの距離」という量が左右で等しくなっている。	◆てこの規則性を正しく理解することができたか。 【知識・理解】

第3節　単元「電気の利用」

1. はじめに

　本単元の目標と学習内容は、学習指導要領解説理科編第3章、第4節、第6学年、A 物質・エネルギーの内容（4）に示されている。

> (4) 電気の利用
> 　手回し発電機などを使い、電気の利用の仕方を調べ、電気の性質や働きについての考えをもつことができるようにする。
> ア　電気は、つくりだしたり蓄えたりすることができること。
> イ　電気は、光、音、熱などに変えることができること。
> ウ　電熱線の発熱は、その太さによって変わること。
> エ　身の回りには、電気の性質や働きを利用した道具があること。

①一般普遍法則

　本節では、電気エネルギーが他のエネルギー形態に変換できること、電熱線の発熱に関する法則、コンデンサー（蓄電器）の原理などが、一般普遍法則の側面である。

②物質の物性的法則

　電熱線の発熱ではニクロム線を使う。ニクロム線の電気抵抗が、他の金属に比べてなぜ大きいのか、このことは物質の物性的法則の側面である。

2. 学習内容における科学的事項

　第4～6章においても、電気・磁気の性質や法則を説明してきた。したがって、本節では第6学年の内容に直接関連する、コンデンサー（内容アに関連）、電磁誘導（内容イ、エに関連）、電熱線の発熱（内容ウに関連）にしぼって説明していく。

（1） コンデンサー

　電気をためるとはどういうことだろうか。最近は、乾電池とともに充電電池が普及しているが、充電電池に電気をためるという言い方もできないことはない。しかし、充電器を用いて充電すると、充電電池の中に電気がたまるのではなく、内部で放電のときとは逆の化学変化が起こり、その結果として物質が変化し、化学エネルギーが蓄積されるのである。それに対して、純粋に電気（電荷）をためる装置がある。それがコンデンサーである。

①コンデンサーの考え方

　図7-3-1に示すように、2枚の金属板A、Bを空気または絶縁体をはさんで向かい合わせ、これらに乾電池などで電圧をかけると、金属板には電流が流れる。電流を電子の移動で考えてみよう。金属板Bには、乾電池の負極から流れ出た電子が移動する。金属板Aからは、乾電池の正極に向かって電子が流れ出て、その結果、Aは電子が足りない状態になる。これは、Aに正電荷が移動したのと同じである。ただし、電流の向きは、電子の移動の向きと逆向きに考える。このように、両金属板には異符号の電荷が移動すると考えてよい。異符号の電荷は互いに引力で引かれるので電荷は金属板に残る。このプロセスを繰り返し、2枚の金属板の電圧がかけた電圧と同じになるまで電流が流れ続け、その結果として電荷がたまる。これを、コンデンサーの充電という。

②充放電回路

　図7-3-2に示すように、スイッチSをA側に倒すと、①で述べたような充電が起こり、金属板には異符号の電荷がたまる。次にSをもとに戻してB側に倒すと、回路が作られるので接続された豆電球に電流が流れる。これを、コンデンサーの放電という。小学校理科で、このような実験は一度も行われたことがなく、まったく新しい実験である。充電でたまる電荷Qは、コンデンサーにかけた電圧Vに比例する。Qの単位は［C］（クーロン）である。

$$Q = CV \quad \cdots (7\text{-}3\text{-}1)$$

比例定数Cは、コンデンサーの電気容量とよばれ、単位は［F］（ファラッド）

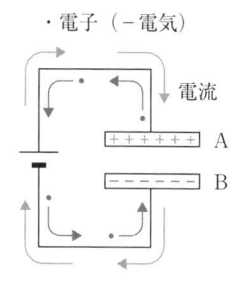

図7-3-1　コンデンサーの考え方　　図7-3-2　充放電回路

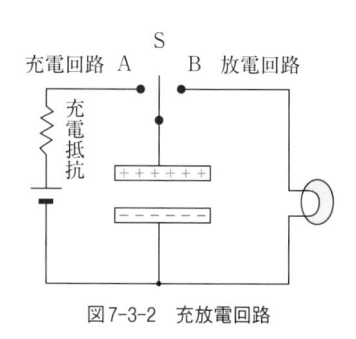

を用いる。

　電気容量は、平行に置かれた金属板の場合（平行平板コンデンサー）は、金属板の面積に比例し金属板間の距離に反比例する。また、金属板間が空気ではなく物質を挿入する場合は、物質の誘電率にも比例する。誘電率の値（真空との比較値）を表7-3-1に示す。空気の誘電率は事実上1としてよい。チタン酸バリウムに含まれるチタンはレアアース（希土類）とよばれる物質のひとつで、機械的強度と電気抵抗が著しく大きい。また、普通は充電回路には電気抵抗を入れ、コンデンサーに急激な電流を流さないようにしている。電気抵抗値Rが大きいほど、充電に要する時間は長くなる。放電回路では、コンデンサーに接続する素子（豆電球やモーターなど）に電気抵抗が含まれているので必要ない。充電に要する時間はどのくらいか。理論上は、100%充電には無限に長い時間を要する。しかし、電気容量と電気抵抗の積RCは時定数とよばれ、充電時間の目安になる。RCに等しい時間が経過すると、コンデンサーは約64%が充電できている。

　コンデンサーに蓄えられる電気エネルギー（正しくは、静電エネルギー）は、加えた電圧の2乗に比例する。したがって、同じコンデンサーを使い、同じ時間だけ充電する場合、5Vで充電する場合と10Vで充電する場合では、10Vで充電する方が4倍のエネルギーが蓄積される。

表7-3-1　物質の誘電率

物質名	比誘電率
空気（20℃）	1.0005
パラフィン（20℃）	2.2
ボール紙（20℃）	3.2
雲母（20〜100℃）	7.0
チタン酸バリウム	3000〜5000

最近は、電気容量が1Fもある大容量コンデンサーが市販されている。通常のコンデンサーの電気容量はμF（マイクロファラッド　1Fの100万分の1）程度である。大容量コンデンサーは市販教材（2万円程度）にも用いられている。秋葉原で買えば、価格は100円台からあり、充電回路を自作すれば市販教材の1/10～1/100の費用ですむ。

［問1］　1Fコンデンサーに50Ωの充電抵抗を用いて充電する。充電時間はどのくらいと見積もればよいか。

［解1］　RC＝50×1＝50s　50秒で64％充電完了である。

③コンデンサーの利用

セラミック　　　　フィルムコンデンサー　　電解コンデンサー　　電気二重層コンデンサー
コンデンサー　　　　　　　　　　　　　　　　　　　　　　　　　（大容量　1F）

写真7-3-1　さまざまなコンデンサー

　写真7-3-1に実際に使われている、コンデンサーを示す。2枚の薄い金属紙の間には、プラスチックフィルム、酸化アルミニウム、セラミックなどが挿入され、電気容量が調節されている。電子回路では、ノイズ除去のためのフィルターとしてフィルムコンデンサー、電圧を維持するための電解コンデンサーなどが使われている。

（2）電熱線の発熱
　電気ストーブ、電気コンロ、トースター、ドライヤー、アイロン、ホットプレートなどで、電流を流すと熱を出すところに使われている金属線を電熱線という。電熱線には、電気抵抗の大きいニクロム線が使われていることが多い。

①消費電力と発熱量

　電球であれ、モーターであれ、電圧が加わって電流が流れたとき、消費電力は電圧と電流の積になる。消費電力は、単位時間になされた電気的な仕事（仕事率）を意味する。1秒に1ジュールの仕事がなされる場合の仕事率が1ワット［W］である。その仕事がすべて熱エネルギーに変わるのが電熱線である。時間 t[s] の間に、電熱線から出る熱量 Q[J] は、電熱線に加えた電圧 V[V] と流れた電流 I[A] の積に時間 t を乗じて求められる。

$$Q = V \cdot I \cdot t \quad \cdots(7\text{-}3\text{-}2)$$

　式（7-3-2）が電熱線の発熱を求めるための基本的な関係を与える。

②電熱線の太さと発熱

　発熱量と電熱線の太さの関係は、次のように考えればよい。第5章で示したように、物質の電気抵抗は、長さに比例し、断面積（太さ）に反比例する。これを、長さL、断面積Sのニクロム線に適用すると、その電気抵抗Rは、

$$R = \rho \frac{L}{S} \quad \cdots(7\text{-}3\text{-}3)$$

となる。ここで、ρはニクロム線の抵抗率である。また、ニクロム線にかかる電圧をV、流れる電流をIとすると、オームの法則が成り立つ。

$$V = I \cdot R \quad \cdots(7\text{-}3\text{-}4)$$

　ここで2つの場合を考える。

1) ニクロム線にかける電圧 V を一定にするとき

　電源装置を使い一定の電圧をかける場合や、同じ乾電池を使う場合であるが、乾電池は新しいもので長く電流を流さない方がよい。小学校理科では、この方式で実験が行われるようである。式（7-3-3）を式（7-3-4）代入すると、

$$I = SV/\rho L$$

これを、式（7-3-2）に代入して、

$$Q = \frac{S}{\rho L} V^2 \cdot t \quad \cdots(7\text{-}3\text{-}5)$$

となる。同じ長さの電熱線のとき、<u>発熱量 Q は、太さ S に比例して増える。</u>

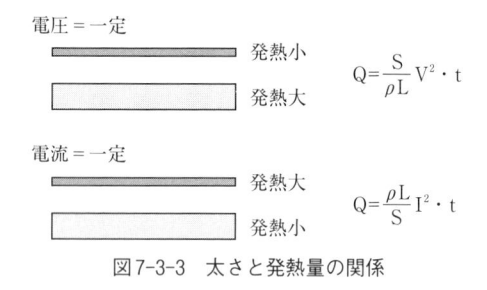

```
              電圧＝一定
           ▬▬▬▬▬▬▬ 発熱小
                                  Q=S/(ρL) V²・t
           ▬▬▬▬▬▬▬ 発熱大

              電流＝一定
           ▬▬▬▬▬▬▬ 発熱大
                                  Q=ρL/S I²・t
           ▬▬▬▬▬▬▬ 発熱小
```

図7-3-3　太さと発熱量の関係

これは、同じ電圧で太いニクロム線と細いニクロム線に通電する場合であるが、太いニクロム線の方が電気抵抗が小さくなるので電流が大きくなるためである。発熱量と、電流、電圧の関係を図7-3-3に示す。

2) ニクロム線に流れる電流 I を一定にするとき

　電源装置を使い一定の電流を流す場合である。中学校理科では、この方式の実験が行われる。式（7-3-3）を式（7-3-4）代入すると、

　　$V = \rho LI/S$

これを、式（7-3-2）に代入して、

$$Q = \frac{\rho L}{S} I^2 \cdot t \quad \cdots(7\text{-}3\text{-}6)$$

となる。同じ長さの電熱線のとき、<u>発熱量 Q は、太さ S に反比例して減る</u>。これは、同じ電流を太いニクロム線と細いニクロム線に流す場合であるが、太いニクロム線の方が電気抵抗が小さくなるので小さな電圧がかかるためである。

　発熱量が、実験条件によっては太さに比例したり反比例したりするということは、序章でも教育上問題となるという指摘をした。また、いずれの場合にも、通電した時間 t に比例して発熱量は増える。

（3）電磁誘導

　モーターに通電すると軸が回転するが、逆にモーターの軸を外から回転力を加えて回すとどうなるだろうか。このとき、モーターに電流が流れるようなる（回路が形成されているとき）。手回し発電器が普及しているが、中にモーター

がしこまれている。モーターは、コイルが永久磁石に取り囲まれた構造になっているが、コイルが回転するとコイルを貫く磁力線の量（正しくは、磁束線）が変化する。このとき、コイルには磁力線の時間変化に比例した電流が流れている。この現象を電磁誘導といい、1831年頃、M.ファラデーが発見したとされている。

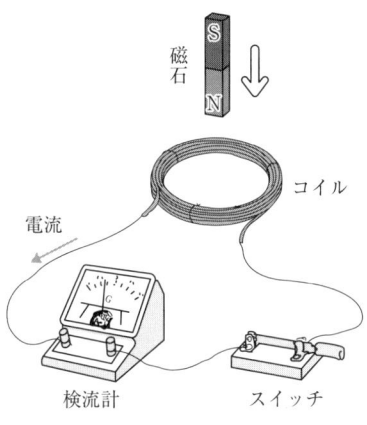

図7-3-4　電磁誘導の実験

①電磁誘導

　コイルに棒磁石を近づけたり遠ざけたりして、コイルを貫く磁力線の数が変化するとき、コイルには磁力線の時間変化に比例した起電力（電圧）が変化を妨げる向きに発生する（図7-3-4）。コイルが閉じていれば、電流が流れる。発生する起電力を誘導起電力という。また、発生する電流を誘導電流という。

　一般に、電流がコイルに流れているとき、電気エネルギーが発生しているという。電気エネルギーは、コイルの磁界に蓄えられて存在している。

②手回し発電器によるエネルギー変換の考え方

　手回し発電器に加わるエネルギーは、手による回転エネルギーであるから、力学的エネルギーである。それが電磁誘導によって、電気エネルギーに変換されている。手回し発電器でさまざまな器具に接続すると、力学的エネルギーを音や光のエネルギーに変換することができる。

　手回し発電器の電流は、誘導電流である。手回し発電器の場合、ハンドルを回転させる速さvが、内部のコイルを貫く磁束の時間変化となるから、起電力E_eはvに比例する。kは比例定数である。

$$E_e = k \cdot v \quad \cdots (7\text{-}3\text{-}7)$$

　手回し発電器でコンデンサーを充電する場合、回した回数nと回す速度vを変えて行うことが多い。そして、コンデンサーにたまったエネルギー量U

は、豆電球などに放電させて豆電球がついている時間の長さなどで計られる。これまでの議論から、Uはvの2乗とnの積に比例する。k′は比例定数である。

$$U = k' \cdot v^2 \cdot n \quad \cdots (7\text{-}3\text{-}8)$$

しかし、このような場合、実際には次のようになることが多い。

ア）回す速度が一定の場合

豆電球がついている時間は、はじめのうちは回した回数nに比例するが、回数が増えると頭打ちになる。理由は、コンデンサーにたまる電気量やエネルギー量には、式（7-3-1）で決まる限界があるからである。

イ）回す回数が一定の場合

豆電球がついている時間は、はじめのうちは回した速度の2乗に比例するが、回数が増えると頭打ちになる。理由は、ア）の場合と同じである。

3. 指導計画と展開例

（1）実施したい観察・実験

実験1　発電とその利用

〈装置と方法〉

　手回し発電器に豆電球、電子オルゴール、モーターなどをつなぐ。ハンドルをゆっくりと時計回り（右回り）に回して、それらの変化を調べる。

1）ハンドルを回したときと止めたときの、つないだ物の変化を調べる。

2）ハンドルを回す速度を増やすとどうなるか。

3）ハンドルを時計と逆向きに回すとどうなるか。

〈結果〉

　ハンドルを右回りに回したとき、豆電球に明かりをつけたり、モーターを回したり、電子オルゴールを鳴らしたりすることができる。ハンドルを速く回すと、モーターが速く回る。また、ハンドルを左回りに回すと、モーターが逆向きに回る。この実験から、手回し発電器には乾電池と同じように電流を流

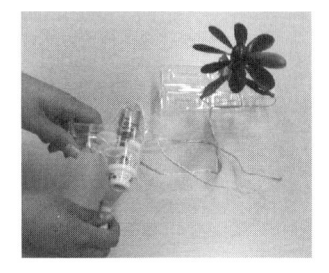

実験1　手回し発電器による発電とエネルギー変換

す働きがあることがわかる。また、ハンドルを回す向きと速さを変えると、電流の向きと強さを変えることができる、ということが理解される。

実験2　コンデンサーの充電と放電（電気の利用）

〈装置と方法〉

　手回し発電器をコンデンサーに接続する。
1) ハンドルを一定の速さで回し、コンデンサーに電気を蓄える。
2) 電気を蓄えたコンデンサーを豆電球につなぎ、電気がつく時間を調べる。

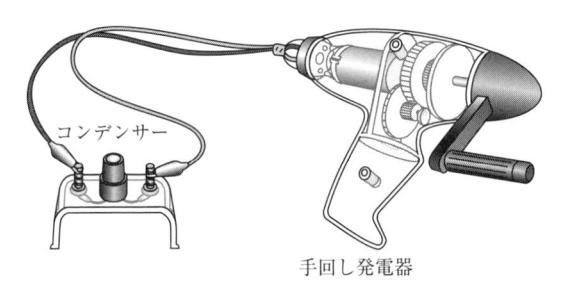

実験2　コンデンサーの充・放電

次のようなデータ表に結果をまとめさせる。

ハンドルを回す回数［回］	豆電球［秒］	LED［秒］
10		
20		
30		
40		

〈結果〉

　ハンドルを回す回数を増やすと、豆電球に長い時間、明かりがつく。LEDでも同様である。回す回数が同じとき、発光ダイオード（LED）の方が長くつく。LEDを用いれば、点灯時間を10倍くらいは増やすことができる。

実験３　電熱線の太さと発熱量の関係

〈装置と方法〉

　電熱線を直流電流装置につなぐ。太さの異なる電熱線（同じ長さ）にそれぞれ電流を流して、発泡ポリスチレン（発泡スチロール）が切れるまでの時間で、発熱量を調べる。通電は、電源装置の目盛り（電圧）を同じにして電流を流す。これで、電圧を同じにするという条件になる。また、使用する発泡スチロールは、同じ直方体に切り取る。

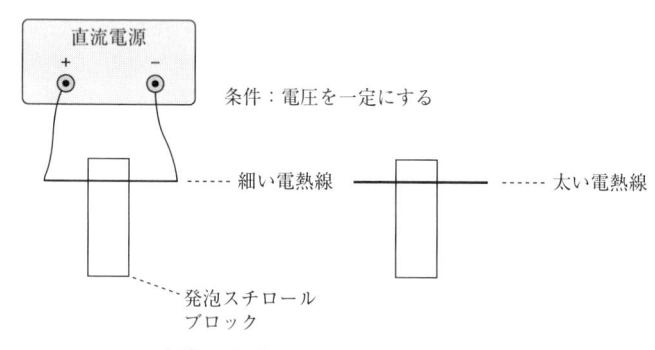

実験3　電流による発熱実験（配線図）

次のようなデータ表に結果をまとめさせる。

電熱線の太さ	1回目	2回目	3回目	4回目	5回目
太い　　mm	秒	秒	秒	秒	秒
細い　　mm	秒	秒	秒	秒	秒

〈結果〉

　太い電熱線の方が、発泡スチロールが早く切れる。実験３から、太い電熱線の方がよく発熱することがわかる。しかし、この結果は、決して普遍的ではなく、電圧＝一定　という条件による結果であることを十分に意識することが必要である。電流＝一定　という条件では、結果は逆になることはすでに述べた。

　他の実験方法として、電熱線を水に入れて水を温め、その温度上昇を比較することもできる。これは中学校理科で行われる方法である。実験は、発泡スチ

ロールが溶けたり蒸発したりするため、換気をしながら行う。また、発泡スチロールが溶けたら、すぐに電源を切り、電熱線が冷めるまでさわらない。

（2）単元の指導計画と指導案例
①単元の指導計画（全8時間）
　　第一次　　電解二層式コンデンサーの働き（3時間）
　　　　　　　手回し発電機を使ってみよう（2）
　　　　　　　充電と放電の検証実験（1）
　　第二次　　蓄電の利用（3時間）
　　　　　　　豆電球と発光ダイオードの点灯（2）…本時 1/2
　　　　　　　電流の強さと作動時間（1）
　　第三次　　電熱線の発熱（2時間）
　　　　　　　電熱線の太さと電流の強さ（1）
　　　　　　　電流の強さと発熱（1）

②教材観・指導観
　本単元は、学校での学習と実生活での経験の双方向の視点が生かされるものであり、児童がその関係を認識しながら理解することによって、理科を学ぶ意義や有用性を感じ、科学に対する意欲・関心が喚起されることを望む。実験の機会や設備を充実させ、児童の一人一人が実感を伴った理解を目指すことに加えて、種々の検証実験について、自ら計画を立て、結果について予想するなどの言語活動も充実させ、科学的な思考能力を育むことができるよう指導していきたい。

③本時の指導案
1) 本時の目標
　・電気の利用について、意欲的に学習に取り組むこと。
　・問題を把握し、これまでの知識をもとに見通しをもって学習の計画を立てることができる。

(検証実験は次時に行うものとする)。

2) 本時の展開 (4/8)

	学習活動と内容	教師の指導・支援	留意点と評価
導　入 (10分)	◇蓄電した2つのコンデンサー(下図)に、豆電球と発光ダイオードをそれぞれつなぎ、点灯の様子を観察する。	・豆電球と発光ダイオード(下図)のどちらが長く光っているのか、注目させる。	・2つの回路の違いを確認させる。
展　開 (25分)	◇予想をし、仮説を立てる。 i) コンデンサーの蓄電量の違い ii) 豆電球と発光ダイオードの使用電気量の違い ◇仮説を検証する実験の計画を立てる。	〈発問〉 　豆電球よりも発光ダイオードが長く光っていたのはなぜだろうか？ ・電気の量はどうやって測るのか確認させる。 ・コンデンサーの充電量の統一に必要な条件を決めさせる。	・条件制御のために、コンデンサーの充電量を統一させることでi)に応え、ii)を全体の仮説として設定する。 ◆条件制御の必要性を認識し、問題解決への見通しをもって計画を立てている。 【科学的思考】
まとめ (10分)	◇実験結果を予想する。	・実験計画を含めノートに記入させる。	

第4節　単元「月と太陽」

1. はじめに

　本単元の目標と学習内容は、学習指導要領解説理科編第3章、第4節、第6学年、B 生命・地球 の内容 (5) に示されている。

第7章　第6学年の単元の解説と指導　*235*

> (5) 月と太陽
> 　月と太陽を観察し、月の位置や形と太陽の位置を調べ、月の形の見え方や表面の様子についての考えをもつことができるようにする。
> ア　月の輝いている側に太陽があること。また、月の形の見え方は、太陽と月の位置関係によって変わること。
> イ　月の表面の様子は、太陽と違いがあること。

① 一般普遍法則

　月と太陽、地球の位置関係が、本節における一般普遍法則の側面となる。

② 物質の物性的法則

　月の岩石、太陽の大気などの成分についての知識が、本節における物質の物性的法則の側面である。

2. 学習内容における科学的事項

　第5章第4節では、月の公転と見える形についての関係などを説明した。本節では、月と太陽の表面に関する事柄、教科書にも現れるであろう日食、月食に関する事項、太陽の運動に関連する天体の年周運動について説明していきたい。

（1）月の表面

　月の見かけの形は、およそ球体であるが、詳しい観測によると完全な球体ではない。月も地球と同様、赤道部分がふくらんだ構造になっていて、赤道半径が極半径より1km長い。これは、月の誕生時に自転速度が現在よりもずっと速く遠心力が大きかったことによると考えられている。さらに、月の赤道面の断面は円ではなく地球に向く方が1kmほどはりだしている。月面は大気がまったく存在しない。そこには、海とよばれる部分があり、一般

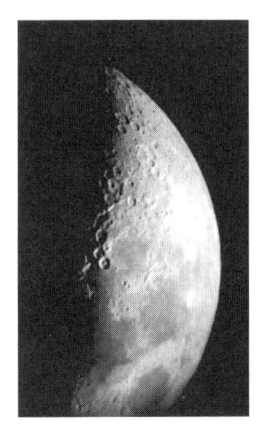

写真7-4-1　月面写真
（筆者撮影）

に低い部分である。地球から見える表側には多くの海があるが、裏側にほとんどない。また、陸とよばれる明るい部分があり、高低が著しくクレーターとよばれる無数の凹穴が見られる（写真7-4-1）。大きなもので、直径500kmにも達する。クレーターの多くは、隕石の衝突によってできたと考えられている。海の岩石の年代測定によると、37～40億年前に月面で大規模なマグマ活動があったと考えられる。また、高地部分の岩石細粉の年代は46億年で、地球の年代とほぼ同じであることがわかった。

（2）月食における地球と太陽の位置関係

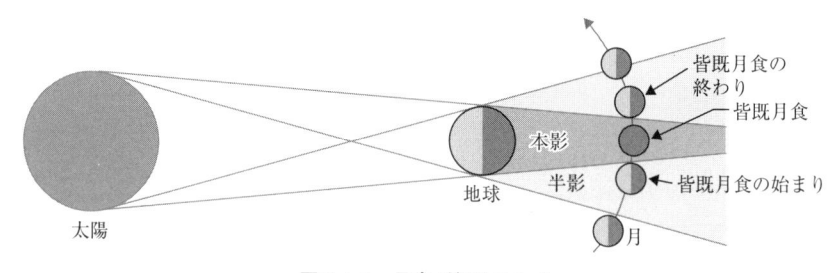

図7-4-1　月食が起こるとき

月の軌道は、地球の軌道（黄道面）と同一平面ではなく、約5°傾いている。満月のときは、太陽と月の間に地球が入るが、一般にこの3天体が一直線上になることはまれである。しかし、これらが一直線上に並んだとき、地球の影の中に月が入って月の光っている所の全部または一部が欠けて見えるようになる。この現象を月食という（図7-4-1）。

①皆既月食

月が地球の本影（太陽光がまったくこない部分）の中に入ってしまうとき、皆既月食という。

②部分月食

月の一部が地球の本影をかすめて通り過ぎるとき、月の一部が欠けて見える。この状態を部分月食という。

（3） 日食における地球と太陽の位置関係

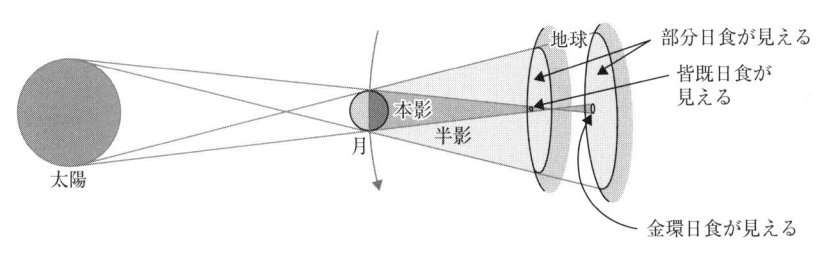

図7-4-2　日食が起こるとき

　新月のときは、太陽と地球の間に月が入る。これらが一直線上に並ぶと、月の影の中に地球が入る。この影の中から太陽を見ると、太陽の一部が欠けて見えたり、太陽がまったく見えなくなったりする。この現象を日食という（図7-4-2）。

①皆既日食
　地球から見た太陽と月は、ほぼ同じ大きさである。したがって、月の本影の中から太陽を見ると、太陽はちょうど全部が月に隠されてしまい、太陽が見えなくなる。この状態を皆既日食という。皆既日食のときは、普段は見ることができない、太陽表面の大気層である彩層、さらに外側の希薄な気体であるコロナ、巨大な炎のプロミネンスの吹き上がりなどが見られるため、太陽研究の絶好の機会となる。

②金環日食
　月の本影の先を延長したところから太陽を見ると、月が太陽にすっぽり入り、太陽が輪のように光って見える。この状態を金環日食という。

③部分日食
　月の半影（太陽光の一部は達する所）の中から太陽を見ると、太陽の一部が欠けて見える。これを部分日食という。

（4） 太陽の表面

　太陽は明るく輝く円盤状に見える。この部分を光球という。光球の厚さは約 400km である。光球には、黒点が見られることが多い。黒点は、非常に強い磁界のエネルギーをともなっていて、周囲よりも温度が低い。黒点は群をなして現れ、その寿命は 10 日前後であるが、中には数か月に及ぶものもある。黒点の周りには白く輝く白斑とよばれる部分が現れることが多い。白斑の部分は周囲より温度が高くなっている。黒点の存在は、ガリレイによって 1611 年に確認された。黒点の位置が変化するのは、太陽が自転しているためである。

　黒点を長期間にわたって詳しく観察すると、出現数の多い時期と少ない時期とが周期的に出現することがわかる。この周期は約 11 年であり、黒点が最も多く現れる時期を極大期、最も少ない時期を極小期という。極大期には太陽活動が最も活発になる。図 7-4-3 に黒点の経年変化を示す。縦軸は、ウォルフの黒点相対数という量で、黒点の総量を客観的に示す指標である。

　化石燃料の燃焼による人為的な二酸化炭素排出の結果として、地球気温が上昇しているという地球温暖化のセオリーに対し、太陽活動が地球気温上昇の主因であるという学説がある。この学説では、近年の二酸化炭素濃度の増加は気温上昇の結果であるということになるが、どちらが正しいかは、今のところ明確な学問的決着が付いていない。さらに、2008 年あたりまでは黒点数の極小期にあたり、2010 年には黒点数が増加しなければならないが、増加の兆しは弱いようである。その気候への影響は今のところわからない。

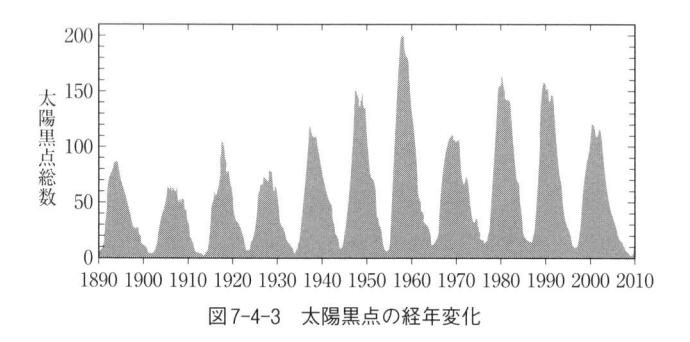

図 7-4-3　太陽黒点の経年変化

（5） 天体の年周運動

　毎日同じ時刻に星を見ると、星（星座）の位置は日周運動の向き（東→西）に少しずつずれていく。1年たつと、もとの位置に見えるようになる。これを星の年周運動という。これは、地球が1年に1回太陽の周りを公転するためである。図7-4-4にその様子を示す。

①星の位置のずれ、時刻のずれ

　毎日同じ時刻に星が見える位置は、1日あたり約1°（360°÷365日）、1か月にして約30°（360°÷12か月）西側になる。また、星が同じ位置に見える時刻を毎日記録すると、1日に約4分ずつ早くなる。

②地球の公転と四季の星座

　地球から見て太陽と反対側にある星座は真夜中に南中する。図7-4-4のように、地球が公転すると、太陽と反対側の星座は西から東へと次々と変わっていく。例えば、9月の真夜中に南中していたペガスス座は、12月になると真夜中には西に傾き、オリオン座が南中するようになる。

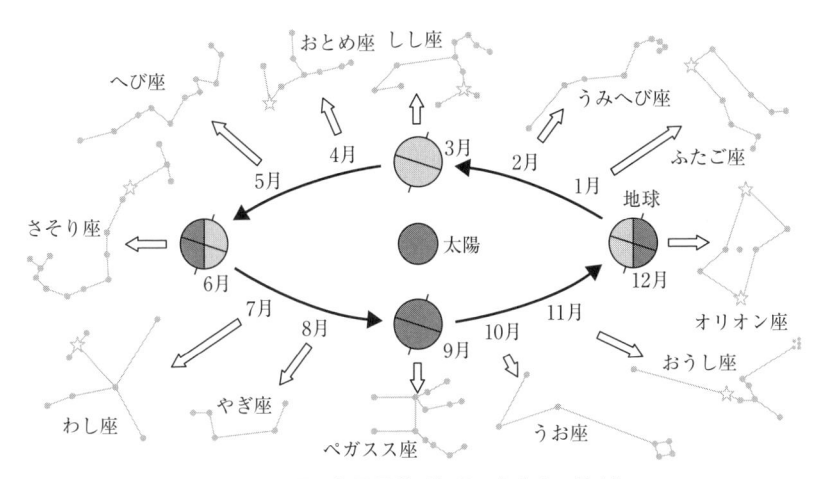

図7-4-4　星の年周運動（各月に南中する星座）

[問1] 星が同じ位置に見える時刻は1日に約4分ずつ早くなることを示せ。

[解1] 星を前日と同じ時刻に見ると、約1°日周運動の向きにずれている。星が1°動くのに要する時間を計算すると、
 24×60分÷360°＝4分/°
となる。よって、前日と同じ位置に見える時刻は、前日より4分早くなる。

3. 指導計画と展開例

（1）実施したい観察・実験
観察1　月の形と太陽の位置
〈装置と方法〉
 1) 暗くした教室で、ボールを月に電灯を太陽に見立てて、ボールに一方向から光を当てる。いろいろな位置にボールを動かし、光が当たった部分の見え方を観察する。大勢で行う場合は、ボールを暗くした教室の中心に固定し、2～3人のグループで見る位置を変えていってもよい（指導案を参照）。
 2) 昼間の月をいくつか観察し、月の位置と形およびそのときの太陽の位置を観察する。
〈結果〉
　観察1では、ボールの位置を変えるとボールと電灯の位置関係が変わり、光が当たっている部分の見え方が変わる。また、よく晴れた日の夕方、校舎の屋上のような見晴らしのいい場所で、東の空に満月が出たとき、ちょうど正反

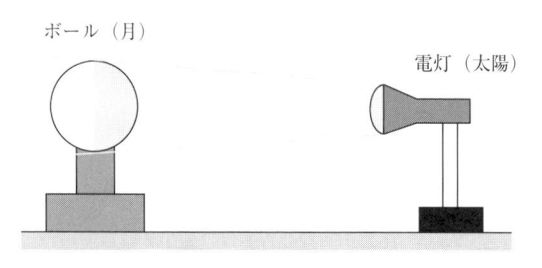

ボール（月）　　　　電灯（太陽）

観察1　月の見え方の実験

対の西の空に真っ赤な太陽が沈もうとするのが観察できる。これは、月の光っている側の正反対の位置に太陽があるということが非常によく理解できる一例である。

観察2　月と太陽の表面
〈装置と方法〉
　月の表面の様子について、双眼鏡や望遠鏡を用いて観察する。また、資料・メディアなどで調べる。太陽の表面の様子を、遮光板（写真7-4-2）を使って観察する。太陽の表面と月の表面の様子を比較する。
〈結果〉
　月のクレーターは、7～8倍程度の双眼鏡でも観察できる。太陽は遮光板で見ると見える形は小さいが、輪郭がはっきり見えるようになる。表面の様子（光球面や大気）は、天体望遠鏡の対物側に遮光フィルターを付けて観察するか、H_a線のみを通す太陽望遠鏡で観察すると見える。

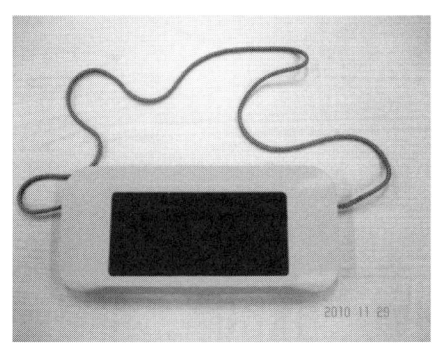

写真7-4-2　遮光板

（2）単元の指導計画と指導案例
①単元の指導計画（全7時間）
　　単元導入　宇宙の不思議・月と太陽（1時間）
　　第一次　　昼間の月の動きと太陽の動き（1時間）
　　第二次　　太陽の動き（1時間）
　　第三次　　夜の月の動き（1時間）
　　第四次　　太陽や月の形と表面の様子（2時間）…本時1/2
　　第五次　　まとめ（1時間）

②教材観・指導観

　本単元は、「地球」についての基本的な見方や概念を柱とした内容のうちの「地球の周辺」に関わるものであり、月の位置や形と太陽の位置の関係を推論する能力を育て、理解を図るとともに、自分の見方や考えをもつようにさせたい。児童の天体に関する何気ない日常の経験を引き出し、興味・関心を高め、広大な"宇宙観"を芽吹かせ、豊かな心情を育みたい。

③本時の指導案
1) 本時の目標

　月の形が、日によって違って見えるのがどのようにして起こっているのかを、月と太陽の見え方から推論し、モデル実験を通して理解することができる。

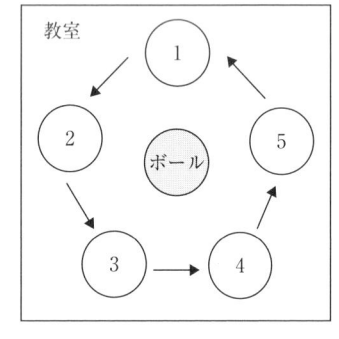

図7-4-5　教室内の指定された5か所

2) 本時の展開（5/7）

	学習活動と内容	教師の指導・支援	留意点と評価
導　入 (10分)	◇自分が見たことのある月の形を発表する。		
展　開 (25分)	◇教室を暗くし、中央にボールを固定し、月に見立てる。観察1のように、それを電球（太陽にあたる）で照射する。 　月を中心として指定された5か所を順番に回り、観察する（観察1参照）。	・教室内で、1～5の位置（図7-4-5）での月（ボール）の見え方の絵をワークシートに描かせる。 ・さまざまな月の形が見えることを図式化し確認する。	・陰影との描き分けを呼び掛ける。 ◆観察し、その結果を記録しているか。 【観察・実験の技能・表現】
まとめ (10分)	◇わかったことを確認する。	〈確認〉 ・月は太陽の光を受けた部分が光って見える（月の輝いている側に太陽がある）。 ・月と太陽の位置関係が毎日少しずつ変わるので、月の形が日によって変わる。	◆わかったことを発表したり記入したりしているか。 【関心・意欲・態度】

【引用文献】
序　章
1) 文部科学省：「小学校学習指導要領解説理科編」（大日本図書、2008）
2) 文部省：「小学校学習指導要領理科編」（東洋館出版社、1998）
3) 移行期間の標準授業時数：
   http://www.mext.go.jp/a_menu/shotou/new-cs/youryou/ikou/index.htm
4) 文部省：「小学校指導書理科編」（教育出版、1989）
5) 企画・ニセ科学シンポジウム（日本物理教育学会誌「物理教育」、54-3（2006）、pp214-229）において、田崎晴明は極端な相対主義の弊害が学習指導要領にも見られることを指摘している（pp215-216）。
6) National Research Council: National Science Education Standards（National Academy Press First Printing 1995, Tenth Printing 2004）
7) 長洲南海男監修、熊野善介・丹沢哲郎他訳：「全米科学教育スタンダード―アメリカ科学教育の未来を展望する―」（梓出版社、2001）
8) K-5 CURRICULUM UNIT：
   http://www.ncpublicschools.org/curriculum/science/units/elementary/

【参考文献】
第1章
・文部科学省：「小学校学習指導要領解説理科編」（大日本図書、2008）
・浪本勝年他：「2010年度版 ハンディ教育六法」（北樹出版、2010）
・戸北凱惟他：「理科教育の基礎と新たな展開」（東洋館出版社、1998）

第2章
・森田優三：「新統計概論」（日本評論社改訂版、1993）
・片平洌彦：「やさしい統計学」（桐書房、1997）
・兵藤申一：「物理実験者のための13章」（東京大学出版会、1982）

第3章
・山本義隆：「新・物理入門（増補改訂版）」（駿台文庫、1996）、pp2～4
・R.ディットマン他著、宮崎栄三他訳：「やさしいフィジックスI」（共立出版株式会社、1992）、第1章
・渡邊正雄他監修：「プロジェクト物理1」（コロナ社、1982）
・渡邊正雄他監修：「プロジェクト物理2」（コロナ社、1982）
・渡邊正雄他監修：「プロジェクト物理3」（コロナ社、1982）
・大森 実著：「物理学のあゆみ　理科教育のための科学史」（第一法規、1980）

・奈良近代物理学史研究会：「高校生のための近代物理学史」（私家版、2004）

第４章

・国立天文台編：「理科年表」昭和53年度版
・渡邊正雄他監修：「プロジェクト物理4」（コロナ社、1982）、第13章
・大森 実著：「物理学のあゆみ　理科教育のための科学史」（第一法規、1980）、第4章
・R. ディットマン他著、宮崎栄三他訳：「やさしいフィジックスⅡ」（共立出版株式会社、1992）、第8章
・大隈良典、石浦章一、鎌田正裕ほか：わくわく理科3（啓林館、平成22年3月16日検定済）、61啓林館　理科307
・霜田光一、日高敏隆ほか：みんなと学ぶ小学校理科3年（学校図書、平成22年3月16日検定済）、11学図　理科304

第５章

・R. ディットマン他著、宮崎栄三他訳：「やさしいフィジックスⅠ」（共立出版株式会社、1992、第3章
・大森 実著：「物理学のあゆみ　理科教育のための科学史」（第一法規、1980）、第2章
・大隈良典、石浦章一、鎌田正裕ほか：わくわく理科4（啓林館、平成22年3月16日検定済）、61啓林館　理科407
・霜田光一、日高敏隆ほか：みんなと学ぶ小学校理科4年（学校図書、平成22年3月16日検定済）、11学図　理科404

第６章

・板倉聖宣：「ぼくらはガリレオ」（岩波書店、1981）、第4章
・大森 実著：「物理学のあゆみ　理科教育のための科学史」（第一法規、1980）、第2章
・渡邊正雄他監修：「プロジェクト物理3」（コロナ社、1982）、第9、10章
・大隈良典、石浦章一、鎌田正裕ほか：わくわく理科5（啓林館、平成22年3月16日検定済）、61啓林館　理科507
・霜田光一、日高敏隆ほか：みんなと学ぶ小学校理科5年（学校図書、平成22年3月16日検定済）、11学図　理科504

第７章

・Zbigniew Sorbjan Ph.D. 著、高橋庸哉他訳：「理科年表読本　ワクワク実験気象学　地球大気環境入門」（丸善株式会社、2000）
・根本順吉著：「超異常気象」（中公新書、1994）、第6章
・R. ディットマン他著、宮崎栄三他訳：「やさしいフィジックスⅠ」（共立出版株式会社、1992）、

第 4 章
・ファラデー著、三石巌訳：「ロウソクの科学」（角川文庫、1975）
・ファラデー著、日下実男訳：「ロウソクの科学」（旺文社文庫、1969）
・大隈良典、石浦章一、鎌田正裕ほか：わくわく理科6（啓林館、平成22年3月16日検定済）、61 啓林館　理科607
・霜田光一、日高敏隆ほか：みんなと学ぶ小学校理科6年（学校図書、平成22年3月16日検定済）、11 学図　理科604

索　引

【あ行】

圧縮率　107, 108
圧力　103, 104
アボガドロ　48
アリストテレス　27, 34
アルニコ磁石　86
イソプレン　62
色温度　124
インペトウス　33
ウィーン則　124
海（月の）　235
運動エネルギー　42
運動の法則　34
運動方程式　34, 45, 138
運動量　42, 46
運動量の保存法則　28, 42
永久磁石　229
エナメル線　177, 179, 180
エネルギー変換　44
エネルギー保存則　28
炎心（ロウソクの）　191
遠心力　38
円電流　173
エントロピー増大則　28
黄道面　236
オームの法則　138, 140, 227
オゾン層　68
重さ　45, 49
音波　28

【か行】

外炎（ロウソクの）　192
皆既月食　236
皆既日食　237
回路　95
ガウスの誤差分布曲線　21, 22
科学　16
科学的　19
科学的な見方や考え方　17
科学理論　18
学習観　17
学習指導要領　12
確率論　21, 22
可視光線　68, 124
加速度　31
学校教育法　12
学校教育法施行規則　12
価電子　48
価標　185
下方置換　188
ガリレイ　27, 28
簡易検流計　141
還元炎　192
観察　15
慣性　33, 34, 164
慣性質量　45
慣性の法則　33
完全燃焼　186, 193
乾溜　197
幾何光学　68
気体検知管　195, 199
起電力　138
客観性　16, 19, 26
窮理図解　12
キュリー点　86
教育基本法　12

索　引　247

教育の目的　12
凝固　126
凝固点　126
凝固点降下　128
凝縮　127
共有結合　129, 186
共有電子対　185
巨視的　28
虚像　70
金環日食　237
空気でっぽう　110
偶然誤差　20
クーロン　224
屈折　72
屈折角　72
屈折率　73
クレーター　236, 241
結晶　48
月食　236
月齢　151
ケプラー　27
ケルビン　115
原子　18
原子磁石　85
検証実験　15
原子量　52, 189
元素　52
現代物理学　28
憲法　12
コイル　174, 180, 229
高気圧　56
光球　238
恒星月　152, 153, 154
構成主義　16
構成主義的学習観　3

光線　68
構造式　185
公転（地球の）　239
公転（月の）　152
光度　157
抗力　57, 58
誤概念　148
黒点　238
誤差　20
古典物理学　27
ゴム　62
コロナ　237
コンデンサー　6, 224

【さ行】
サーモテープ　131
最確値　21, 24, 25
再現性　16, 19, 26
竿ばかり　211
朔望月　150, 153, 154
作用点　202, 220
作用・反作用　36
作用・反作用の法則　35
酸化　185
酸化炎　192
三態　115
三態変化　125
サンプル　22
磁化　82, 85, 175
磁界　28, 83, 173
紫外線　68, 124
磁気　80
磁極　80, 81, 81, 82, 174
磁気力　80, 81, 88, 175
磁気力に関するクローンの法則　81

仕事　61, 210
仕事の原理　210
磁極　87
磁性　80
示性式　186
磁性体　84, 175
磁束　229
磁束線　229
実感を伴った理解　3, 16
実験　15
実証性　16, 19, 26
実像　70
湿度　188
質量　34, 45, 49
質量の中心　207
質量保存則　48, 185
支点　202, 220
自転（地球の）　151, 155
自転（月の）　152
遮光板　241
シャルルの法則　115
周期（振り子の）　163, 166
集気瓶　193, 195
重心　207
充電　6, 224
自由電子　48, 139, 145
充電時間　225, 226
自由落下　39, 40
重力　37
重力加速度　38, 41
重力質量　45
重力の位置エネルギー　44
ジュール　43, 227
主系列星　158
衝撃力　40, 45

上弦　150
条件制御　168, 176, 179, 182
上昇気流　192
焦点　70
焦点距離　70, 77
衝突時間　40
蒸発　127
消費電力　227
触媒　189
磁力線　83, 173, 229
新月　151
真の値　20
振幅角　163
水上置換　188, 189
水素結合　129
推定（統計的）　22
水和イオン　94
スカラー量　31
スネルの法則　72
スピン　85
スペクトル型　158
正規分布　24
正孔　144
静電エネルギー　225
静電気力　139
赤外線　68, 124
絶縁体　96
絶対温度　115
絶対等級　157
ゼノンのパラドックス　29
全米科学教育スタンダード　9
相対主義　3
相対性理論　28
測定値　20
速度　31

素朴概念　33

【た行】
帯電　92
帯電系列　93
太陽活動　238
太陽中心のモデル　7, 9
太陽定数　68
太陽望遠鏡　241
対流　121, 123
ダブルタッチ法　82
炭化　197
探求学習　10
探究実験　15
探究スキル　168
探求能力観　2
弾性　60
弾性力　49
弾性力による位置エネルギー　62
単振り子　163
力のモーメント　58, 204, 218
地球温暖化　119, 238
地球中心のモデル　7, 7, 9
蓄電器　6
地磁気　89
地軸　155
抽出（統計的）　22
中心極限定理　23
潮汐力　152
直線電流　173
直流電流装置　232
直列　142, 143, 147
粒（粒子）　28
定圧比熱　120
定滑車　209

低気圧　56
抵抗率　96
定積比熱　120
t 分布　24
デカルト　28
てこの原理　206
鉄心　179
手回し発電器　228, 229, 230, 231
電圧　137
電位　137
電荷　92
電界　28, 139
電気エネルギー　229
電気素量　95
電気抵抗　139
電気の利用　5
天球　155
電気容量　224
電子　93, 94, 144
電磁気学　28
電磁石　174, 175
電子天秤　212
電磁波　28, 68, 124
電磁誘導　229
伝導　121
電熱線　6, 226
天の赤道　155
天の南極　155
天の北極　155
天秤　49, 50
電流　6, 94
電流計　141
電力加速度　40
透磁率　175
等速直線運動（等速度運動）　33

導体　95
都市ガス　186, 198
凸レンズ　69, 77
ドメイン　85
トルク　204
ドルトン　48

【な行】
内炎（ロウソクの）　192
内部抵抗　147
内容知　17
波（波動）　28
ニクロム線　226
二次電池　6
2力のつり合い　36
日周運動　7, 155, 239
日食　237
入射角　69
ニュートン　28, 34
熱運動　113, 126
熱運動論　122
熱エネルギー概念　123
熱振動　113
熱伝達　121
熱伝導率　121
熱の仕事当量　187
熱物質論　122
熱放射　75, 192
熱膨張　114, 117
熱膨張率　115, 116, 117
熱力学　28
年周運動　239
年周視差　157
燃焼　185
燃焼熱　120, 187, 192

燃料　198

【は行】
パーセク　157
秤動　152
白熱電球　198
白斑　238
波長　124
発火点　74
発熱量　227, 232
速さ　30
半影　237
反射　69
反射角　69
半導体　96, 144
万有引力　38
ピエール・キュリー　86
光電池　144
微視的　28
ヒッパルカス　157
比透磁率　176
比熱　74, 119
微分　31, 32
標準誤差　24, 25, 168
標準偏差　21, 22, 23, 25
氷点　126
標本（統計的）　22
標本平均　23
ファラッド　224
フィラメント　138
風車　58
風速計　57
風力エネルギー　60
風力発電　60
不完全燃焼　186, 193

福澤諭吉　12
フックの法則　60
沸点　127
沸騰　127
不導体　96
部分月食　236
部分日食　237
不偏推定量　24
不偏分散　24
振り子の等時性　164
プロミネンス　237
分子　18
分子運動　62
分子間引力　126
分子量　189, 191
分銅　49, 51
平均値データ　23, 25
平行平板コンデンサー　225
並列　142, 143, 147
ヘクトパスカル　103
ベクトル量　31, 32
ヘルツスプルング・ラッセル図　158
ボイルの法則　105, 115
方位磁針　82, 173
棒磁石　81, 82
放射　121, 124
放電　224
方法知　17
飽和水蒸気量　188
母集団　21, 22
北極星　155
母平均　23
ポリイソプレン　62
本影　236

【ま行】
摩擦電気　92
マリー・キュリー　86
満月　150
見かけの等級　157
三日月　150
右ねじの法則　172, 174
密度　52, 108, 191
蒸し焼き　197
モーター　146, 147
木ガス　197
木酢液　197
木タール　197
木炭　197
問題解決　10, 14, 15, 17

【や行】
融解　126
有効数字　20
融点　126
誘電体　96
誘電率　225
誘導起電力　229
誘導電流　229
揚力　57, 58

【ら行】
落体の法則　28
落下距離　39
落下速度　39
ラボアジェ　48
乱反射　69
力学　28
力学的エネルギー　44
力点　202, 220

陸（月の） 236
理想気体 115
粒子モデル 110, 126, 185
量子 95
量子力学 28

レンズ公式 71
連続体モデル 125

【わ行】
ワット 227

■ 著者紹介

桐山　信一　（きりやま　のぶかず）

奈良県立執鞍高等学校卒業
広島大学大学院理学研究科物性学専攻博士課程前期修了
理学修士（昭和54年）
兵庫教育大学大学院連合学校教育学研究科より論文博士号授与
博士（学校教育学）
公立高等学校理科教諭（物理）、教育研究所研究指導主事（理科）
などを経て、創価大学教職研究科教授
専門は、環境物理／教育
興味ある分野は、エントロピー論・天体観測

新課程対応
小学校理科「物理・天文分野」の指導
―文科系学生が物理・天文分野の基礎を理解できる―

2011 年 5 月 30 日　初版第 1 刷発行
2013 年 12 月 10 日　初版第 2 刷発行

■ 著　　　者 ──── 桐山信一
■ 発 行 者 ──── 佐藤　守
■ 発 行 所 ──── 株式会社 **大学教育出版**
　　　　　　　　〒700-0953　岡山市南区西市 855-4
　　　　　　　　電話 (086) 244-1268　FAX (086) 246-0294
■ 印刷製本 ──── モリモト印刷㈱

© Nobukazu Kiriyama 2011, Printed in Japan
検印省略　　落丁・乱丁本はお取り替えいたします。
無断で本書の一部または全部を複写・複製することは禁じられています。
ISBN978-4-86429-069-2